W0002686

A Faint Cold Fear Thrills Through My Veins · William Shakespeare

Zu diesem Buch

Abe Rogge ist ermordet worden – das steht einwandfrei fest. Aber das ist auch das einzige, was feststeht... Die Polizei schwimmt. Sie schwimmt total.

Der wohlhabende Straßenhändler Abe Rogge ist sozusagen vor den Augen der Polizei ermordet worden. Mit einer Waffe, durch die seit einigen Jahrhunderten kein Mensch mehr zu Tode gekommen ist – es muß eine Art Morgenstern gewesen sein. Die Waffe ist verschwunden.

Adjudant Grijpstra und Brigadier de Gier müssen sich durch das Zentrum einer Straßenschlacht zwischen Demonstranten und Polizeikollegen hindurchkämpfen, um an den Tatort zu gelangen – zu dem Haus, in dem Abe Rogge gelebt hat und in dem seine Schwester wohnt, Esther Rogge, und sein Assistent und Partner Louis Zilver. Zu dem Haus an einer stillen Wohnstraße Amsterdams, die durch eine Gracht geteilt wird. Und in eben dieser stillen Wohnstraße war die Einsatzreserve der Polizei stationiert, um gegebenenfalls in die Straßenschlacht einzugreifen... Nein, die Einsatzreserve hat nichts gesehen.

Wer hat Abe Rogge ermordet?

Wer könnte Interesse an seinem Tod gehabt haben?

Und die Kardinalfrage: Was für ein Mensch war Abe Rogge?

Ein Transvestit versucht die Antwort zu finden; das kostet ihn das Leben.

Später gerät dann ein weiterer Mensch in höchste Gefahr. Aber vorher muß ein Polizisten-Team Straßenhändler spielen, und einer der Beamten läuft aus dem Ruder und schläft mit einer Tatverdächtigen.

Am Ende klärt sich alles auf – und es zeigt sich, daß die Tatausführung geradezu aberwitzig, das Tatmotiv indessen äußerst simpel gewesen ist. Ein abstruser Fall ist gelöst.

Janwillem van de Wetering wurde 1931 in Rotterdam geboren. Nach Schulabschluß reiste er fünfzehn Jahre durch Afrika, Südamerika, Australien und Japan, wo er achtzehn Monate in einem buddhistischen Kloster verbrachte – «ein einschneidendes Erlebnis in meinem Leben», wie er sagt. Nach Amsterdam zurückgekehrt, ging er neun Jahre lang als uniformierter Polizist Streife. Jetzt lebt er mit seiner Familie in den USA. Vom Autor sind bereits in der Reihe rororo thriller 11 Kriminalromane und 4 Kurzgeschichtenbände erschienen. Über die Erfahrungen des Autors in einem japanischen Zen-Kloster erschien das Buch *Der leere Spiegel* (rororo Nr. 7936) und über seine Erfahrungen in einer amerikanischen Zen-Gemeinde *Ein Blick ins Nichts* (rororo transformation 7936).

In der Reihe rororo thriller erschien bereits der erste Band mit japanischen Kriminalgeschichten, die von Janwillem van de Wetering gesammelt wurden. Weitere Bände sollen folgen.

Janwillem van de Wetering

Tod eines Straßenhändlers

Deutsch von
Hubert Deymann

Rowohlt

rororo thriller
Herausgegeben von Bernd Jost

71.–74. Tausend Mai 1992

Deutsche Erstausgabe
Veröffentlicht im Rowohlt Taschenbuch Verlag GmbH,
Reinbek bei Hamburg, Oktober 1978

Redaktion Jutta Schwarz
Umschlagentwurf Ulrich Mack
Umschlagtypographie Jan Enns
Die Originalausgabe erschien bei Houghton Mifflin Company,
Boston, 1977, unter dem Titel «Death of a Hawker»
«Death of a Hawker»

Satz Aldus (Linotron 505C)
Gesamtherstellung Clausen & Bosse, Leck
Printed in Germany
790-ISBN 3 499 42464 9

Die Hauptpersonen

Abe Rogge	handelt mit Glasperlen, bis er von einer Eisenkugel erschlagen wird.
Esther Rogge	lebt ihr eigenes Leben, bis sie sich mit einem Polizisten zusammentut.
Louis Zilver	war ein Gammler, ehe Abe Rogge ihn aus der Gosse holte und zu seinem Partner machte.
Klaas Bazuur	handelt mit Baumaschinen und kennt Rogge seit seiner Schulzeit.
Corin Kops	hält viel vom Surrealismus und hat kein Alibi.
Tilda van Andringa de Kempenaar	ist adelig und emanzipiert und hat auch kein Alibi.
‹Elisabeth›	ist auf ihre (seine?) Weise auch emanzipiert und stirbt.
Nellie	hat ein weites Herz und Währungsprobleme.
Der Commissaris, Grijpstra, de Gier und Cardozo	haben ihre ganz persönlichen Probleme und etliche zu lösen.

1

«Ja, Mevrouw», sagte der Konstabel ruhig. «Würden Sie mir bitte sagen, wer Sie sind? Und wo Sie sich befinden?»

«Er ist tot», sagte die sanfte, belegte Stimme, «tot. Er liegt auf dem Fußboden. Sein Kopf ist ganz blutig. Als ich ins Zimmer kam, atmete er noch, aber jetzt ist er tot.»

Sie hatte es bereits dreimal gesagt.

«Ja, Mevrouw», sagte der Konstabel noch einmal. In seiner Stimme schwang Geduld und Verständnis mit. Vielleicht Liebe. Aber der Konstabel spielte ihr etwas vor. Er hatte eine gute Ausbildung hinter sich. Ihm ging es nur darum zu erfahren, wer mit ihm sprach und woher der Anruf kam. Der Konstabel arbeitete schon seit Jahren in der Funkzentrale des Amsterdamer Polizeipräsidiums. Er nahm viele Anrufe entgegen. Jeder, der sechsmal die Zwei wählt, erreicht die Funkzentrale. Jeder – das sind viele Menschen. Einige von ihnen sind seriöse Bürger, einige sind verrückt. Und einige sind vorübergehend übergeschnappt; sie haben etwas gesehen, eine Sensation erlebt. Das Erlebnis hat sie vielleicht mit einem Schlag von ihrer üblichen Routine befreit, oft bis zu dem Punkt, da sie unter einem Schock leiden. Oder sie sind betrunken. Oder sie wollen nur mit jemand sprechen, um zu wissen, daß sie nicht allein sind und es unter den eine Million Einwohnern der niederländischen Hauptstadt einen gibt, der für sie da ist und ihnen zuhört. Jemand, der lebt, nicht nur eine Stimme vom Tonband, die ihnen sagt, daß Gott gut und alles in Ordnung ist.

«Sie sagten, er ist tot», sagte der Konstabel ruhig. «Das tut mir sehr leid, aber ich kann nur zu Ihnen kommen, wenn ich weiß, wo Sie sind. Ich kann Ihnen helfen, Mevrouw, aber wohin soll ich kommen? Von wo aus rufen Sie an, Mevrouw?»

Der Konstabel hatte nicht vor, die Dame aufzusuchen. Es war fünf Uhr nachmittags, und er würde in fünfzehn Minuten Feierabend machen. Er wollte nach Hause, etwas essen und ins Bett gehen. Er hatte an diesem Tag lang und hart gearbeitet, viel mehr als sonst. Die Funkzentrale war unterbesetzt, es fehlten drei Eerste Konstabels und ein Brigadier. Der Konstabel dachte an seine Kollegen und lächelte grimmig. Er konnte sie sich gut genug vorstellen, denn er hatte beobachtet, wie sie morgens den großen Hof des Präsidiums verlassen hatten. Weiß behelmt, einen Schutzschild und einen langen, ledernen Schlagstock in der Hand, nur ein Teil von einem der vielen Mannschaftszüge, die in blauen, gepanzerten Transportwagen davongedonnert waren. In Amsterdam war wieder einmal die Zeit der Unruhen angebrochen. Seit Jahren hatte es keine gegeben, und man hatte den schreienden Pöbel, die fliegenden Ziegelsteine, die brüllenden Fanatiker, die die schwankenden Mengen führten, die explodierenden Gasgranaten, die blutigen Gesichter, die Sirenen von Ambulanzen und Polizeifahrzeugen schon fast vergessen. Jetzt hatte alles wieder von vorn angefangen. Der Konstabel hatte sich für den Dienst zur Bekämpfung der Unruhen freiwillig gemeldet, aber jemand mußte das Telefon bedienen. Deshalb war er noch hier und hörte der Dame zu. Die Dame erwartete, daß er kam und sie aufsuchte. Das würde er nicht tun. Aber sobald er wußte, wo sie war, würde ein Polizeiwagen hinrasen. Und die Dame würde mit der Polizei sprechen. Polizei ist Polizei.

Der Konstabel sah auf sein Formular. Name: punktierte Linie. Adresse: punktierte Linie. Anlaß: toter Mann. Zeitpunkt: 17.00 Uhr. Sie war vermutlich hinaufgegangen, um den Mann zum Tee oder zu einem frühen Abendessen zu rufen. Sie hatte ihn vom Korridor oder vom Eßzimmer aus gerufen. Er hatte nicht geantwortet. Also war sie in sein Zimmer gegangen.

«Ihren Namen bitte, Mevrouw», sagte der Konstabel noch einmal. Seine Stimme hatte sich nicht geändert. Er drängte sie nicht.

«Esther Rogge», sagte die Frau.

«Ihre Adresse, Mevrouw?»

«Recht Boomssloot, vier.»

«Wer ist der Tote, Mevrouw?»

«Mein Bruder Abe.»

«Sind Sie sicher, daß er tot ist, Mevrouw?»

«Ja. Er ist tot. Er liegt auf dem Fußboden. Sein Kopf ist ganz blutig.» Das hatte sie alles schon erzählt.

«Ich verstehe», sagte der Konstabel munter. «Wir kommen sofort, Mevrouw. Machen Sie sich jetzt keine Sorgen mehr, Mevrouw. Wir werden gleich dort sein.»

Der Konstabel steckte das kleine Formular durch einen Schlitz in der Glasscheibe, die ihn vom Funker trennte. Er winkte dem Funker zu. Dieser nickte und schob zwei andere Formulare zur Seite.

«Drei eins», sagte der Funker.

«Drei eins», sagte Kriminalbrigadier de Gier.

«Recht Boomssloot, vier. Toter Mann. Blutiger Kopf. Sein Name ist Abe Rogge. Frag nach seiner Schwester Esther Rogge. Ende.»

Brigadier de Gier starrte auf den kleinen Lautsprecher unter dem Armaturenbrett des grauen VW, den er fuhr.

«Recht Boomssloot?» fragte er mit hoher Stimme. «Was glaubst du wohl, wie ich dort hinkomme? In dem Stadtteil prügeln sich Tausende von Menschen. Hast du noch nichts von den Unruhen gehört?»

Der Funker zuckte die Achseln.

«Bist du noch da?» fragte de Gier.

«Ich bin hier», sagte der Funker. «Fahr nur hin. Ich glaube, der Tod hat mit den Unruhen nichts zu tun.»

«Verstanden», sagte de Gier mit immer noch hoher Stimme.

«Viel Glück», sagte der Funker. «Ende.»

De Gier gab Gas, Kriminaladjudant Grijpstra setzte sich aufrecht hin.

«Langsam», sagte Grijpstra. «Wir sitzen in einem Zivilwagen, und die Ampel ist rot. Die hätten uns einen Polizeiwagen geben sollen, ein Auto mit Sirene.»

«Ich glaube nicht, daß noch welche da sind», sagte de Gier und stoppte an der Ampel. «Bis zum letzten Mann sind alle dort draußen. Und außerdem eine Menge Militärpolizisten. Ich habe den ganzen Tag noch kein Polizeiauto gesehen.» Er seufzte. «Die Leute werden uns in dem Augenblick verprügeln, in dem sie sehen, wie wir die Straßensperre durchfahren.»

Die Ampel sprang um. Der Wagen schoß davon.

«Langsam», sagte Grijpstra.

«Nein», sagte de Gier. «Laß uns nach Hause fahren. Heute ist nicht der richtige Tag, um Kriminalpolizist zu spielen.»

Grijpstra grinste und brachte seinen schweren Körper in eine bequemere Position, wobei er sich am Wagendach und am Armaturenbrett festhielt. «Du hast recht», sagte er. «Du siehst nicht wie ein Polizist aus. Die werden auf mich losgehen. Die Leute gehen immer auf mich los.»

De Gier nahm eine Kurve und wich einem geparkten Lastwagen aus, indem er mit den rechten Rädern des VW auf den Fußweg fuhr. Sie befanden sich in einer engen Gasse, die zum Nieuwmarkt führte, dem Zentrum der Unruhen. Niemand war zu sehen. Die Unruhen hatten die Menschen in ihren Strudel gezogen, andere waren dagegen drinnen geblieben und zogen die kleinen Zimmer ihrer Häuser aus dem 17. Jahrhundert der drohenden Gefahr gewalttätiger Hysterie vor, die durch die Straßen schlich und offenbar normale Menschen in Roboter mit schwingenden Fäusten und primitiven Waffen verwandelte, darauf erpicht, den Staat anzugreifen und zu zerstören, der in ihren blutunterlaufenen und vorquellenden Augen von der Polizei repräsentiert wurde. Als Reihen über Reihen blau uniformierter und weiß behelmter Krieger, unmenschlich, Maschinen der Unterdrückung. Sie sahen die Bereitschaftspolizei, die den Ausgang der Gasse bewachte, und eine befehlende behandschuhte Hand hob sich, um den Wagen anzuhalten. De Gier drehte sein Fenster herunter und zeigte seinen Ausweis.

Das Gesicht unter dem Helm war ihm unbekannt. De Gier las die Worte auf der Marke, die an der Jacke des Mannes befestigt war. «DEN HAAG», stand auf der Marke.

«Aus Den Haag seid ihr?» fragte de Gier erstaunt.

«Ja, Brigadier, wir sind etwa fünfzig. Wir wurden heute morgen rausgebracht.»

«Polizisten aus Den Haag», sagte de Gier erstaunt. «Und als nächstes?»

«Rotterdam, nehme ich an», sagte der Konstabel. «Es gibt viele Städte in den Niederlanden. Wir werden alle kommen und euch an einem so schönen Tag wie heute helfen. Ihr braucht nur Bescheid geben. Wollt ihr weiterfahren?»

«Ja», sagte de Gier. «Wir sollen auf der anderen Seite des Platzes einen Totschlag untersuchen.»

Der Konstabel schüttelte den Kopf. «Ich lasse euch durch, aber ihr werdet sowieso steckenbleiben. Der Wasserwerfer ist eben eingesetzt worden, und die Leute sind jetzt ganz schön böse. Einer meiner Kollegen hat einen Ziegelstein mitten ins Gesicht gekriegt, und sie haben sich auf ihn gestürzt, als er umfiel. Wir haben ihn gerade noch rechtzeitig zur Ambulanz geschafft. Vielleicht solltet ihr versuchen, zu Fuß hinzugehen.»

De Gier drehte sich zur Seite und sah Grijpstra an, der beruhigend lächelte. Angesteckt von der Ruhe seines Vorgesetzten, nickte er dem Konstabel zu. «Wir werden hier parken.»

«Gut», sagte der Konstabel und wandte sich ab. Die Menge kam auf sie zu, zurückgetrieben von einem Angriff nicht sichtbarer Polizisten auf der anderen Seite des Platzes. Der Konstabel straffte sich und hob seinen Schild, um einen Ziegelstein abzuwehren. Ein schwerer Mann taumelte plötzlich nach vorn, und der Konstabel schlug ihn mit dem Stock auf die Schulter. Der Schlag machte ein dumpfes Geräusch, der schwere Mann knickte zusammen. Zwischen der Menge und den Kriminalbeamten waren jetzt ein Dutzend Polizisten, Grijpstra zog de Gier auf eine Veranda.

«Wir warten wohl besser, bis sich die Schlägerei gelegt hat.»

Sie sahen, wie ein Ziegelstein das Dach ihres Wagens einbeulte.

«Zigarre?» fragte Grijpstra.

De Gier schüttelte den Kopf und drehte sich eine Zigarette. Seine Hände zitterten. Was, um Himmels willen, ging in diesen Menschen vor? Er kannte die offiziellen Gründe für diese Unruhen, die kannte jeder. Die U-Bahn, Amsterdams neues Verkehrsmittel, hatte ihren Tunnel bis zu diesem alten und geschützten Teil der Innenstadt vorgetrieben, und einige Häuser mußten abgerissen werden, um dem Ungeheuer Platz zu machen, das sich unten in der Erde vorwärtsfraß. Hier würde es irgendwann einen Bahnhof geben. Die meisten Amsterdamer akzeptierten die U-Bahn; sie mußte kommen, um den unmöglichen Verkehr zu entlasten, der sich durch die engen Straßen voranquälte und die Luft verpestete. Aber die Bewohner der Gegend am Nieuwmarkt hatten protestiert. Sie wollten, daß der Bahnhof woanders gebaut würde. Sie hatten dem Bürgermeister geschrieben, waren durch die Stadt gezogen, hatten Zehntausende von Plakaten gedruckt und überall angeklebt, hatten die Büros des Baudezernats bedrängt. Und der Bürgermeister und seine Stadträte hatten versucht, die Protestierenden zu besänftigen. Sie hatten manchmal «Ja» und manchmal «Nein» gesagt. Und eines Tages war dann die Abbruchfirma gekommen, die bei der Ausschreibung der Stadt den Auftrag erhalten hatte, und hatte mit dem Abreißen der Häuser begonnen. Die Bürger hatten sich mit den Abbrucharbeitern geschlagen und diese verjagt und sich, zunächst erfolgreich, mit der Polizei angelegt.

Jetzt waren die Abbrucharbeiter wieder da und die Polizisten in Massen angerückt. Die Bürger würden selbstverständlich verlieren. Aber sie waren inzwischen organisiert. Sie hatten Sprechfunkgeräte gekauft und Posten aufgestellt. Sie hatten ihre Verteidigung organisiert und Barrikaden errichtet. Sie trugen Motorradhelme und hatten sich mit Stöcken bewaffnet. Angeblich hatten sie sogar gepanzerte Wagen. Aber warum? Sie würden ohnehin verlieren.

Grijpstra, der an seinem Zigarillo zog, hörte das Gebrüll der Menge. Der Haufen war jetzt sehr nahe, die Spitze nur noch drei Meter entfernt. Die Polizisten bekamen Verstärkung durch einen Zug, der durch die Gasse herbeieilte, und behaupteten ihren Platz. Drei Polizisten blieben stehen, als sie die beiden auf der Veranda versteckten Zivilisten sahen, aber Grijpstras Polizeiausweis veranlaßte sie zum Weitergehen.

Warum? fragte sich Grijpstra, obgleich er die Antwort kannte. Dies war nicht nur ein Protest gegen den Bau einer U-Bahnstation. Es hatte immer Gewalttätigkeiten in der Stadt gegeben. Amsterdam zieht wegen seiner Toleranz für unkonventionelles Verhalten die seltsamsten Typen an. Die Niederlande sind ein konventionelles Land; aber seltsame Typen müssen auch irgendwo hin. Sie kommen in die Hauptstadt, wo die herrlichen Grachten, Tausende und aber Tausende von Giebelhäusern, Hunderte von Brücken aller Art, Reihen alter Bäume, zahllose Bars und Cafés abseits vom Verkehr, Dutzende kleiner Kinos und Theater die Außenseiter ermutigen und schützen. Die seltsamen Typen sind eine besondere Sorte Menschen. Sie tragen den Genius des Landes, seinen Drang, etwas zu erschaffen, neue Wege zu finden. Der Staat lächelt und ist stolz auf seine seltsamen Typen. Aber der Staat duldet keinen Anarchismus. Er zwingt die Außenseiter in die Schranken.

Die Gegend um den Nieuwmarkt war die Heimat dieser Leute. Und jetzt, da die Außenseiter versuchten, gegen den vom Staat gewählten Standort für eine U-Bahnstation zu kämpfen, und sie diesen Kampf verloren und zur Gewalt Zuflucht nahmen, verlor der Staat sein Lächeln und demonstrierte seine Macht, die Macht der blau uniformierten städtischen Polizei und der schwarz uniformierten Militärpolizei, mit glänzend weißen und silbernen Litzen, gestärkt durch Stahlhelme und Gummiknüppel, unterstützt durch gepanzerte Wagen und Fahrzeuge mit Wasserwerfern, die Tausende Liter Wasser mit hohem Druck auf und gegen schreiende bärtige Strolche schleuderten, die noch heute morgen Künstler und Kunsthandwerker, Dichter oder arbeitslose Intellektuelle, sanftmütige Asoziale oder unschuldige Träumer gewesen waren.

De Gier seufzte. Eine Papiertüte mit pulverisiertem Seifenstein war in die Gasse geflogen und auf dem Straßenpflaster zerplatzt. Die rechte Seite seines modischen Anzugs, angefertigt von einem billigen türkischen Schneider aus blauem Jeansstoff, war mit der weißen, klebrigen Substanz beschmiert. De Gier war ein eleganter Mann und stolz auf seine Erscheinung. Er war auch ein hübscher Mann und hatte nicht gern Pulver in seinem Schnurrbart. Etwas davon würde auch auf seinem dichten, lockigen Haar sein. Ihm behagte der Gedanke nicht, für den Rest des Tages einen weißen Schnurrbart zu haben. Grijpstra lachte.

«Du hast auch was abbekommen», sagte de Gier.

Grijpstra schaute auf seine Hose, aber es war ihm egal. Seine Anzüge waren alle gleich, ausgebeult und aus englischem gestreiftem Stoff, weiße Nadelstreifen auf blauem Untergrund. Der Anzug war alt, ebenso die graue Krawatte, er würde den Verlust nicht betrauern. Sein Hemd war neu, aber die Polizei würde es ersetzen, wenn er einen Bericht machte. Grijpstra lehnte sich an die Tür hinten auf der Terrasse und faltete die Hände vor dem Bauch. Er sah sehr gelassen aus.

«Wir sollten versuchen durchzukommen», sagte de Gier. «Die Dame wird auf uns warten.»

«Bald», sagte Grijpstra. «Wenn wir es jetzt versuchen, kann uns hinterher nur noch die Ambulanz fortkarren, und wenn uns die Strolche nicht erwischen, dann die Polizisten. Sie werden sich nicht die Zeit nehmen, unseren Ausweis zu betrachten. Die sind auch unheimlich nervös.»

De Gier rauchte und hörte zu. Die Massen hatten sich anscheinend verzogen. Die Schreie waren nur noch entfernt zu hören.

«Jetzt», sagte er und trat hinaus auf die Gasse. Die Polizisten ließen sie passieren. Sie rannten über den Platz und wichen einem schweren Motorrad mit Beiwagen aus, das direkt auf sie zukam. Der Brigadier im Beiwagen schlug mit dem Gummiknüppel auf die Metallseiten seines Gefährts. Kratzspuren von Fingernägeln verunzierten sein Gesicht; das Blut war ihm auf die Uniformjacke gelaufen. Der Konstabel, der die Maschine fuhr, war grau vom Staub, und der Schweiß hatte Streifen in seinem Gesicht hinterlassen.

«Polizei», dröhnte Grijpstra.

Das Motorrad bog ab und griff die Menge an, die sich hinter den beiden Kriminalbeamten wieder neu formiert hatte.

Grijpstra fiel hin. Zwei Jugendliche hatten gehört, wie er «Polizei» rief, und ihn gemeinsam angegriffen und ihm gegen die Schienbeine getreten. De Gier war schnell, aber nicht schnell genug. Er traf den ersten Jugendlichen seitlich am Kinn, der mit einem Seufzer zusammenbrach. Den anderen hatte er mit derselben Bewegung getroffen: Die Spitze seines Ellenbogens traf den Jungen seitlich am Gesicht, der vor Schmerzen aufheulte und davonrannte.

«Alles in Ordnung?» fragte de Gier und half Grijpstra auf die Beine.

Sie liefen weiter, aber jetzt stand ihnen ein gepanzerter Transporter im Wege, und von hinten traf sie ein Wasserstrahl. De Gier fiel hin. Jetzt änderte der Wasserwerfer seine Position und zielte auf Grijpstras massigen Körper, als der Mann am Werfer die roten Streifen auf dem Polizeiausweis sah, mit dem der Adjudant winkte.

«Haut ab», schrie ein Polizeioffizier die Kriminalbeamten an. «Was, zum Teufel, habt ihr hier eigentlich zu suchen? Wir wollen keine Kriminalbeamten hier.»

«Verzeihung, Mijnheer», sagte Grijpstra. «Wir hatten einen Anruf vom Recht Boomssloot; dies ist der einzige Weg, um hinzukommen.»

«Die sollen warten», brüllte der Inspecteur, das Gesicht bleich vor Angst.

«Das geht nicht. Es handelt sich um einen Totschlag.»

«Schon gut, schon gut. Ich gebe euch Begleitschutz mit, obwohl ich keinen Mann entbehren kann. He! Du und du da. Bringt diese Männer auf die andere Seite. Sie gehören zu uns.»

Zwei stämmige Militärpolizisten kamen auf den Befehl herbei, zerrissene Litzen baumelten von den Schultern.

«Scheiße», sagte der erste der beiden. «Wir haben heute schon alles gehabt, fehlt nur noch eine Schießerei, und die kriegen wir auch, wenn das noch lange so weitergeht.»

«Hat bis jetzt noch keiner sein Schießeisen gezogen?» fragte Grijpstra.

«Einer von euren jungen Burschen hat danach gegriffen», sagte der Militärpolizist, «aber wir haben ihn beruhigt. Sein Kollege hat einen Ziegelstein ins Gesicht gekriegt. Darüber hat er sich aufgeregt. Wir mußten ihm schließlich die Pistole wegnehmen; er sagte, er werde den Kerl erschießen, der seinen Kollegen erwischt hat.»

Grijpstra wollte eine beruhigende Bemerkung machen, da wurde er von einer Tüte mit Specksteinpulver getroffen und konnte für eine Weile nichts sehen.

«Mist, nicht wahr?» sagte der Militärpolizist. «Die müssen Tonnen von diesem verdammten Pulver haben. Wir haben auf dem Dach einen Mann erwischt, der ein schweres Katapult benutzte; er war unser erster Gefangener. Ich möchte die Anzeige lesen, mit der wir kommen werden. Als nächstes bringen die noch Armbrüste und mechanische Steinschleudern mit. Habt ihr die gepanzerten Wagen von denen gesehen?»

«Nein», sagte de Gier. «Wo?»

«Wir haben sie glücklicherweise bald erwischt, zwei waren es. Man kann nichts tun, wenn sie auf einen zufahren. Ein Freund von mir ist in die Gracht gesprungen, um zu entkommen. Die Menge hatte großen Spaß daran.»

«Habt ihr den Fahrer erwischt?»

«Na, klar. Ich hab ihn selbst aus der Fahrerkabine gezogen. Ich mußte das Fenster einschlagen, weil er sich eingeschlossen hatte. Das ist eine der Anzeigen, die ich selbst schreiben werde. Er wird drei Monate bekommen.»

«Ein feiner Tag», sagte Grijpstra. «Gehen wir. Auf uns wartet eine Dame.»

Zehn Minuten später waren sie bei der Dame, nachdem sie eine Prügelei überstanden hatten. Grijpstra wurde dabei in die Hand gebissen. De Gier zog die Frau an den Haaren weg. Die Militärpolizisten nahmen sie fest. Ihr fiel das Gebiß aus dem Mund, als man sie in den Transportwagen warf. Sie hoben die Zähne auf und warfen sie ihr hinterher.

2

Der Recht Boomssloot ist eine enge Gracht, flankiert von zwei schmalen Uferstraßen und im Schatten von Ulmenreihen, die an diesem Frühlingsabend das Licht durch den Schleier ihrer frischen hellgrünen Blätter filterten. Die hübschen alten Häuser, die sich in ihrem hohen Alter gegenseitig stützen, spiegeln sich im Wasser der Gracht. Und jeder Besucher, der von den ausgetretenen Touristenpfaden abirrt und sich plötzlich im jahrhundertealten Frieden dieser abgeschiedenen Gegend befindet, wird zustimmen, daß Amsterdam von sich zu Recht behaupten kann, eine schöne Stadt zu sein.

Aber unsere Kriminalbeamten waren nicht in der Stimmung, diese Schönheit zu würdigen. Grijpstra schmerzten die Schienbeine, und die Wunde an seiner Hand sah böse aus. Sein kurzes Bürstenhaar war weiß vom Seifensteinpulver, seine Jacke zerrissen, er hatte überhaupt nicht gemerkt, wie es passierte. De Gier hinkte neben ihm und knurrte einen Polizisten an, der sie aufforderte zu verschwinden. Zivilisten gab es hier nicht mehr, denn die Gracht bot keinen Platz für die Menge. Aber die Polizei hatte den Eingang gesperrt, um den Zugang zum Nieuwmarkt zu verwehren. Man hatte hastig rote und weiße Holzbarrieren errichtet, und Bereitschaftspolizisten, die den Straßenzug bewachten, starrten die Neugierigen an, die schweigend herumstanden und zurückstarrten. Es war nichts zu sehen, da das Handgemenge auf dem Platz durch hohe Giebelhäuser abgeschirmt wurde. Die Atmosphäre an der Gracht war drückend, geladen mit Gewalttätigkeit und Mißtrauen. Die Polizisten, zum Nichtstun gezwungen, schlugen mit den Gummiknüppeln an die Stiefelschäfte und brachen so die Stille. In der Ferne waren das Aufheulen der Motorräder und Lastwagen zu hören, das Wimmern des Wasserwerfers und die gedämpften Schreie der tobenden Demonstranten, die sich unheimlich von dem Lärm der Maschinen abhoben. Der Abbruch ging weiter, denn die Häuser mußten abgerissen werden – je früher desto besser – und die Kräne, Bulldozer, Preßlufthämmer und -bohrer trugen mit ihrem Dröhnen zur allgemeinen Unruhe bei.

«Wir sind Polizisten, Kumpel», sagte de Gier zu dem Bullen und zeigte seinen Ausweis, der zerknittert worden war, als de Gier vorhin hinfiel.

«Verzeihung, Brigadier», sagte der Konstabel, «heute trauen wir keinem. Wie steht es dort drüben?»

«Wir gewinnen», sagte Grijpstra.

«Wir gewinnen immer», sagte der Konstabel. «Es ist langweilig. Ich sähe lieber Fußball.»

«Nummer vier», sagte de Gier. «Wir sind da.»

Der Konstabel ging davon und schlug mit dem Gummiknüppel auf das gußeiserne Geländer an der Gracht. Grijpstra schaute an dem viergeschossigen Haus empor, das einem ordentlich gemalten Schild neben der Eingangstür zufolge Nummer vier war. «Rogge» stand auf einem anderen Schild.

«Eine Dreiviertelstunde haben wir gebraucht», sagte de Gier. «Hervorragende Dienstleistungen liefern wir heutzutage, und dort drinnen ist angeblich ein Toter mit blutigem Gesicht.»

«Vielleicht auch nicht», sagte Grijpstra. «Die Leute übertreiben, weißt du. Adjudant Geurts hat mir erzählt, daß er gestern abend gerufen wurde, um einen Selbstmord zu untersuchen. Und als er zu der Adresse kam, aß die alte Dame gerade einen leckeren frischen Toast mit Matjes und gehackten Zwiebeln. Sie hatte es sich anders überlegt. Das Leben war am Ende doch nicht so schlecht.»

«Ein Mann mit blutigem Kopf kann es sich nicht mehr anders überlegen», sagte de Gier.

Grijpstra nickte. «Stimmt. Und er wird kein Selbstmörder sein.»

Er klingelte. Niemand antwortete. Er klingelte noch einmal. Die Tür wurde geöffnet. Der Korridor war dunkel. Sie konnten die Frau erst sehen, als sich die Tür hinter ihnen geschlossen hatte.

«Er liegt oben», sagte die Frau. «Ich geh mal voraus.»

In der ersten Etage bogen sie in einen anderen Korridor ein. Die Frau öffnete die Tür zu einem Zimmer, das der Gracht gegenüberlag. Der Mann lag rücklings auf dem Fußboden, das Gesicht zerschmettert.

«Tot», sagte die Frau. «Er war mein Bruder. Abe Rogge.»

Grijpstra schob die Frau sanft zur Seite und bückte sich, um das Gesicht des Toten zu betrachten. «Wissen Sie, was passiert ist?» fragte er. Die Frau bedeckte ihr Gesicht mit den Händen. Grijpstra legte ihr den Arm um die Schultern. «Wissen Sie irgendwas, Juffrouw?»

«Nein, nein. Ich kam herein, und da lag er so.»

Grijpstra sah de Gier an und zeigte mit der freien Hand auf ein Telefon. De Gier wählte. Grijpstra zog seinen Arm von den Schultern der Frau und nahm de Gier das Telefon aus der schlaffen Hand.

«Bring sie raus», murmelte er, «und schau nicht auf die Leiche. Trinkt beide 'n Kaffee. Ich komme später zu euch in die Küche.»

De Gier war weiß im Gesicht, als er die Frau hinausführte. Er mußte sich am Türpfosten stützen. Grijpstra lächelte. Er hatte es schon oft gesehen. Der Brigadier hatte eine Allergie gegen Blut, aber er würde es bald überwunden haben.

«Der Mann hat eine tödliche Schädelverletzung», sagte er am Telefon. «Veranlaßt alles Notwendige und schafft uns den Commissaris her.»

«Ihr steckt im Demonstrationsgebiet, nicht wahr?» fragte die Stimme in der Funkzentrale. «Da werden die Wagen nie durchkommen.»

«Besorgt eine Barkasse von der Wasserschutzpolizei», sagte Grijpstra. «*Wir* hätten eine haben sollen. Vergeßt nicht den Commissaris. Er ist zu Hause.»

Er legte den Hörer auf und steckte die Hände in die Taschen. Die Fenster im Zimmer waren geöffnet. Die Ulmen verdeckten den blaßblauen Himmel. Für eine Weile ließ er den Blick auf dem zarten jungen Grün ruhen, und er bewunderte eine Amsel, die, unbekümmert um die unheimliche Atmosphäre ihrer Umgebung, plötzlich ein Lied angestimmt hatte. Ein Spatz hüpfte auf der Fensterbank umher und schaute zur Leiche hinüber, den winzigen Kopf zur Seite geneigt. Grijpstra ging ans Fenster. Die Amsel und der Spatz flogen fort, aber Möwen stürzten sich immer wieder auf die Wasseroberfläche der Gracht und suchten nach Brotresten und toten Fischen. Es war der Beginn eines Frühlingsabends, an dem der Bewohner des Zimmers nicht mehr teilhatte.

Wie ist das passiert? fragte sich Grijpstra. Das Gesicht des Mannes war eine Masse aus zerbrochenen Knochen und geronnenem leuchtend rotem Blut. Ein großer Mann, vielleicht in den Dreißigern. Er trug Jeans und eine blaue, halblange Jacke mit Gürtel. Um den muskulösen, sonnengebräunten Hals hatte er eine schwere goldene Kette. Er ist im Urlaub gewesen, dachte Grijpstra, vermutlich gerade erst wiedergekommen. Spanien. Vielleicht Nordafrika oder irgendwo auf einer Insel. Er muß wochenlang in der Sonne gewesen sein. Kein Mensch wird braun im niederländischen Frühling.

Er sah die kurzen gelbblonden Locken, gebleicht in der frischen Luft, und den Bart, der von genau der gleichen Beschaffenheit war. Das Haar schmiegte sich dem Kopf des Mannes an wie ein Helm. Ein starker Kerl, dachte Grijpstra, er hätte ein Pferd stemmen können. Schwere Handgelenke, schwellende Armmuskeln.

Er hockte sich hin, betrachtete das Gesicht des Mannes noch einmal und sah sich dann im Zimmer um. Da er nicht fand, was er suchte, begann er umherzugehen, vorsichtig, die Hände immer noch in den Taschen. Aber der Ziegel oder Stein war nicht da. Es hätte eine so schlichte und einfache Lösung sein können. Der Mann schaut zum Fenster hinaus. Draußen Unruhen. Jemand wirft einen Ziegel. Der Ziegel trifft den Mann im Gesicht. Der Mann fällt hintenüber. Der Ziegel fällt ins Zimmer. Aber hier war kein Ziegel. Er ging zum Fenster und sah hinaus auf die Straße. Er sah immer noch keinen Ziegel. Der behelmte Polizist, der sie vorher angehalten hatte, lehnte an einem Baum und starrte auf das Wasser.

«He, du», rief Grijpstra. Der Polizist schaute nach oben. «Hat man hier heute nachmittag mit Steinen geworfen?»

«Nein», rief der Konstabel zurück. «Warum?»

«Dem Burschen hier hat man das Gesicht zerschmettert. Es könnte ein Stein gewesen sein.»

Der Konstabel kratzte sich am Hals. «Ich werde gehen und die anderen fragen», rief er nach einer Weile. «Ich bin nicht den ganzen Nachmittag hier gewesen.»

«Der Stein könnte vom Gesicht des Mannes abgeprallt und wieder auf die Straße gefallen sein. Hol bitte ein paar von deinen Kollegen und sucht die Straße ab, ja?»

Der Konstabel winkte und lief davon. Grijpstra drehte sich um. Es konnte selbstverständlich eine Waffe gewesen sein oder sogar eine Faust. Vielleicht mehrere Schläge. Kein Messer. Ein Hammer? Vielleicht ein Hammer, dachte Grijpstra und setzte sich auf den einzigen

Sessel, einen großen Korbsessel mit hohem Rücken. Er hatte vor einigen Tagen in einem Schaufenster einen ähnlichen Sessel gesehen und erinnerte sich an den Preis. Es war ein hoher Preis. Der Tisch im Zimmer war ebenfalls kostspielig, antik und schwer, mit einem einzigen verzierten Bein. Auf dem Tisch lag ein Buch, ein französisches Buch. Grijpstra las den Titel. *Zazie dans le Métro.* Auf dem Schutzumschlag war das Bild eines kleinen Mädchens. Irgendein kleines Mädchen, das in der U-Bahn ein Abenteuer erlebt. Französisch verstand Grijpstra nicht. Viel mehr war im Zimmer nicht zu sehen. Ein niedriger Tisch mit Telefon sowie ein Telefonbuch und einige andere französische Bücher in einem Stapel auf dem Fußboden. Die Zimmerwände waren leer, bis auf ein ziemlich großes ungerahmtes Gemälde. Er betrachtete das Gemälde mit Interesse. Es dauerte eine Weile, ehe er sagen konnte, was er sah. Das Bild schien aus einem großen schwarzen Punkt oder einer Konstellation von Punkten auf blauem Untergrund zu bestehen, aber es mußte ein Boot sein, stellte er schließlich fest. Ein kleines Boot, ein Kanu oder Dingi, das auf einem fluoreszierenden Meer schwimmt. Und im Boot befanden sich zwei Männer. Das Bild war nicht so traurig, wie es auf den ersten Blick schien. Das Fluoreszieren des Meeres, angedeutet durch weiße Streifen seitlich vom Boot und in dessen Kielwasser, erweckte eine gewisse Heiterkeit. Das Gemälde beeindruckte ihn, er schaute es immer wieder an. Andere Gegenstände im Zimmer fesselten seine Aufmerksamkeit für einen Augenblick, aber das Bild zog ihn magisch an. Wäre die Leiche nicht gewesen, die den Raum durch ihre erschreckende und groteske Gegenwart beherrschte, würde das Zimmer die perfekte Umgebung für das Gemälde sein. Grijpstra besaß selbst einiges Talent und hatte ernsthaft vor, eines Tages zu malen. Als junger Mann hatte er gemalt, aber die Ehe und die sich plötzlich um ihn ausbreitende Familie und das kleine unbehagliche Haus – in der Lijnbaansgracht gegenüber dem Polizeipräsidium –, erfüllt vom vernichtenden Lärm eines Fernsehgeräts, das seine taube Frau nie abstellen wollte, und die immer gegenwärtige Existenz dieser schlaffen Frau, die ihn und die Kinder anschrie, hatten seinen Ehrgeiz frustriert und fast umgebracht. Wie würde er ein kleines Boot malen, das allein auf dem unermeßlichen Meer schwimmt? Er würde mehr Farben verwenden, aber mehr Farben würden den Traum verderben. Denn das Bild war ein Traum, ein Traum, den zwei Freunde gleichzeitig träumen, zwei Männer, schwebend im Raum, gezeichnet als zwei kleine, miteinander verbundene Linienstrukturen.

Er streckte die Beine aus, lehnte sich zurück und atmete schwer. Dies wäre ein Zimmer, in dem er leben könnte. Das Leben würde zum Vergnügen werden, denn ein schwerer Tag würde nicht so schwer sein, wenn er wußte, daß er in dieses Zimmer zurückkehren konnte. Und der Tote hatte in diesem Zimmer gewohnt. Er seufzte noch einmal. Er schaute auf das niedrige Bett beim Fenster. Auf dem Bett lagen drei Schlafsäcke mit Reißverschluß, einer geschlossen und zwei offen. Der Mann hatte vermutlich in dem einen Sack geschlafen und die beiden als Zudecke benutzt, falls es nötig war. Sehr vernünftig. Keine Umstände mit Laken. Wenn ein Mann Laken will, braucht er eine Frau. Die Frau muß das Bett machen und die Laken wechseln und sich um die anderen hunderttausend Dinge kümmern, die ein Mann zu brauchen glaubt.

Grijpstra würde gern auf einer Pritsche schlafen und sich mit einem offenen Schlafsack zudecken. Morgens steht er auf und läßt das Bett wie es ist. Kein Staubsauger. Das Zimmer einmal wöchentlich ausfegen. Kein Fernsehen. Keine Zeitungen. Vielleicht nur einige Bücher und Schallplatten, aber nicht zu viele. Nichts kaufen. Alles, was dich fesselt, verwirrt dein Leben. Selbstverständlich könnte er eine Frau zu sich einladen, aber nur, wenn er absolut sicher sein konnte, daß sie wieder gehen und nie mit Plastikwicklern im Haar schlafen würde. Er betastete sein Gesicht. Es hatte einen Kratzer, der schon dort gewesen war, ehe er sich den Weg durch die aufrührerischen Massen freigekämpft hatte. Mevrouw Grijpstra hatte sein Gesicht mit einem ihrer Lockenwickler geritzt; sie hatte sich umgedreht, er hatte vor Schmerzen aufgeschrien, aber sie war nicht wach geworden. Sein Schrei hatte ihr Schnarchen halb unterbrochen; sie hatte einige Male mit den Lippen geschmatzt und den Schnarcher beendet. Und als er ihre Schulter geschüttelt hatte, da hatte sie ein wäßriges Auge geöffnet und gesagt, er solle die Schnauze halten. Bloß keine Kinder mehr. Es gibt schon genug Kinder in Holland.

«Warum, zum Teufel . . .» sagte er jetzt laut, machte sich jedoch nicht die Mühe, die Frage zu beenden. Er war so allmählich in diese Patsche geraten, daß er nie anhalten und sich ihr entwinden konnte. Das Mädchen hatte ganz gut ausgesehen, als es ihm über den Weg gelaufen war, und dessen Eltern auch. Und er machte ein bißchen Karriere bei der Polizei, und es stimmte alles genau. Sein ältester Sohn war allmählich zum Taugenichts geworden, mit langen, schmutzig glatten Haaren, vorstehenden Zähnen und einem glänzenden, brüllenden Motorrad. Die beiden Kleinen waren noch sehr nett. Er liebte sie.

Daran gab es keinen Zweifel. Er würde sie nicht verlassen. Also war es nichts mit einem Zimmer wie diesem. Alles sehr logisch. Er schaute noch einmal auf die Leiche. War jemand gekommen und hatte den Riesen mit einem Hammer geschlagen, mitten ins Gesicht? Und hatte der Riese dort gestanden, den Hammer kommen sehen und dessen Wucht voll auf die Nase gekriegt, ohne auch nur zu versuchen, sich zu verteidigen? War er vielleicht betrunken gewesen? Er stand auf und ging zum Fenster. Drei Polizisten stocherten mit ihren langen Schlagstöcken zwischen den Kopfsteinen herum.

«Irgendwas gefunden?»

Sie schauten hinauf. «Nichts.»

«Habt ihr etwas über Steinewerfer erfahren?»

«Ja», rief der Konstabel, der zuvor dort gewesen war. «Hier ist es den ganzen Tag über ruhig gewesen. Wir waren nur hier, um die Leute daran zu hindern, zum Unruheherd zu gelangen.»

«Habt ihr jemand durchgelassen?»

Die Polizisten sahen einander an, dann schaute der erste wieder hinauf zu Grijpstra.

«Viele. Jeden, der hier zu tun hatte.»

«Hier ist ein Mann ermordet worden», rief Grijpstra. «Habt ihr jemand gesehen, der herumgelaufen ist? Der sich sonderbar benahm?»

Die Polizisten schüttelten den Kopf.

«Danke», rief Grijpstra und zog den Kopf ein. Er setzte sich wieder und schloß die Augen, um die Atmosphäre des Zimmers zu spüren, aber allmählich schlief er ein. Das Geräusch einer Schiffsmaschine weckte ihn. Er schaute hinaus und sah, daß draußen eine niedrige Barkasse der Wasserschutzpolizei festgemacht wurde. Sechs Mann kamen herunter, der Commissaris, ein kleiner, nett aussehender älterer Mann, als erster. Grijpstra winkte, die Männer marschierten zur Tür.

«Guter Kaffee», hatte de Gier unterdessen gesagt. «Vielen Dank. Trinken Sie auch einen, Sie brauchen ihn. Sagen Sie mir bitte, was geschehen ist. Fühlen Sie sich jetzt besser?»

Die Frau, die ihm am Küchentisch gegenüber saß, versuchte zu lächeln. Eine schlanke Frau mit dunklem, zu einem Knoten aufgesteckten Haar, schwarzer Hose und schwarzer Bluse und einem Halsschmuck aus kleinen roten Muscheln. Sie trug keine Ringe.

«Ich bin seine Schwester», sagte sie. «Esther Rogge. Nennen Sie mich bitte Esther, das tun alle. Wir wohnen hier jetzt seit fünf Jahren.

Ich hatte eine Wohnung, aber Abe kaufte dieses Haus und wollte, daß ich zu ihm ziehe.»

«Sie haben sich um Ihren Bruder gekümmert», sagte de Gier. «Ich verstehe.»

«Nein. Abe brauchte keinen, der sich um ihn kümmerte. Wir haben nur das Haus miteinander geteilt. Ich hab das Erdgeschoß und Abe die erste Etage. Wir haben sogar kaum zusammen gegessen.»

«Warum nicht?» fragte de Gier und gab ihr Feuer für die Zigarette. Sie hatte lange Hände, keinen Lack auf den Nägeln, ein Nagel war abgebrochen.

«Wir zogen es vor, nicht viel Aufhebens miteinander zu machen. Abe sorgte für einen gefüllten Kühlschrank und aß nur, was ihm gefiel. Wenn wir zufällig beide zu Hause waren, kochte ich schon mal für ihn, aber er hat mich nie darum gebeten. Er aß viel außerhalb. Wir führten jeder unser eigenes Leben.»

«Wovon hat er gelebt?» fragte de Gier.

Esther versuchte wieder zu lächeln. Ihr Gesicht war noch blaß, die Schatten unter den Augen zeigten sich als dunkelrote Flecken, aber es war wieder etwas Leben in ihren Mund gekommen, der kein Schlitz mehr in einer Maske war.

«Er war Händler, er verkaufte Sachen auf der Straße. Auf dem Straßenmarkt in der Albert Cuypstraat. Sie kennen sicherlich die Albert Cuypstraat?»

«Ja, Juffrouw.»

«Nennen Sie mich bitte Esther. Manchmal bin ich zu ihm in die Albert Cuypstraat gegangen. Ich hab ihm auch geholfen, wenn ich einen freien Tag hatte. Er verkaufte Glasperlen und alle Arten von Tuch und Wolle und bunte Bänder und Litzen. An Leute, die sich ihre Sachen gern selbst machen.»

«Sozusagen an kreative Leute», sagte de Gier.

«Ja. Kreativ zu sein, ist jetzt sehr modern.»

«Sie sagen, Ihr Bruder hat dieses Haus gekauft? Das muß ihn eine schöne Stange Geld gekostet haben, oder hat er eine große Hypothek aufgenommen?»

«Nein, es gehört ihm ganz. Er hat viel Geld verdient. Er hat nicht nur Sachen auf der Straße verhökert, wissen Sie, sondern auch im Großhandel mitgemischt. Er fuhr immer mit dem Lastwagen in die Tschechoslowakei und kaufte dort tonnenweise Glasperlen direkt von der Fabrik, die er an andere Straßenhändler und auch an große Geschäfte verkaufte. Und er kaufte und verkaufte auch andere Waren. Der Straßenmarkt war nur so zum Spaß, er ging immer nur montags hin.»

«Und Sie, was tun Sie?»

«Ich arbeite an der Universität; ich habe einen akademischen Grad in Literatur.»

De Gier machte ein beeindrucktes Gesicht.

«Wie heißen Sie?» fragte Esther.

«De Gier. Brigadier de Gier. Rinus de Gier.»

«Darf ich Sie Rinus nennen?»

«Gern», sagte de Gier und schenkte sich Kaffee nach. «Haben Sie eine Ahnung, warum dies passiert ist? Meinen Sie, es besteht eine Verbindung zu den Unruhen?»

«Nein», sagte sie. Ihre Augen füllten sich mit Tränen. De Gier streckte die Hand aus und hielt ihre Hand fest.

«Man hat mit irgendeinem Ding nach ihm geworfen», sagte der Commissaris und schaute nach unten auf die Leiche. «Und zwar mit beträchtlicher Kraft. Aus der Wucht des Aufschlags könnte man fast schließen, er sei beschossen worden. Vielleicht mit einem Stein. Aber wo ist er?»

Grijpstra erläuterte, was er aus seinen bisherigen Ermittlungen schließen konnte.

«Ich verstehe», sagte der Commissaris nachdenklich. «Kein Stein, sagst du. Und keine Ziegelbrocken. Ich verstehe. Auf dem Nieuwmarkt haben sie mit Ziegeln geworfen, wie man mir sagte. Mit roten Ziegeln. Sie zerbrechen und fallen auseinander, wenn sie etwas treffen. Hier auf dem Fußboden ist kein roter Staub. Es könnte jedoch ein richtiger Stein gewesen sein, den dann jemand gefunden und in die Gracht geworfen hat.»

«Es hätte ein platschendes Geräusch gegeben, Mijnheer, und die Straße ist den ganzen Tag über bewacht worden.»

Der Commissaris lachte. «Ja. Totschlag, und wir sitzen direkt davor, schon den ganzen Tag und haben nichts gemerkt. Sonderbar, nicht wahr?»

«Ja, Mijnheer.»

«Und er kann noch nicht lange tot sein. Seit Stunden, länger nicht. Seit einigen Stunden, würde ich sagen. Der Arzt wird jeden Augenblick hier sein; die Barkasse ist zurückgefahren, um ihn zu holen. Er wird es wissen. Wo ist de Gier?»

«Unten, Mijnheer, er spricht mit der Schwester des Mannes.»

«Er konnte das Blut nicht ertragen, nicht wahr? Meinst du, er wird sich je daran gewöhnen?»

«Nein, Mijnheer. Nicht wenn er gezwungen ist, es für eine Weile anzusehen. Wir waren mitten in den Unruhen, und er hat sich gut geschlagen, und das Blut an meiner Hand hat ihm nichts ausgemacht, aber wenn Blut mit Tod verbunden ist, scheint es ihn zu erwischen. Er muß sich übergeben. Ich hab ihn noch rechtzeitig nach unten geschickt.»

«Jeder Mensch hat seine eigene Furcht», sagte der Commissaris leise. «Aber ich frage mich, wodurch dies hier angerichtet worden ist. Eine Schußwaffenkugel kann es nicht gewesen sein, weil kein Loch da ist, aber anscheinend ist jeder Knochen im Gesicht zerschmettert. He! Wer sind Sie?»

Er hatte einen Mann im Korridor an der Tür vorbeigehen sehen, einen jungen Mann, der jetzt ins Zimmer kam.

«Louis Zilver», sagte der junge Mann.

«Was wollen Sie hier?»

«Ich wohne hier, ich habe oben ein Zimmer.»

«Wir sind Polizisten, die hier den Tod von Mijnheer Rogge untersuchen. Dürfen wir in Ihr Zimmer kommen? Die Fotografen und Fingerabdruckspezialisten werden sich dieses Zimmer ansehen wollen, und wir könnten die Gelegenheit nutzen, Ihnen einige Fragen zu stellen.»

«Natürlich», sagte der junge Mann.

Sie folgten Zilver auf der engen Treppe nach oben und wurden in ein großes Zimmer gebeten. Der Commissaris nahm den einzigen Sessel, Grijpstra setzte sich auf das Bett, der junge Mann hockte sich ihnen gegenüber auf den Fußboden.

«Ich bin mit Abe und Esther befreundet», sagte Louis. «Ich wohne jetzt seit fast einem Jahr in diesem Haus.»

«Erzählen Sie weiter», sagte der Commissaris, «alles was Sie wissen. Über das Haus, was so passiert ist, was die einzelnen tun. Wir wissen nichts. Wir sind soeben erst gekommen. Aber zunächst möchte ich, daß Sie uns sagen, ob Sie wissen, wie Abe gestorben ist und wo Sie zu dem Zeitpunkt waren.»

«Ich war hier», sagte Louis. «Ich war den ganzen Tag im Haus. Abe hat um vier Uhr nachmittags noch gelebt. Da war er hier, in diesem Zimmer hier. Und ich weiß nicht, wie er gestorben ist . . .»

«Sprechen Sie weiter», sagte der Commissaris freundlich.

3

Louis Zilvers Zimmer war fast so leer wie das des Toten eine Etage tiefer, aber es hatte eine andere Atmosphäre. Dem Commissaris, der nicht so lange bei Abe Rogges Leiche gewesen war wie Grijpstra, fiel der Unterschied nicht auf. Er sah nur ein anderes Zimmer im selben Haus, ein Zimmer mit nacktem Holzfußboden, eingerichtet mit einem ordentlich gemachten Bett, einem großen Schreibtisch mit Aufsatz, der eine Reihe von Fächern hatte, die mit Papieren in durchsichtigen Plastikheftern angefüllt waren, und einem Bücherschrank, der eine ganze Wand bedeckte. Grijpstra definierte den Unterschied als den zwischen «ordentlich» und «unordentlich». Zilver mußte ein Mann oder vielmehr ein Junge mit Organisationstalent sein, denn er war nicht viel älter als zwanzig. Grijpstra beobachtete Louis, der geduldig vor den vernehmenden Beamten hockte, und bemerkte die großen, fast flüssigen dunklen Augen, die sanft gebogene Nase, den Hauch von Oliv in der Farbe der Haut über den hohen Backenknochen, das lange, blauschwarze Haar. Louis wartete. Inzwischen tat er nicht viel. Er hatte die Beine gekreuzt und sich eine Zigarette angesteckt, nachdem er einen Aschenbecher so hingestellt hatte, daß der Commissaris und Grijpstra die Asche ihrer Zigarillos abstreifen konnten. Der Aschenbecher faszinierte Grijpstra. Es war ein aus Plastik geformter menschlicher Schädel mit einem großen Loch in der Hirnschale, in das ein Silberschälchen paßte.

«Brr», sagte Grijpstra. «Das ist vielleicht ein Aschenbecher!»

Louis lächelte. Das Lächeln war arrogant, herablassend. «Einer meiner Freunde hat ihn gemacht. Er ist Bildhauer. Das Ding ist wirklich verrückt, aber nützlich, so daß ich ihn behalten habe. Und was er bedeutet, ist offensichtlich. *Memento mori.*»

«Warum behalten Sie ihn, wenn Sie ihn für verrückt halten?» sagte der Commissaris. «Sie hätten ihn wegwerfen und statt dessen eine Untertasse nehmen können.»

Der Commissaris, der den Tag im Bett verbracht hatte, um die Schmerzen in seinem Bein zu lindern, die ihn in den vergangenen Wochen beinahe gelähmt hatten, rieb sich das rechte Bein. Die heißen Nadelstiche seines akut chronischen Rheumas ließen seine blutleeren Lippen zucken. Sein Shantunganzug, komplett mit Weste und Uhrkette, schien für seinen kleinen verwelkten Körper ein wenig zu groß zu sein. Sein runzliges Gesicht mit dem sorgsam gebürsteten, spärlichen farblosen Haar drückte sanfte Genauigkeit aus.

«Der Bildhauer ist mein Freund und kommt oft her. Ich glaube, es würde ihn verletzen, wenn ich sein Kunstwerk nicht benutzte. Außerdem macht es mir nichts aus, diesen Ascher hier zu haben. Die Botschaft des Schädels mag eine Binsenweisheit sein, aber dennoch stimmt sie. Das Leben ist kurz, nutze den Tag und so weiter.»

«Ja», sagte der Commissaris. «Im Haus ist ein Toter, der die Richtigkeit dieser Redewendung beweist.»

Der Commissaris hielt inne, um auf die Geräusche unten zu lauschen. Füße stampften die Holztreppe rauf und runter. Die Fotografen würden ihre Ausrüstung aufstellen, und der Arzt würde mit seiner Untersuchung anfangen. Ein uniformierter Hoofdinspecteur, die Jacke durchnäßt und mit Specksteinpulver gepudert, kam ins Zimmer gestapft. Der Commissaris erhob sich.

«Mijnheer», sagte der Hoofdinspecteur, «können wir Ihnen irgendwie behilflich sein?»

«Mir scheint, ihr habt heute schon genug getan», sagte der Commissaris sanft.

«Wir haben draußen keine Toten», sagte der Hoofdinspecteur. «Jedenfalls bis jetzt noch nicht.»

«Wir haben einen hier, eine Etage tiefer. Man hat ihm das Gesicht zerschmettert, er wurde von einem Stein oder ähnlichem getroffen, aber wir können den Stein oder was es sonst war in seinem Zimmer nicht finden.»

«Das haben mir meine Konstabel berichtet. Vielleicht war Ihr Mann ein Reaktionär, jemand, den der rote Pöbel vielleicht nicht mochte.»

«War er einer?» Der Commissaris richtete die Frage an Louis Zilver.

Louis grinste.

«War er einer?»

«Nein», sagte Louis und drückte seine Zigarette sorgsam in der silbernen Hirnschale des Schädels aus. «Abe hatte keine Ahnung von Politik. Er war ein Abenteurer.»

«Abenteurer werden aus vielen Gründen umgebracht», sagte der Hoofdinspecteur und schlug sich ungeduldig mit dem Stock an den Stiefel. «Haben Sie Verwendung für mich, Mijnheer?»

«Nein», sagte der Commissaris, «nein, gehen Sie nur. Ich hoffe, die Lage auf dem Platz wird besser.»

«Das wird nicht besser», sagte der Offizier. «Es wird schlimmer. Da kommt jetzt Nachschub, junge Idioten, die schreiend und tanzend herumtoben. Ich werde wohl besser wieder hingehen.»

Grijpstra beobachtete Louis' Gesicht, als der Offizier aus dem Zimmer ging. Louis fletschte die Zähne wie ein Pavian, der sich bedroht fühlt. «Mir scheint, Sie amüsieren sich», sagte Grijpstra.

«Es ist immer ein hübscher Anblick, wenn die Polizei verprügelt wird», sagte Louis mit leiser Stimme.

Grijpstra fuhr auf. Der Commissaris machte eine Handbewegung. «Vergessen wir den Nieuwmarkt für eine Weile. Berichten Sie uns von dem Vorfall in diesem Haus. Was wissen Sie darüber?»

Louis hatte sich eine neue Zigarette angesteckt und zog hastig. «Esther hat die Leiche heute nachmittag kurz vor fünf gefunden. Sie schrie. Ich war hier in meinem Zimmer. Ich lief nach unten. Ich sagte ihr, sie solle die Polizei anrufen. Abe war in meinem Zimmer gewesen, eine Stunde bevor Esther ihn fand. Er war hier, und wir haben uns unterhalten. Da war mit ihm noch alles in Ordnung.»

«Welche Beziehungen haben Sie zu Abe und Esther?»

«Ich bin mit ihnen befreundet. Ich habe ihn auf dem Markt kennengelernt, auf dem in der Albert Cuypstraat. Ich habe von ihm mal eine Menge Glasperlen gekauft und ging häufiger hin, um neue zu holen. Ich versuchte, mir etwas zu basteln, eine abstrakte Figur, die von der Zimmerdecke herunterhängen sollte. Abe interessierte sich dafür und kam, um zu sehen, wo ich wohne. Ich hatte ein ungemütliches Zimmer, klein, ohne jeden Komfort, kein richtiges Licht. Er hatte dies Haus gekauft und schlug vor, daß ich zu ihm ziehe. Und wir gingen zusammen segeln. Sein Boot ist draußen neben dem großen Hausboot festgemacht; man kann es vom Fenster aus sehen. Eine kleine Yacht. Er fuhr damit raus bei gutem Wind, aber ihm fiel es schwer, sie allein zu handhaben.»

Der Commissaris und Grijpstra standen auf, um zum Fenster hinauszuschauen. Sie sahen das fünf Meter lange Kunststoffboot.

«Es ist halb voll Wasser», sagte Grijpstra.

«Ja, Regenwasser. Er hat sich nie darüber aufgeregt, sondern es einfach leergeschöpft, wenn er segeln wollte. Die Segel sind unten; es dauert nur wenige Minuten, das Boot klar zu machen.»

«Was ist mit dem Hausboot?»

«Es ist leer», sagte Louis. «Es steht seit langem zum Verkauf. Die wollen zuviel Geld dafür, und es ist morsch.»

«Jemand hätte auf dem Dach stehen und mit dem Gegenstand – was es auch gewesen sein mag – werfen können, von dem Abe getroffen wurde», sagte der Commissaris nachdenklich. «Geh doch mal hinunter,

Grijpstra. Vielleicht haben die Polizisten auf der Straße jemand auf dem Hausboot gesehen.»

«Was war das für eine häßliche Bemerkung, die Sie vorhin über die Polizei gemacht haben?» fragte der Commissaris, als Grijpstra aus dem Zimmer war. «Sie haben zu Esther gesagt, sie solle uns anrufen, als sie die Leiche gefunden hatte, nicht wahr? Also müssen wir wohl nützlich sein. Warum etwas verspotten, was nützlich ist?»

«Man mußte sich um die Leiche kümmern, nicht wahr?» fragte Louis mit funkelnden Augen. «Wir konnten sie nicht in die Gracht werfen; sie würde das Wasser verpesten.»

«Ich verstehe. Also haben Sie die Männer von der Müllabfuhr gerufen?»

Louis senkte den Blick.

«Aber Ihr Freund ist tot, sein Gesicht zerschmettert. Wollen Sie nicht, daß wir den Mörder festnehmen?»

Louis' Gesicht veränderte sich. Das Funkeln wich aus den Augen, und er sah plötzlich erschöpft und müde aus. Das empfindsame Gesicht wurde zu einer Maske der Traurigkeit und behielt sein Leben nur durch den Glanz der großen Augen.

«Ja», sagte Louis sanft. «Er ist tot. Und wir sind allein.»

«Wir?»

«Esther, ich und andere; die Menschen, die er inspirierte.»

«Hatte er Feinde?»

«Nein. Freunde. Freunde und Bewunderer. Viele Leute besuchten ihn hier. Er gab Parties, und die Leute taten alles, um eingeladen zu werden. Er hatte viele Freunde.»

«Und geschäftlich? War er geschäftlich ebenfalls beliebt?»

«Ja», sagte Louis und starrte den Plastikschädel vor sich an. «Der König des Marktes in der Albert Cuypstraat. Sehr beliebt. Alle Straßenhändler kannten ihn. Sie kauften auch bei ihm. Er war ein großer Geschäftsmann, wissen Sie. Wir brachten ganze Wagenladungen aus Osteuropa an, von denen eine Menge an den Markt verkauft wurden. In jüngster Zeit machten wir in Wolle, tonnenweise, Wolle zum Stricken und Teppichknüpfen. Wolle ist heutzutage eine teure Ware.»

«Wir?» fragte der Commissaris.

«Nun, hauptsächlich Abe. Ich half ihm nur.»

«Erzählen Sie von sich.»

«Warum?»

«Es könnte uns helfen, die Situation zu verstehen.»

Louis grinste. «Ja, Sie sind Polizist. Das hatte ich fast vergessen. Aber warum sollte ich der Polizei helfen?»

Grijpstra war ins Zimmer geschlüpft und hatte seinen Platz auf dem Bett wieder eingenommen. «Sie sollten der Polizei helfen, weil Sie ein Bürger sind», dröhnte Grijpstra plötzlich, «weil Sie ein Mitglied der Gesellschaft sind. Die Gesellschaft kann nur funktionieren, wenn es eine öffentliche Ordnung gibt. Wenn die Ordnung gestört worden ist, muß sie wiederhergestellt werden. Sie kann nur wiederhergestellt werden, wenn die Bürger die Polizei unterstützen. Es ist die Aufgabe der Polizei, die Bürger vor sich selbst zu schützen.»

Louis schaute auf und lachte.

«Halten Sie das für komisch?» fragte Grijpstra entrüstet.

«Ja. Für sehr komisch. Für Phrasen aus dem Lehrbuch. Und für falsch. Warum sollte ich, ein Bürger, von dem profitieren, was Sie in Ihrer Dummheit, in Ihrer Weigerung zu denken, die öffentliche Ordnung nennen? Könnte es nicht sein, daß die öffentliche Ordnung pure Langeweile ist, eine schwere Last, die den Bürger unterdrückt?»

«Ihr Freund unten ist tot, mit zerschmettertem Gesicht. Macht Sie das glücklich?»

Louis hörte auf zu lachen.

«Sie sind Student, nicht wahr?» fragte der Commissaris.

«Ja. Ich habe Jura studiert, es aber aufgegeben, als ich erkannte, wie widerwärtig unsere Gesetze sind. Ich habe meine Kandidatenprüfungen bestanden, aber weiter wollte ich nicht gehen. Seitdem bin ich nicht mehr in der Nähe der Universität gewesen.»

«Wie schade», sagte der Commissaris. «Ich habe ebenfalls Jura studiert und es für eine faszinierende Disziplin gehalten. Sie brauchen nur noch wenige Jahre. Wollen Sie Ihr Studium nicht beenden?»

Der Junge zuckte die Achseln. «Warum sollte ich? Falls ich meinen Magister der Jurisprudenz mache, finde ich mich vielleicht irgendwo in einem Büro in einem Betonkasten wieder, wo ich für ein großes Unternehmen oder sogar für den Staat arbeite. Ich habe keine Lust, zum Establishment zu gehören. Es macht mehr Spaß, auf dem Straßenmarkt Waren auszurufen oder in der Tschechoslowakei mit einem Lastwagen durch den Schnee zu fahren. Und ich bin nicht auf Geld aus.»

«Was würden Sie tun», fragte Grijpstra, «wenn Ihnen jemand die Brieftasche klaut?»

«Ich würde nicht zur Polizei gehen, falls Sie das meinen.»

«Und wenn jemand Ihren Freund ermordet? Haben Sie nicht zu

Esther gesagt, sie solle uns anrufen?»

Louis setzte sich aufrecht hin. «Hören Sie», sagte er laut, «streiten Sie nicht mit mir, ja? Ich bin es nicht gewohnt, mich verteidigen zu müssen. Ich akzeptiere Ihre Macht und Ihre Versuche, die Ordnung in einem Irrenhaus aufrechtzuerhalten, und ich werde jede Ihrer Fragen beantworten, solange sie mit dem Mord zu tun haben.»

«Meinen Sie, die Menschheit besteht aus geistlosen Gestalten, die umhertasten?» fragte der Commissaris, als hätte er nicht richtig zugehört. Er schaute auf die Bäume vor dem Fenster.

«Ja, das haben Sie sehr gut ausgedrückt. Wir tun nichts, sondern es geschieht uns alles. Abe hat soeben seinen Tod gefunden, genau wie einige Millionen Schwarze in Zentralafrika, weil ihnen das Wasser ausging. Dagegen kann keiner etwas tun. Meine Großeltern wurden im Krieg in einen Viehwaggon geworfen, in irgendeinem Lager ausgeladen und vergast. Oder vielleicht sind sie verhungert, oder ein SS-Mann hat ihnen aus Spaß den Schädel eingeschlagen. Das gleiche ist der Familie von Abe und Esther zugestoßen. Die Rogges haben zufällig überlebt; ihr Leben war jedoch ebensowenig geplant wie der Tod der anderen. Und die Polizisten sind in diesem Schachspiel die Bauern. Die Polizei hat meine Großeltern verhaftet, weil sie Juden waren. Die städtische Polizei Amsterdams, nicht deutsche Polizisten. Ihr wurde befohlen, die Ordnung zu bewahren, so wie Ihnen jetzt befohlen wird, die Ordnung zu bewahren. Der Offizier, der vor einer Minute hier war, schlägt jetzt fröhlich Köpfe ein auf dem Nieuwmarkt, einen halben Kilometer von hier entfernt.»

«Also wirklich», sagte Grijpstra.

«Was heißt hier: also *wirklich*?» rief Louis. «Wollen Sie mir etwa erzählen, nur ein Teil der Polizei habe während des Krieges für die Deutschen gearbeitet? Und die meisten Ihrer Kollegen hätten an der Seite der Königin gestanden? Und was ist mit der Königin? Hat sie keine Truppen nach Indonesien geschickt, um den Dorfbewohnern dort eins auf den Kopf zu geben? Was werden Sie tun, wenn es wieder Krieg gibt? Oder eine Hungersnot? So etwas kann jeden Augenblick eintreten.» Er hustete und sah Grijpstra bedeutungsvoll ins Gesicht, als wolle er, daß der Adjudant ihm zustimme.

«Oder die Russen könnten uns überfallen und uns den Kommunismus aufzwingen. Sie werden in Den Haag die Regierung übernehmen, und irgendein Minister wird der Polizei befehlen, alle Dissidenten festzunehmen. Und Sie werden die Ordnung bewahren. Sie werden blau uniformierte Konstabels losschicken, vielleicht behelmt, bewaffnet mit Schlagstock, automatischer Pistole und Karabiner. Sie werden regelrechte Razzien vornehmen, wobei gepanzerte Mannschaftswagen die Straße an beiden Seiten absperren. Das ist nicht unwahrscheinlich, wissen Sie. Gehen Sie mal hinaus und schauen Sie, was jetzt auf dem Nieuwmarkt geschieht.»

«Und wem geben Sie die Schuld?» fragte der Commissaris und tippte die Asche seiner Zigarre in den Plastikschädel.

«Niemand», sagte Louis ruhig. «Nicht einmal den Deutschen, nicht einmal den niederländischen Polizisten, die meine Großeltern wegbrachten. Die Dinge geschehen, wie ich bereits sagte. Ich gebe auch den Dingen nicht die Schuld; nur wird mir von diesem Idealisieren und Argumentieren speiübel. Wenn Sie Ihre Arbeit tun wollen, falls Sie Ihre Aktivität als Arbeit betrachten, dann tun Sie sie, aber verlangen Sie nicht von mir, daß ich Beifall klatsche, wenn Sie Ihre Verhaftung vornehmen. Mir ist das alles egal.»

«Mir scheint, Sie widerlegen Ihre eigene Theorie», sagte der Commissaris. «Sie weigern sich, das zu tun, was man Ihnen sagt, nicht wahr? Sie wollen sich nicht anpassen. Vielleicht sollten Sie Ihr Studium beenden, damit Sie sich auf der richtigen Ebene in die Gesellschaft einfügen können, aber statt dessen arbeiten Sie auf dem Straßenmarkt und fahren mit dem Lastwagen in irgendein fernes Land. Aber dennoch tun Sie etwas, arbeiten Sie auf ein Ziel hin. Wenn Sie wirklich glauben, was Sie sagen, dann sollten Sie nichts tun, wie mir scheint. Sie sollten sich treiben lassen, angeschoben von den Umständen des Augenblicks.»

«Genau», sagte Louis. «Das tue ich nämlich.»

«Nein, nein. Sie haben eine gewisse Freiheit, wie mir scheint, und Sie nutzen sie. Sie treffen überlegt Ihre Wahl.»

«Ich versuche es», sagte Louis, entwaffnet durch die ruhige Stimme des Commissaris. «Vielleicht haben Sie recht. Vielleicht bin ich in gewisser Weise frei und versuche, mit meiner Freiheit etwas anzufangen. Aber selbst bei diesen Versuchen bin ich nicht sehr gut. Von mir aus hätte ich niemals etwas getan. Ich gammelte in einem dunklen Zimmer, schlief jeden Tag bis zwei Uhr nachmittags und trieb mich abends in blöden Kneipen herum, bis Abe mich fand. Er packte mich praktisch am Schlafittchen und zog mich mit.»

«Sagten Sie nicht, daß Sie an einer Figur aus Perlen gearbeitet haben? Das war doch bevor Sie Abe kennenlernten, nicht wahr?»

«Ja, daraus ist nichts geworden. Ich habe den ganzen Mist eines Tages in den Mülleimer geworfen. Ich wollte etwas wirklich Ungewöhnliches schaffen, eine menschliche Gestalt, die sich im Wind oder in der Zugluft bewegt. Ich habe versucht, einen Körper aus Kupferdraht zu machen, diesen mit dünnen Plastikfäden zu verbinden und darauf Glasperlen aufzuziehen. Der Körper würde glitzern und Leben zeigen, wenn er sich bewegte, aber er würde sich nicht von selbst bewegen, sondern nur agieren, wenn Kräfte mit ihm spielen, die außerhalb seiner eigenen liegen. Leider bin ich kein Künstler. Die Idee war gut, aber ich habe es nur geschafft, eine Menge Glasperlen aufzuziehen und ein Jahr zu verschwenden.»

«Gut», sagte Grijpstra. «Abe hat Sie also aus dem Dreck geholt. Möglicherweise hat er auch andere aus dem Dreck geholt. Aber jetzt ist er ermordet worden. Der Mörder will vielleicht auch noch andere Menschen wie Abe umbringen.»

«Quatsch.»

«Wie bitte?»

«Sie haben schon verstanden», sagte Louis liebenswürdig. «Ich sagte: Quatsch. Abe wurde ermordet, weil irgendeine Kraft den Arm von irgend jemand bewegt hat. Die Kraft war so zufällig wie der Wind. Man kann den Wind nicht fangen.»

«Wenn es irgendwo zieht, können wir die Ritze finden und zumachen», sagte der Commissaris.

«Sie können das Werkzeug einsperren», sagte Louis trotzig, «aber Sie können nicht die Kraft einsperren, die das Werkzeug aktiviert hat. Dazu sind Sie nicht fähig, und jede Anstrengung dafür ist töricht. Warum sollte ich Ihnen helfen, Ihre Zeit zu verschwenden? Das können Sie allein tun.»

«Ich verstehe», sagte der Commissaris und schaute wieder auf die Bäume. Kein Windhauch regte sich, und die letzten Sonnenstrahlen wurden von den kleinen länglichen Spiegeln der jungen Blätter reflektiert.

«Wirklich? Sie sind Offizier, nicht wahr? Sie sind Polizeichef?»

«Ich bin Commissaris. Aber wenn Ihre Theorie stimmt, gebe ich nur vor, ein Schattenspiel zu leiten, das in Wirklichkeit nicht existiert. Sie sind nicht originell, aber das wissen Sie vermutlich. Andere Menschen haben gedacht, was Sie jetzt denken. Plato beispielsweise und andere vor ihm.»

«Es hat kluge Schatten auf diesem Planeten gegeben», sagte Louis und lächelte.

«Ja. Aber Sie haben uns dennoch geholfen. Wir wissen jetzt ein wenig über den Toten und ein wenig über Sie. Wir sind einfache Leute, irregeführt vielleicht, wie Sie bereits sagten. Wir arbeiten in der Überzeugung, daß der Staat recht hat und die öffentliche Ordnung bewahrt werden muß.

Und wir arbeiten nach Systemen. Jemand, ein Mensch, der Abe Rogge übelwollte, hat ihn ermordet. Er hatte die Gelegenheit, sein Gesicht zu zerschmettern, und er glaubte, er hätte einen Grund dafür. Wenn wir jemand finden, der sowohl die Gelegenheit als auch das Motiv hatte, werden wir ihn eines Verbrechens verdächtigen und möglicherweise festnehmen. Sie, Louis Zilver, hatten die Gelegenheit. Sie waren zur richtigen Zeit im Haus. Aber aus dem, was Sie uns gesagt haben, dürfen wir schließen, daß Sie kein Motiv haben.»

«Falls ich die Wahrheit gesagt habe», sagte Louis.

«Ja. Sie haben gesagt, er sei Ihr Freund gewesen, irgendwie Ihr Retter. Er habe Sie aus dem eingefahrenen Gleis geholt. Sie hätten morgens immer im Bett gelegen, abends getrunken und nachmittags versucht, einen Glasperlenmenschen zu machen. Sie seien nicht glücklich gewesen. Abe habe Ihr Leben interessant gemacht.»

«Ja. Er hat mich gerettet. Aber vielleicht wollen Menschen nicht gerettet werden. Christus war ein Retter, aber man hat ihm Nägel durch Hände und Füße gehämmert.»

«Ein Hammer», sagte Grijpstra. «Ich muß immer wieder daran denken, daß Abe mit einem Hammer ermordet worden ist. Aber ein Hammer hätte ein Loch gemacht, nicht wahr? Ein großer Teil des Gesichts war zerschmettert.»

«Wir werden feststellen, womit er umgebracht worden ist», sagte der Commissaris. «Sprechen Sie weiter, Mijnheer Zilver. Sie interessieren mich. Was können Sie uns sonst noch sagen?»

«Sagen Sie mir», sagte de Gier, der immer noch Esthers Hand hielt, «warum wurde Ihr Bruder ermordet? Hatte er Feinde?»

Esther hatte aufgehört zu weinen und strich mit ihrer freien Hand über die Tischplatte.

«Ja. Er hatte Feinde. Die Leute haßten ihn bis in sein Innerstes. Er war zu erfolgreich, wissen Sie, und zu gleichgültig. Er war so voller Leben. Die Leute machten sich Sorgen und waren niedergeschlagen, und er lachte und ging für einige Wochen nach Tunesien, um am Strand zu spielen oder auf einem Kamel zu irgendeinem Dorf zu reiten. Oder er segelte mit seinem Boot auf dem großen Binnensee. Oder er fuhr in den Osten, kaufte Waren, verkaufte sie hier und machte guten Gewinn. Er war ein gefährlicher Mann. Er vernichtete die Leute. Er gab ihnen das Gefühl, Narren zu sein.»

«Hat er Ihnen das Gefühl gegeben, ein Narr zu sein?»

«Ich *bin* eine Närrin», sagte Esther.

«Warum?»

«Alle sind Narren. Sie auch, Brigadier, ob Sie es zugeben wollen oder nicht.»

«Sie wollten mich Rinus nennen. Also gut. Ich bin ein Narr. Wollten Sie, daß ich das sage?»

«Ich will gar nichts. Wenn man weiß, daß man ein Narr ist, konnte Abe einem nichts anhaben. Er lud häufig zum Diner ein, aber bevor jemand etwas essen durfte, mußte man aufstehen, die anderen Gäste ansehen und sagen: ‹Ich bin ein Narr.›»

«Ja?» fragte Grijpstra erstaunt. «Wozu nur?»

«Ihm gefielen solche Dinge. Sie mußten sagen, sie seien Narren, und dann erklären, warum sie welche seien. Eine Art von sensitivem Training. Ein Mann sagte etwa: ‹Freunde, ich bin ein Narr. Ich halte mich für bedeutend, bin es aber nicht.› Aber Abe genügte das nicht. Er ließ den Mann nicht essen oder trinken, bis dieser im Detail erklärt hatte, warum genau er ein Narr sei. Er mußte dann einräumen, daß er auf irgendeinen besonderen Erfolg stolz sei, auf einen Geschäftsabschluß zum Beispiel oder auf eine bestandene Prüfung oder weil er eine Frau herumgekriegt hatte, und dann mußte er sagen, es sei töricht, auf eine solche Heldentat stolz zu sein, da sie ihm einfach passiert sei. Es war nicht seine Schuld oder sein Verdienst, wissen Sie. Abe glaubte, wir würden von den Umständen herumgestoßen und der Mensch sei nur ein seelenloser Mechanismus.»

«Und die Leute mußten dies ihm gegenüber immer wieder zugeben?»

«Ja, das war die einzige Möglichkeit, damit anzufangen, etwas zu tun.»

«Also konnten sie schließlich doch etwas *tun*?»

«Ja, nicht viel. Etwas. Vorausgesetzt, sie räumten ein, daß sie Narren seien.»

De Gier steckte sich eine Zigarre an und lehnte sich zurück. «Scheiße», sagte er leise.

«Wie bitte?»

«Oh, nichts», sagte de Gier. «Ihr Bruder muß viele Leute verärgert haben. Hat er jemals zugegeben, selbst ein Narr zu sein?»

«O ja.»

«Und er hat sich wirklich für einen Narren gehalten?»

«Ja. Es machte ihm nichts aus, wissen Sie. Er lebte nur für den Augenblick. Ein Tag bestand für ihn aus vielen Augenblicken. Ich glaube, es war ihm auch egal, als er starb.»

«Diese Freunde, die er hatte, was waren das für Leute? Geschäftsfreunde vom Straßenmarkt?»

Esther fuhr mit der Hand durch ihr Haar und begann an der Kaffeemaschine herumzuspielen. «Noch Kaffee, Rinus?»

«Gern.»

Sie füllte den Apparat und verschüttete etwas Kaffeepulver auf den Boden.

«Gestatten Sie», sagte de Gier und nahm Kehrblech und Handfeger auf.

«Danke. Sind Sie verheiratet?»

«Nein, ich lebe allein mit meinem Kater. Ich beseitige den Dreck immer gleich, wenn ich welchen mache.»

«Sie fragten nach Freunden. Nun, er hatte oft Freunde vom Straßenmarkt hier im Haus, außerdem kamen Studenten und Künstler. Und Journalisten und Mädchen. Abe wirkte anziehend auf Frauen. Und selbstverständlich war Louis hier. Sie haben ihn im Korridor gesehen, nicht wahr? Wo ist er überhaupt?»

«Oben bei meinem Kollegen Adjudant Grijpstra und beim Commissaris.»

«Dieser kleine alte Mann ist Ihr Chef?»

«Ja. Können Sie mir einige seiner Freunde beschreiben? Ich brauche eine Liste von ihnen. Hatte er spezielle Freunde?»

«Sie waren alle speziell. Er war den Leuten sehr eng verbunden, bis er sie fallenließ. Ihm liege nichts an Freundschaft, sagte er immer. Freundschaft sei ein vorübergehendes Phänomen; sie hänge von Umständen ab und beginne und ende wie der Wind. Er verärgerte die Menschen, wenn er das sagte, denn sie versuchten, sich ihm anzuschließen.»

«Das ist vielleicht ein Fall», sagte de Gier.

Esther lächelte, langsam, müde. «Sie erinnern mich an die Polizisten, die vor einigen Tagen gekommen sind. Sie hatten die falsche Hausnummer. Unsere Nachbarn hatten angerufen. Ein alter Mann war dort zu Besuch und wurde plötzlich krank und brach zusammen. Die Nachbarn hatten nach dem Krankenwagen gerufen, aber die Polizei kam ebenfalls, um zu sehen, ob Gewalt angewendet worden war, nehme ich an. Die Nachbarin war sehr verstört, und ich bin hinüber gegangen, um zu sehen, ob ich helfen konnte. Der alte Mann lag offenbar im Sterben. Ich glaube, er hatte einen Herzanfall. Ich hörte das Gespräch zwischen den Polizisten.»

«Was haben sie gesagt?» fragte de Gier.

«Der eine Polizist sagte zum andern: ‹Verdammt, ich hoffe, der alte Kerl kratzt nicht sofort ab. Falls ja, müssen wir einen Bericht darüber schreiben.› Und der andere sagte: ‹Keine Sorge, er wird im Krankenwagen sterben; dann können sich die Sanitäter darum kümmern.›»

«Ja», sagte de Gier.

«So denken Ihre Leute, nicht wahr?»

«Nicht ganz», sagte de Gier geduldig. «So hört es sich für Sie nur an. Sie sind betroffen, der Tote ist Ihr Bruder. Wenn einer meiner Freunde stirbt oder meine Katze überfahren oder meine Mutter krank würde, ginge mir das sehr an die Nieren. Ich versichere Ihnen, ich würde bestürzt und verwirrt sein.»

«Aber wenn Sie meinen Bruder in einer Blutlache finden . . .»

«Bin ich ebenfalls bestürzt, aber ich unterdrücke meine Gefühle. Ich kann keine große Hilfe sein, wenn ich zusammenbreche, nicht wahr? Und dieser Fall sieht seltsam aus. Ich kann mir nicht vorstellen, warum Ihr Bruder ermordet worden ist. Vielleicht hat Grijpstra etwas gesehen. Sie sind den ganzen Nachmittag über hier gewesen, nicht wahr? Ist jemand nach oben in sein Zimmer gegangen?»

«Nein. Louis kam nach Haus, aber ich hörte, daß er an dem Zimmer vorbeiging und die zweite Treppe hinaufstieg zu seinem eigenen Zimmer.»

«Der Recht Boomssloot ist keine stark befahrene Durchgangsstraße», sagte de Gier, «aber hier müssen doch Leute herumgehen. Es wäre möglich, von der Straße aus in das Zimmer zu klettern, aber das wäre wirklich riskant. Niemand hat den Polizisten auf der Straße etwas berichtet, denn die hätten mir sonst etwas davon gesagt.»

«Vielleicht hat jemand mit etwas nach Abe geworfen», sagte Esther. «Er könnte nach draußen auf die Gracht geschaut haben. Das hat er oft getan. Er steht am offenen Fenster und starrt. Er gerät so in Trance, und ich muß ihn anschreien, um ihn da herauszuholen. Vielleicht hat jemand mit einem Stein nach ihm geworfen.»

«Der Stein wäre ins Zimmer gefallen oder abgeprallt und wieder auf die Straße gefallen. Die Polizisten hätten ihn gefunden. Ein blutiger Stein fällt doch auf. Ich frag mal nach.»

Er kam gleich darauf zurück. «Nichts. Ich habe auch die Leute oben gefragt. Dort ist ein Mann von der Spurensicherung. Er sagt, auch im Zimmer ist nichts. Keine Waffe, kein Stein.»

«Abe ist ein seltsamer Mensch gewesen und auf seltsame Art gestorben», sagte Esther, «aber es wird irgendeine technische Erklärung dafür geben. Es gibt immer eine – für alles.»

«Gestohlen worden ist nichts, oder?»

«Nein. Im Haus ist kein Geld, bis auf das, was Abe in der Brieftasche hat. Die Brieftasche ist noch da, in der Seitentasche seiner Safarijacke. Ich habe die Ausbeulung gesehen. Die Tasche ist zugeknöpft. Er hat darin gewöhnlich ein paar tausend Gulden.»

«Das ist viel Geld, um es in einer Tasche aufzubewahren.»

«Abe hatte immer Geld. Er verdiente es viel schneller, als er es ausgeben konnte. Ihm gehört das Lagerhaus nebenan; es ist voller Waren, die nie lange da liegenbleiben. Jetzt sind Baumwollstoffe drin, die er kurz vor der Anhebung der Baumwollpreise gekauft hat, und in einer ganzen Etage sind Kartons mit Wolle aufgestapelt, die er auf dem Straßenmarkt verkauft.»

«Zwischen diesem Haus und dem Lagerhaus nebenan gibt es keine Verbindung?»

«Nein.»

«Keine Geheimtür?»

«Nein, Brigadier. Ins Lagerhaus gelangt man nur über die Straße. Die Hinterhöfe sind durch hohe Ziegelmauern geteilt, die viel zu hoch sind, um sie zu überklettern.»

Grijpstra und der Commissaris kamen die Treppe herunter. De Gier rief sie herein und machte Esther mit dem Commissaris bekannt. Zwei Sanitäter balancierten ihre Trage die Treppe hinauf. Sie waren mit der Barkasse der Wasserschutzpolizei gekommen.

«Ich gehe nach oben», sagte de Gier. «Ich glaube, wir sollten den Inhalt der Taschen an uns nehmen, ehe die Leiche weggebracht wird. Sie werden eine Quittung erhalten, Juffrouw Rogge.»

«Ja», sagte der Commissaris. «Wir müssen jetzt für eine Weile fortgehen, später aber vielleicht noch mal wiederkommen. Ich hoffe,

Sie nehmen uns das Eindringen in Ihre Privatsphäre nicht übel, Juffrouw, aber . . .»

«Nein, Commissaris», sagte Esther. «Ich werde Sie erwarten.»

Die Atmosphäre auf der Straße war noch immer unheimlich. Auf dem nahegelegenen Platz heulte eine Sirene. Ein neuer Zug Bereitschaftspolizisten kam auf der schmalen Uferstraße heranmarschiert. Zwei Barkassen der Wasserschutzpolizei, auf den Vordecks ausstiegsbereite Konstabels in Lederjacken, manövrierten vorsichtig zwischen vertäuten Hausbooten und der Barkasse, die darauf wartete, Abe Rogges Leiche an Bord zu nehmen.

Ein völlig erschöpfter junger Mann wurde auf der anderen Seite der Gracht über den Haufen gerannt. Behandschuhte Hände griffen nach seinen Handgelenken, und die Kriminalbeamten hörten das Klicken der Handschellen und den keuchenden Atem des Mannes.

«Wohin, Mijnheer?» fragte Grijpstra.

Der Commissaris beobachtete die Festnahme. «Hm?»

«Wohin jetzt, Mijnheer?»

«Irgendwohin, wo es ruhig ist, in eine Kneipe, ein Café. Geht ihr schon los und sucht etwas. Ich werde noch mal ins Haus gehen. Wenn ihr etwas Gutes gefunden habt, könnt ihr bei Rogges anrufen. Die Nummer wird im Telefonbuch stehen. Schrecklich, nicht wahr?»

«Was, Mijnheer?»

«Diese Menschenjagd da. Diese Unruhen fördern bei allen das Schlimmste zutage.»

«Die haben ihn nicht mißhandelt, Mijnheer, sondern nur festgenommen. Der Mann hat vermutlich auf dem Platz einen Polizisten verletzt. Sonst hätten sie sich nicht soviel Mühe gemacht, ihn zu schnappen.»

«Ich weiß, ich weiß», sagte der Commissaris, «aber es ist erniedrigend. Ich habe gesehen, wie man während des Krieges Menschen so gejagt hat.»

Grijpstra hatte es ebenfalls gesehen, aber er sagte nichts.

«Also gut, geht jetzt.»

«Mijnheer», sagte Grijpstra und tippte de Gier auf die Schulter.

«Wohin also?» fragte de Gier. «Kennst du hier was? Die Kneipen werden alle geschlossen sein, und ich würde auch nicht gern ausgerechnet in dieser Gegend eine Polizeibesprechung abhalten.»

Grijpstra starrte auf die Polizisten auf der anderen Seite des Wassers.

Sie marschierten mit ihrem Gefangenen zu einer Barkasse der Wasserschutzpolizei. Der Gefangene wehrte sich nicht. Drei Männer, die einen Spaziergang machen.

«He.»

«Ja», sagte Grijpstra. «Mir fällt nur Nellies Bar ein. Dort wird geschlossen sein, aber sie wird öffnen, wenn sie da ist.»

«Kenne ich nicht.»

«Natürlich nicht.»

Zusammen lasen sie die Schrift auf dem Schild. Sie lautete: «Wenn ich nach dem Klingeln nicht komme, schlag nicht an die Tür, weil ich nicht da bin.» Sie lasen es dreimal.

«Was für ein Unsinn», sagte de Gier schließlich. «Wenn sie nicht hier ist, wird es ihr nichts ausmachen, daß wir an die Tür hämmern.»

Grijpstra klingelte. Niemand kam. Er schlug gegen die Tür. Im ersten Stock wurde ein Fenster geöffnet.

«Verpißt euch. Wollt ihr 'n Eimer Spülwasser aufn Pelz kriegen?»

«Nellie», rief Grijpstra, «ich bin's.»

Das Fenster wurde geschlossen, sie hören Schritte.

«Ach, du bist's», sagte Nellie. «Wie nett. Und mit einem Freund. Prima. Kommt rein.»

Die Lampen wurden eingeschaltet, sie befanden sich in einer kleinen Bar. Die einzige Farbe schien Rosa zu sein. Rosa Vorhänge, rosa Tapeten, rosa Lampenschirme. Nellie war ebenfalls rosa, besonders ihre Brüste. De Gier starrte Nellies Brüste an.

«Gefallen sie dir, Schätzchen?»

«Ja», sagte de Gier.

«Setz dich und trink was. Wenn du mir eine Flasche Champagner ausgibst, bediene ich dich oben ohne.»

«Was kostet eine Flasche Champagner?»

«Hundertfünfundsiebzig Gulden.»

«Ich bin Polizist», sagte de Gier.

«Das weiß ich, Schätzchen, aber auch Polizisten zahlen hundertfünfundsiebzig Gulden. Ich hasse Korruption.»

«Kommen jemals Polizisten zu dir?»

Nellie lächelte zurückhaltend und sah Grijpstra an.

«Du?» fragte de Gier.

«Gelegentlich», sagte Grijpstra, «aber ich zahle nicht. Nellie ist eine alte Freundin.»

«Und du kriegst Oben-ohne-Bedienung?»

«Selbstverständlich», sagte Nellie munter. «Was möchtet ihr? Es ist noch etwas früh, aber ich werde euch einen Cocktail mixen. Pur schenke ich nichts aus.»

«Nein, danke, Nellie», sagte Grijpstra. «Wir möchten deine Bar gern für etwa eine Stunde benutzen. Unser Commissaris wünscht für eine Besprechung einen ruhigen Ort; es werden auch noch andere kommen. Hast du was dagegen?»

«Selbstverständlich nicht, mein Lieber.» Nellie lächelte, beugte sich über die Bar und zerzauste Grijpstras Haare. Die Brüste waren de Gier jetzt sehr nahe, seine Hände zuckten. «Die Bar ist heute abend sowieso geschlossen», sagte Nellie mit singender Stimme. «Diese verdammten Unruhen sind schlecht fürs Geschäft. Ich hab seit zwei Tagen keinen Kunden mehr gesehen, und meine Schlepper bringen keinen durch die Straßensperren.»

Ihr Mund verzog sich zu einem Knurren. «Nicht etwa, daß ich in diesen Tagen Kunden begrüßen würde, nicht bei dieser gespannten Lage.»

«Und dennoch ziehst du dich so an?» fragte Grijpstra und starrte.

Nellie kicherte. «Nein. Ich trage Jeans und Pullover wie andere, aber ich will nicht, daß Grijpstra mich so sieht. Er ist an mich gewöhnt wie ich jetzt bin, deshalb habe ich ein Kleid übergeworfen.»

«Auweia», sagte de Gier.

Nellie tätschelte ihre Brüste. «Die haben mich mal disqualifiziert in einem Wettbewerb für die Miss Holland. Ich hätte zuviel, sagten sie. Aber sie sind gut fürs Geschäft.»

«Hast du eine Lizenz für diesen Laden?» fragte de Gier.

Ihr Gesicht verdunkelte sich. «Ich dachte, du bist ein Freund.»

«Ich bin nur neugierig.»

«Nein, ich hab keine Lizenz. Das ist keine richtige Bar. Dies ist hier privat. Ich bewirte hier jeweils nur einen oder zwei Gäste. Die Schlepper bringen sie mir.»

Prostitution, dachte de Gier, offene Prostitution. Er wußte, daß es Bars wie die von Nellie gab, aber er war noch nie auf eine gestoßen. Grijpstra wohl, aber er hatte ihm nichts gesagt. Er sah Grijpstra an, und der grinste. De Gier zog die Augenbrauen hoch.

«Nellie war mal in Schwierigkeiten, und ich hab zufällig den Anruf entgegengenommen.»

«Das ist lange her», sagte Nellie und schmollte. «Du warst damals noch in Uniform. Ich hab dich seit einem Jahr nicht mehr gesehen. Du hast Glück, daß ich noch hier bin.» Sie stöhnte. «So ist es nun mal. Die Netten haben es immer eilig und zahlen nicht, und die Miststücke lassen sich zuviel Zeit, aber sie zahlen.»

De Gier konnte sich vorstellen, wie die Miststücke waren. Umherstreifende Touristen, einsame Geschäftsleute. «Wollen Sie eine hübsche Frau, Mijnheer, etwas ganz Spezielles? Ein gemütliches Haus? Nur Sie allein? Ein bißchen Champagner? Nicht zu teuer? Ich werde Ihnen den Weg zeigen, Mijnheer.» Und eine, vielleicht zwei, höchstens drei Stunden später war das Miststück wieder auf der Straße, stinkbesoffen mit schwerem Kopf und leerer Brieftasche. Sie quetschte sie nach und nach aus. Eine rosa Spinne in einem rosa Netz. Und dann raus mit ihnen in dem Augenblick, da sie ausgebrannt sind, raus auf die Straße. Und der Schlepper wartet und huscht hinein, um seinen Anteil zu holen, und huscht wieder hinaus, um die nächste Fliege zu fangen.

«Wie geht das Geschäft, Nellie?»

Sie zog die Unterlippe ein und biß darauf. «Nicht so gut. Der Gulden steht zu hoch und der Dollar zu niedrig. Sie kommen nicht mehr wie früher. Jetzt sind es die Japaner, und die lassen mich ganz schön arbeiten.»

Eine eindrucksvolle Frau, groß und breitschultrig, langes, rotes Haar, das die grünen, schrägstehenden Augen umrahmt. De Gier spürte ihre Kraft. Die Kraft einer lüsternen Schlange.

«Wer ist dein Freund, Grijpstra?»

«Brigadier de Gier», sagte Grijpstra.

«Nett. Sehr nett. Heutzutage sehe ich nicht oft hübsche Männer; sie werden knapp.» Die grünen Augen wurden unschuldig.

«Vorsicht», sagte Grijpstra. «Er hat Schlag bei den Damen.»

Sie kicherte. «Keine Sorge, Grijpstra. Ich ziehe deinen Typ vor, warm und schwer und väterlich. Hübsche Männer machen mich nervös. Sie brauchen mich nicht wirklich, und ich hasse es, wenn ich nicht gebraucht werde. Nun, Herrschaften, was kann ich für euch tun?»

«Laß mich mal telefonieren», sagte Grijpstra.

Sie schob das Telefon über die schmale Theke, beugte sich plötzlich vor und küßte ihn voll auf den Mund. Grijpstra erwiderte den Kuß, streckte die Hand aus und tätschelte ihren Hintern. De Gier schaute weg.

4

Es klingelte an der Tür. De Gier ging, um zu öffnen. Der Commissaris kam herein, gefolgt vom Arzt und dem Fingerabdruckexperten.

«'n Abend», sagte der Commissaris strahlend.

Grijpstra rieb sich die Lippen mit einem zerknüllten Taschentuch. «Nellies Bar, Mijnheer, etwas anderes konnten wir nicht finden. Sehr ruhig.»

«Du hast rote Ohren», sagte de Gier.

Grijpstra murmelte etwas in sein Taschentuch.

«Mach mich mit der Dame bekannt», sagte der Commissaris und kletterte auf einen Barhocker.

Nellie lächelte und gab ihm die Hand. «Einen Drink, Commissaris?»

«Einen kleinen Genever, wenn Sie haben.»

Nellie schenkte sechs Gläser ein.

«Ich dachte, hier gibt es den Schnaps nicht pur», sagte de Gier und schaute wieder auf die Brüste der Frau. Er war nicht der einzige, der hinsah. Der Commissaris war fasziniert; der Arzt ebenfalls und auch der Fingerabdruckexperte.

«Dekolleté», sagte der Arzt. «Ein herrliches Wort, nicht wahr? Dekolleté ...»

Die anderen brummten zustimmend.

«Ja», sagte der Commissaris und hob das Glas, «aber es zeugt nicht von guten Manieren, die Anatomie einer Dame in ihrer Gegenwart zu erörtern. Prost, Nellie.»

Die Gläser wurden gehoben, geleert und knallend auf dem Bartresen abgesetzt. Nellie griff nach der Flasche und schenkte wieder ein.

«Herrlich», sagte der Arzt halsstarrig. «Als Arzt sollte ich vielleicht immun sein, aber ich bin es nicht. Es gibt nichts Schöneres auf der Welt. Selbstverständlich gibt es Sonnenuntergänge und einen laufenden Hirsch in einer Waldlichtung und blühende Blumen auf einer alten, zerfallenen Mauer und den Flug des Fischreihers, aber mit der Brust der Frau ist nichts zu vergleichen. Gar nichts.»

«Stimmt», sagte der Fingerabdruckexperte.

Nellie lächelte, ein langsames Wogen bewegte ihren Busen, eine sanfte Welle, die fast unmerklich begann, allmählich an Stärke gewann und wieder abebbte.

De Gier seufzte. Der Commissaris drehte den Kopf und starrte de Gier an.

«Sie nimmt hundertfünfundsiebzig Gulden für eine Flasche Champagner», erläuterte de Gier.

Der Commissaris senkte seinen kleinen Kopf.

«Und dann zieht sie das Oberteil ihres Kleides aus, Mijnheer, an der Taille ist ein Reißverschluß.» De Gier zeigte auf den Reißverschluß.

Grijpstra hatte sein Taschentuch eingesteckt und betastete eine schwarze Zigarre, die er in einer Kiste auf der Bar gefunden hatte. «Was willst du vom Commissaris?» fragte er grob. «Daß er Champagner bestellt?»

Der Commissaris lächelte und riß ein Streichholz an. «Hier», sagte er mild. «Dies ist nicht der richtige Abend für Champagner.»

Grijpstra machte einen Lungenzug und funkelte de Gier an. Der Rauch brannte Grijpstra in der Kehle, er begann zu husten, schob sich von der Bar weg und warf einen Hocker um. Der Rauch war noch in der Lunge; er konnte nicht atmen und stampfte auf den Boden, wodurch die Gläser und Flaschen aneinanderstießen und klirrten, die auf schmalen Regalen vor einem großen Spiegel standen.

«Langsam, langsam», sagte der Arzt und schlug Grijpstra auf den massigen Rücken. «Legen Sie die Zigarre weg!»

«Nein. Es wird schon wieder gehen.»

«Sirup», sagte Nellie. «Ich habe etwas Sirup, mein Lieber.»

Die dicke Flüssigkeit füllte ein Likörglas, Grijpstra schluckte gehorsam.

«Alle», sagte Nellie.

Grijpstra leerte das Glas und begann wieder zu husten; die Zigarre qualmte in seiner Hand.

«Hör auf zu husten», sagte de Gier. «Du hast deinen Sirup gehabt. Hör auf, sag ich.»

Grijpstra bekam einen Schluckauf.

«So ist es besser.»

Sie tranken ihren zweiten Genever. Grijpstra beruhigte sich.

«Wir haben dienstlich etwas zu besprechen», sagte der Commissaris zu Nellie. «Ich hoffe, Sie haben nichts dagegen, meine Liebe.»

«Möchten Sie, daß ich gehe?»

«Nur wenn Sie wollen. Nun, was halten Sie davon, Doktor? Sie haben Zeit gehabt, sich die Leiche anzusehen, nicht wahr?»

Der Blick des Arztes ruhte nachdenklich auf dem tiefsten Punkt von Nellies Dekolleté. «Ja», sagte er bedächtig. «Ja, durchaus. Ich hatte Zeit genug, wenn wir auch später selbstverständlich noch einige Standardtests vornehmen müssen. Ich habe so etwas noch nie gesehen. Er muß heute nachmittag umgebracht worden sein, vielleicht um vier oder halb fünf. Das Blut war noch frisch. Ich würde meinen, er wurde von einem runden Gegenstand getroffen, klein und rund, wie so ein altertümliches Geschoß, das mit einer Muskete abgefeuert wird. Aber es sieht aus, als wäre er mehrmals getroffen worden. Er hatte die Spuren überall im Gesicht oder besser gesagt, den Resten des Gesichts. Jeder Knochen ist zerschmettert, die Kiefer, die Backenknochen, die Stirn, die Nase. Die Nase ist am schlimmsten. Mir scheint, der Gegenstand – was es auch gewesen sein mag – hat zuerst die Nase getroffen und dann das Gesicht zerschmettert.»

«Eine Muskete», sagte der Commissaris. «Hmm. Jemand könnte auf dem Dach des alten Hausboots gegenüber gestanden und ihn von dort aus erschossen haben. Aber das ist unwahrscheinlich. Die Bereitschaftspolizei hat den ganzen Nachmittag über den Recht Boomssloot patrouilliert. Die Männer hätten etwas bemerkt, nicht wahr?»

«Das ist Ihr Problem, wie mir scheint», sagte der Arzt. «Ich habe nur eine Leiche mit zerschmettertem Gesicht vorgefunden. Vielleicht wurde er mit einem Hammer erschlagen von jemand, der wie ein Verrückter herumgesprungen ist und immer wieder zugeschlagen hat. Wie wäre das?»

Er sah den Fingerabdruckexperten an. Der schüttelte den Kopf.

«Nein?» fragte der Commissaris.

«Ich weiß nicht», sagte der Fingerabdruckexperte, «aber ich habe seltsame Markierungen gefunden. Auf der Fensterbank war Blut, nicht viel, eigentlich nur Spuren von Blut. Aber es befand sich auch Blut an der Wand *über* dem Fenster, kleine Abdrücke eines runden Gegenstands, wie der Arzt sagte. Rund. Also muß der Verrückte auch auf die Wand eingeschlagen haben und auf die Fensterbank. Mit einem Hammer mit rundem Kopf. Auf den Fußbodenbrettern waren ebenfalls Abdrücke.»

«Tja», sagte de Gier.

«Wie bitte?» fragte der Commissaris.

«Nein», sagte de Gier, «kein Hammer. Aber ich weiß nicht, was es sonst sein könnte.»

«Ein Ball», sagte Grijpstra. «Ein kleiner Ball, der umhersprang. Elastisch – wie ein Gummiball.»

«Gespickt mit Stacheln», sagte der Fingerabdruckexperte. «Das würde die Abdrücke erklären. Ich hab sie fotografiert und werde die Vergrößerungen morgen haben. Da waren Spuren, Gruppen roter Punkte. Sagen wir mal, man hämmert in einen Gummiball eine Menge Nägel, deren Spitzen leicht herausstehen. Wir können ja den Versuch machen. Dabei wird noch soviel frei gelassen, daß der Ball seine Elastizität behält und zurückspringt.»

«Aber dann wären es eine Menge Bälle gewesen, nicht wahr?» fragte der Commissaris. «Ein Ball hätte nicht soviel anrichten können, also müßte jemand sie vom Dach des Hausboots aus schleudern, einen nach dem andern in der Annahme, Abe steht am Fenster und kriegt sie alle mitten ins Gesicht. Und wir haben nichts gefunden. Oder ist mir etwas entgangen?»

«Nein, Mijnheer», sagte Grijpstra. «Im Zimmer waren keine Bälle.»

«Verrückt», sagte de Gier. «Ich glaube kein Wort davon. Bälle? Ha! Jemand war dort, direkt im Zimmer, er hat auf ihn eingeschlagen und immer wieder eingeschlagen. Der erste Schlag hat Abe umgeworfen, und der Mörder konnte nicht aufhören. Er muß von Sinnen gewesen sein. Irgendeine Waffe mit Stacheln. Ein Morgenstern.»

«Ja», sagte der Commissaris nachdenklich, «ein Morgenstern. Eine mittelalterliche Waffe, eine Metallkugel an einem kurzen Stiel, und die Kugel hat Stacheln. Manchmal ist die Kugel mit einer kurzen Kette am Stiel befestigt. Das würde auch die Spuren an der Wand und auf dem Fensterbrett erklären, so eine Waffe hatte eine große Reichweite. Der Mörder hat sie geschwungen und mit dem Rückwärtsschwung die Wand getroffen. Was meinen Sie, Doktor?»

Der Arzt nickte.

«Dann ist der Mörder gegangen und hat die Waffe mitgenommen. Niemand hat ihn gesehen oder gehört. Die Unruhen auf dem Nieuwmarkt könnten den Lärm übertönt haben.»

«Seine Schwester hat nichts gehört», sagte de Gier. «Sie ist sowohl oben als auch in der Küche gewesen. Und der junge Mann ist ebenfalls oben gewesen.»

«Einer von beiden könnte es getan haben», sagte Grijpstra.

«Beide haben einen Vorteil von dem Tod», sagte der Commissaris. «Seine Schwester erbt, und der junge Mann glaubt vielleicht, er könne das Geschäft übernehmen. Und wir dürfen annehmen, daß es Mord war, denn es scheint eine gewisse Planung dabeigewesen zu sein. Der Lärm durch die Unruhen könnte einkalkuliert gewesen sein. Und die Waffe ist wirklich ungewöhnlich.»

«Nicht unbedingt», sagte Grijpstra. «Ein Morgenstern könnte als

Dekoration an der Wand gehangen haben. Jemand geriet in Wut, griff danach und . . .»

«Ja, ja», sagte der Commissaris. «Wir werden es feststellen müssen, aber ich möchte jetzt nicht wieder hingehen. Morgen. Du oder de Gier oder ihr beide zusammen. Es gibt viele Verdächtige. Diese Straßenhändler leben außerhalb des Gesetzes. Sie zahlen nicht viel Steuern, Umsatz- oder Einkommensteuern. Sie haben immer mehr Geld, als sie belegen können, entweder in einer Dose oder unter der Matratze versteckt oder unter einem losen Brett. Wir haben es vielleicht mit bewaffnetem Raub zu tun.»

«Oder ein Freund hat es bei ihm versucht», sagte de Gier. «Seine Schwester hat mir erzählt, daß er viele Freunde hatte, die sich als Künstler ausgaben. Sie kamen, um zu essen und zu trinken und sich zu unterhalten, und er trieb seine Spiele mit ihnen, psychologische Spiele. Sie mußten zugeben, daß sie Narren sind.»

«Was?» fragte der Commissaris.

De Gier erläuterte.

«Aha, aha, aha», sagte der Commissaris und lächelte Nellie an.

«Noch ein Glas?» fragte Nellie.

«Nein, Kaffee vielleicht. Oder würde das zuviel Mühe machen?»

«Kaffee», sagte Nellie, «ja. Es wäre die erste Tasse, die ich hier ausschenke. Ich kann ihn oben zubereiten und nach unten bringen.»

Der Commissaris machte ein hoffnungsvolles Gesicht. «Möchten alle Kaffee?»

Die Männer stimmten überein, daß sie alle Kaffee wollten, eifrig wie kleine Kinder, die um etwas betteln. Mit ihnen wandelte sich auch Nellie. Ihr Lächeln war mütterlich, sie wollte für sie sorgen. Die ganze Atmosphäre in dem rosa Hurennest veränderte sich; das gedämpfte Licht, die mit buntem Kattun bezogenen Sessel, die beiden niedrigen Tische mit ihrer Plastikplatte, dekoriert mit Spitzendeckchen, die widerwärtige Disharmonie der rosa, malvenfarbigen, blut- und fleischroten Farben inspirierte nicht mehr aggressiven Sex, sondern milderte alles zu einer unerwarteten Vertrautheit; fünf Jünger verehren die Göttin, und die Göttin kümmert und verschenkt und verströmt sich und schwindet dahin und geht nach oben, um Kaffee in einer Maschine zu brauen. Grijpstra langte über die Bar und griff nach dem Steinkrug mit Genever. Die Gläser wurden wieder gefüllt.

Der Commissaris nippte. «Ja», sagte er und schaute über sein Glas hinweg. «Seltsamer Laden hier. Wir haben also bis jetzt nur Fragen. Deine Bemerkung hat mich interessiert, de Gier.»

De Gier schaute auf. Er war in Gedanken weit weg gewesen. «Mijnheer?»

«Daß Abe Rogge versucht hat, aus seinen Freunden Narren zu machen. Zweifellos eine starke Persönlichkeit, sogar die Leiche sah kraftvoll aus. Er hat also sein Gefolge gedemütigt. Der König und sein Hofstaat. Einer der Höflinge hat den König ermordet.»

«Wir haben nur einen Höfling kennengelernt», sagte Grijpstra, «diesen jungen Anarchisten. Ebenfalls eine starke Persönlichkeit.»

«Ein intelligenter junger Mann», stimmte der Commissaris zu, «und voller Groll. Aber der Groll richtet sich gegen uns, die Polizei, den Staat.»

«Gegen Macht», sagte Grijpstra zögernd.

«Und Abe bedeutete für ihn Macht?» fragte der Commissaris. «Nein, das glaube ich nicht. Mir schien, er mochte Abe. Hat diese junge Dame, mit der du gesprochen hast, ihren Bruder gemocht, de Gier?»

De Gier hatte nicht zugehört. Der Commissaris wiederholte seine Frage. «Oh, ja, Mijnheer», sagte de Gier. «Sie mochte ihn, und jeder ging seine eigenen Wege. Sie führten ein getrenntes Leben, jeder in einer anderen Etage. Nur gelegentlich aßen sie zusammen.»

«Sie war nicht von ihm abhängig?»

«Nein, Mijnheer, sie arbeitet an der Universität, sie hat einen akademischen Grad.»

«Wir könnten ihre Kleidung auf Blutspuren untersuchen», warf der Fingerabdruckexperte ein.

«Nein, nein», sagte der Commissaris. «Ich habe sie gesehen; sie ist nicht der Typ, der einen Morgenstern schwingt.»

«Und der junge Bursche, von dem Sie gesprochen haben?»

«Nein, der auch nicht.»

Der Fingerabdruckexperte zuckte die Achseln.

Der Commissaris fühlte sich zu einer Erklärung verpflichtet. «Ein Mensch, der einen anderen Menschen eine Stunde zuvor ermordet hat, ist nervös. Louis *war* nervös. Die Leiche, die weinende Schwester, die herumtrampelnden Polizisten. Er litt an einem leichten Schock, aber ich habe keine Anzeichen einer ernsten seelischen Krise gesehen.»

«Sie sind der Mann, der es wissen muß», sagte der Fingerabdruckexperte.

«Nein», sagte der Commissaris und leerte sein Glas ein wenig zu hastig. «Ich weiß gar nichts. Wer sagt, er wisse, ist entweder ein Narr oder ein Heiliger, ein geschwätziger Narr oder ein entsetzlicher Heiliger. Aber ich habe eine Reihe von Mördern in meinem Leben beobachtet. Ich glaube nicht, daß Louis heute nachmittag einen Mann umgebracht hat, aber ich könnte mich irren. Auf jeden Fall hat er die Leiche berührt, er ist in dem Zimmer gewesen. An seiner Kleidung wird etwas Blut sein, erklärbares Blut, das nicht ausreicht, ernsthaften Verdacht zu erheben. Der Richter wäre nicht beeindruckt.»

Nellie kam mit einer vollen Kanne und fünf Bechern zurück. Sie tranken schweigend den Kaffee.

«Danke», sagte der Commissaris und wischte sich mit der Hand über den Mund. «Wir werden jetzt gehen. Sie haben uns sehr geholfen, Nellie.»

«Jederzeit wieder», sagte Nellie freundlich, «nur nicht, wenn ich Kunden habe.»

«Wir werden Sie nicht belästigen. Grijpstra, würdest du dich mal in der Straße umhören? Vielleicht hat einer der Nachbarn etwas gesehen. De Gier!»

«Mijnheer.»

«Du kommst mit mir. Ich habe heute abend noch einen Besuch zu machen. Ich sollte eigentlich Grijpstra mitnehmen, aber du mußt noch mehr lernen.»

Sie gaben Nellie die Hand und marschierten hinaus. De Gier war der letzte.

«Du bist herrlich», sagte de Gier schnell. «Ich würde gern abends mal wiederkommen.»

«Hundertfünfundsiebzig Gulden», sagte Nellie mit kühlem und verschlossenem Gesicht. «Das ist für die Bedienung oben ohne, und wenn du mehr willst, dann das gleiche noch einmal für die zweite Flasche Champagner.»

«Dreihundertfünfzig Gulden?» flüsterte de Gier ungläubig.

«Na klar.»

Er machte die Tür hinter sich zu. Der Commissaris wartete auf ihn, aber in einiger Entfernung. Grijpstra war näher.

«Hast du's versucht?» fragte Grijpstra.

«Ja.»

«Glück gehabt?»

«Dreihundertfünfzig Gulden.»

Grijpstra stieß einen Pfiff aus.

«Was ist los mit der Frau?» fragte de Gier grimmig.
Grijpstra grinste.
«Na?»
«Ihr Mann war hübsch. So groß wie du. Dichtes, lockiges Haar und Luftwaffenschnurrbart. Er hätte dein Bruder gewesen sein können. Er hat sich die Bar für sie ausgedacht und von ihrem Gewinn gelebt. Bis er eines Abends erstochen wurde von einem kanadischen Seemann, der den Genever nicht gewöhnt war.»
«De Gier», rief der Commissaris.
«Ich komme, Mijnheer.»

5

Der plötzliche Übergang schockierte de Gier, so daß er bewußt seine Umgebung zu registrieren begann. Die kleine Bar hatte ihn – trotz ihrer geschmacklosen Einrichtung – irgendwie geschützt, und die üppig-weibliche Ausstrahlung der Wirtin hatte ihn gleichzeitig beruhigt und erregt, aber jetzt war er wieder draußen, ausgesetzt dem Lärm der Schreie und dumpfen Schläge, der aufheulenden Motoren auf dem Nieuwmarkt und dem klagenden Jammern der Ambulanzen, die böse zugerichtete Leiber in die Krankenhäuser brachten und wieder zurückrasten. Der Tumult war weit weg, und ein halber Kilometer massiver Gebäude, Giebel- und Lagerhäuser, einiger Kirchen und Türme schirmten ihn von der unmittelbaren Gewalt ab, aber die Drohung des Konflikts war überall. Seine Furcht überraschte ihn, denn er hatte Gewalt bisher noch nicht verabscheut, und er war gewiß noch nie vor einer Schlägerei davongelaufen – warum sollte er jetzt also froh sein, nicht dabei zu sein? Auf dem Nieuwmarkt gäbe es viele Möglichkeiten, seine Judowürfe anzuwenden, Angriffen auszuweichen und die Gegner durch ihr eigenes Gewicht und ihre Kraft zu Fall zu bringen.

Vielleicht war es die Gewalttätigkeit, die in der Luft lag und ihn entnervte. Der Recht Boomssloot war ruhig genug, bewacht von Polizisten in Lederjacken, immer zu zweit, die auf und ab schlenderten und den Commissaris respektvoll grüßten, indem sie salutierten oder den langen Schlagstock hoben. Die Ulmen waren schwer und friedvoll, das frische Laub beleuchtet durch die Straßenlaternen. Die Enten schwammen im Schlaf langsam herum, vorwärtsgetrieben von unbewußten

Bewegungen ihrer Füße, weit weg von fliegenden Ziegeln und menschlichen Gestalten, die ins kalte, schmutzige Wasser gesprungen waren, um den angreifenden Polizisten und den unbarmherzig anrollenden Last- und Streifenwagen der Polizei zu entkommen – was in den Wasserstraßen näher am Nieuwmarkt an diesem Abend häufig vorkam.

Grijpstra war abmarschiert, der Arzt und der Fingerabdruckexperte befanden sich bereits auf der Barkasse. Der leicht hinkende Commissaris war hundert Meter voraus, als de Gier endlich die verwirrenden Gedanken von sich abschüttelte. Er spurtete los und holte den Commissaris ein, der den Brigadier anerkennend anschaute.

«Hübsch», sagte der Commissaris.

«Was ist hübsch, Mijnheer?»

«Wie du rennst. Wenn ich laufe, geht mir die Luft aus und machen sich die Nerven in meinen Beinen bemerkbar.» Er sah auf seine Uhr. «Zehn Uhr, bis jetzt haben wir noch nicht viel Zeit verschwendet.»

Der Commissaris bog in eine enge Gasse ein, die zu einer anderen Gracht führte. Sie überquerten eine schmale Fußgängerbrücke. Der Commissaris schritt jetzt munter aus, sein Hinken war weniger auffällig. De Gier ging gemächlich, wachsam, weil sie sich dem Nieuwmarkt näherten und auf Schwierigkeiten stoßen könnten, aber die Gracht war ein toter Arm, ihr Wasser plätscherte sanft gegen uralte, zerfallende Ufermauern und ernährte noch mehr Enten, schlafende Federhäufchen, die gelegentlich ein freundliches Quaken ausstießen. De Gier erinnerte sich, irgendwo gelesen zu haben, daß Enten rund zwölf Stunden oder mehr täglich im Traum verbringen, und er beneidete sie um diese Fähigkeit, einen Zustand, der dem Schlaf des Menschen im Bett vorzuziehen ist. Er versuchte sich vorzustellen, wie es wäre, eine dösende Ente zu sein und in einem der vielen Häfen oder den Grachten der Stadt auf und ab zu dümpeln, als der Commissaris stehen blieb und auf ein kleines Hausboot zeigte.

«Das habe ich gesucht», flüsterte der Commissaris. «Wir werden hineingehen, und ich möchte, daß du dich zusammennimmst. Auf dem Boot wohnt eine eigenartige Frau, aber sie ist eine meiner alten Freundinnen, und sie könnte uns vielleicht nützlich sein. Vielleicht schockiert sie dich, aber lach nicht und mach keine Bemerkungen, was sie auch sagen oder tun mag. Sie wird uns nichts nützen, wenn wir sie verstören.»

«Ja, Mijnheer», flüsterte de Gier, eingeschüchtert durch die unerwartete Warnung. Es war gar nicht nötig zu flüstern, das Hausboot war noch zehn Meter entfernt.

De Gier wartete am Ufer, als der Commissaris über den kurzen Steg ging, auf dem schmalen Bootsrand stand und an die Tür klopfte. Das Hausboot sah hübsch aus, frisch gestrichen, die Fenster mit rotweißkarierten Vorhängen dekoriert, in der Mitte gerafft und seitlich hochgehalten durch spitzenbesetzte Litzen und die den Geranien in delftblauen Porzellantöpfen einen passenden Rahmen gaben. Die liebevolle Sorgfalt erstreckte sich nicht nur auf das Boot selbst, sondern auch auf das Ufer. Beiderseits des Stegs befand sich ein von einer niedrigen Ligusterhecke eingefaßter Miniatursteingarten, dem Straßenpflaster entnommene aufgehäufte Kopfsteine, überwachsen von Kriechpflanzen, die dem zarten orangefarbenen Goldregen huldigten, dem Mittelpunkt des Arrangements. Der ganze Garten war nicht größer als rund eineinhalb Quadratmeter, aber de Gier, selbst ein hingebungsvoller Balkongärtner, war beeindruckt und nahm sich vor, die Stelle später wieder aufzusuchen, vielleicht nur, um dort zu stehen und zu betrachten, oder vielleicht, um zu sehen, ob ihn die Kunst des Gestalters inspirieren würde, bei seinen Blumenkästen etwas einfallsreicher als bisher zu sein.

«Wer ist da?» fragte eine dunkle Stimme von innen.

«Ich bin's, Elisabeth», rief der Commissaris. «Mit einem Freund.»

«Commissaris!» rief die Stimme glücklich. «Komm rein! Die Tür ist auf.»

De Gier hatte runde Augen, als er die schwere Hand der Dame schüttelte. Sie war alt, über siebzig, schätzte er, und sie trug ein bis auf den Boden reichendes schwarzes Kleid. Am Ledergürtel, der ihren massigen Bauch umschloß, hing an Riemchen ein besticktes Täschchen mit einem Griff aus reinem Silber. Graues Haar fiel ihr bis auf die Schultern, auf dem großen Kopf trug sie eine Strickmütze.

«Brigadier de Gier», sagte der Commissaris, «mein Assistent.»

«Willkommen, Brigadier», sagte Elisabeth und kicherte. «Wie ich sehe, schauen Sie auf meine Mütze. Sie sieht komisch aus, nicht wahr? Aber hier zieht's, und ich will mir nicht noch eine Erkältung holen. Ich hatte dies Jahr schon zwei. Setzt euch, setzt euch. Soll ich Kaffee machen oder wollt ihr lieber etwas Stärkeres? Ich habe noch eine halbe Flasche mit roten Johannisbeeren aufgesetzten Genever für Besucher, aber der ist euch vielleicht zu süß. Wie nett, Besuch zu bekommen! Bei dieser ganzen Aufregung auf dem Nieuwmarkt kann ich meinen

Abendspaziergang nicht machen, und ich habe soeben zu Tabby gesagt, daß es heute abend nichts im Fernsehen gibt, und er langweilt sich, wenn er nur mit mir so herumsitzt, nicht wahr, Tabby?»

Tabby saß auf dem Fußboden und schaute de Gier mit seinen großen Schlitzaugen an, die gelb und boshaft waren. De Gier hockte sich nieder und kraulte den Kater hinter den Ohren. Tabby fing sofort an zu schnurren und ahmte das Geräusch eines Außenbordmotors nach. Er war doppelt so groß wie eine normale Katze und mußte zwischen fünfundzwanzig und dreißig Pfund wiegen.

Elisabeth ließ ihren massigen Leib auf einen Schaukelstuhl sinken und schlug sich auf die Schenkel. «Hier, Tabby.» Der Kater drehte sich im Sprung um und ließ sich mit einem dumpfen Geräusch auf den Schoß seines Frauchens fallen.

«Guter Kater», dröhnte Elisabeth und drückte das Tier an sich, so daß die Luft aus seinen Lungen entwich, wobei es lauthals schrie, was den Commissaris und de Gier auffahren ließ. Aber der Kater schloß die Augen mit sinnlichem Vergnügen und setzte sein unterbrochenes Schnurren fort. «Also? Johannisbeergenever oder Kaffee?»

«Ich möchte lieber Kaffee, meine Liebe», sagte der Commissaris.

«Machen Sie ihn, Brigadier», sagte Elisabeth. «Sie finden alles in der Küche. Ich bin sicher, Sie können besser Kaffee kochen als ich. Und während Sie zu tun haben, können der Commissaris und ich ein wenig plaudern. Wir haben uns seit vielen Monaten nicht gesehen, nicht wahr, Liebling?»

De Gier machte sich in der Küche zu schaffen und ließ fast die schwere Kaffeekanne fallen, als er daran dachte, was er soeben gesehen hatte. Als Elisabeth sich setzte, hatte er einen Blick auf ihre Füße geworfen, die in Stiefeln Größe 46 steckten. De Gier hatte zwar schon Transvestiten gesehen, aber das waren immer junge Leute gewesen. Erst vor einer Woche hatte er an einer Razzia in einem Bordell teilgenommen, wo die Prostituierten alle als Frauen verkleidete Männer und Jungen waren. Als er sie verhörte, um jemand ausfindig zu machen, den ein hysterischer Kunde des Raubes verdächtigte, hatte er ein wenig Ekel empfunden, aber nicht viel. Er wußte, der menschliche Geist kann sich in jede Richtung wenden. Aber de Gier hatte noch nie einen alten Mann getroffen, einen alten, großen Mann, der sich wie eine Frau kleidete. Elisabeth war ein Mann. Oder war sie keiner? War dies vielleicht doch ein weibliches Wesen, das zufällig in den Körper eines Mannes geraten ist? Das Hausboot war bestimmt das einer Frau. Die kleine Küche, in der er sich jetzt bewegte, hatte alle Anzeichen eines hausfraulichen Waltens. Töpfe und Pfannen waren arrangiert, Tischdecken und Vorhänge passend zu dem beengten Raum genäht, das Steingutgeschirr passend zu den ordentlich aufgereihten Tassen auf dem obersten Regal des Küchenschranks ausgesucht, und ein kleines, gehäkeltes Deckchen lag sogar auf dem Kühlschrank, um ihm ein nettes und schmuckes Aussehen zu geben. Der Raum, in dem Elisabeth jetzt mit dem Commissaris plauderte – er konnte ihre tiefe Stimme durch die dünne Trennwand hören –, könnte Teil eines viktorianischen Museums sein; die Sessel, die Stövchen zum Wärmen der Füße, der Teetisch, die gerahmten vergilbten Fotos von Männern mit gewichstem Schnurrbart und Vatermörder waren vor sehr langer Zeit einmal große Mode gewesen.

«Kommen Sie klar, Brigadier?»

De Gier zuckte zusammen. Elisabeth stand leicht gebückt in der offenen, niedrigen Tür und füllte sie ganz aus.

«Ja, Elisabeth.» Seine Stimme schwankte. Sie war jetzt in der Küche, und er sah den Commissaris durch die offene Tür. Der Commissaris gestikulierte wild. Ja, ja, er würde das Geheimnis schon nicht verraten. Worüber regte sich der dumme kleine Mann eigentlich so auf?

«Ja, Elisabeth, der Kaffee läuft durch den Filter, ich habe Zucker, Sahne, Tassen, Löffel, ja, ich habe alles.»

«Sie sind unartig», sagte Elisabeth. «Sie haben die Untertassen vergessen. Sie sind nicht verheiratet, nicht wahr, Brigadier? Ich wette, Sie leben allein. Sie hatten doch wohl nicht vor, den Kaffee nur in Tassen zu servieren, oder? Was halten Sie von diesen Tassen? Ich habe sie vorige Woche gekauft. Danach habe ich jahrelang gesucht. Meine Mutter hatte solche Tassen. Sie kosteten ein paar Cents, als ich noch klein war, und jetzt zahlt man genauso viele Gulden, aber das macht nichts. Ich habe sie trotzdem gekauft. Und Tabby hat auch eine Untertasse; der ungezogene Kater stößt sie durch die Gegend, sobald sie leer ist. Er wird sie noch zerbrechen, wenn er nicht aufpaßt, und ich muß ihm dann wieder einen häßlichen Emailleteller geben. Der ungezogene Kater war gestern so wütend auf mich, daß er nicht darauf achtete, wohin er ging, und vom Dach in die Gracht fiel. Und ich mußte ihn mit einem Besen wieder herausfischen und bekam als Dank dafür nur einen dicken Kratzer. Hier, schauen Sie mal.»

Sie rollte den Ärmel auf, und de Gier sah ein dickes haariges Handgelenk mit einer tiefen Kratzwunde.

«Ich hab auch eine Katze», sagte er und zeigte ihr seinen rechten Handrücken, wo ihn Olivier morgens gekratzt hatte.

«Ha», sagte Elisabeth und versetzte ihm einen Schlag auf die Schulter, daß er beinahe die Zuckerdose fallen ließ, die er gerade aus einer Blechdose füllte. «Das tun sie alle, aber was sollen sie sonst auch tun, die dummen kleinen Tiere? Sie können nicht sprechen, nicht wahr? Aber sie müssen dennoch ihre Launen zeigen. Was für eine Katze haben Sie? Eine gewöhnliche Feld-, Wald- und Wiesenkatze oder einen richtigen Aristokraten wie mein Tabby?»

«Einen Siamkater.»

«Ja, die sind auch hübsch. Vor Jahren hatte ich einen. Der Hund vom Nachbarn hat ihn erwischt, als er noch klein war; er hat ihn im Nacken gepackt und geschüttelt. Als er ihn fallen ließ, war er tot. Innerhalb einer Sekunde war alles vorbei. Seitdem habe ich immer größere Katzen gehabt. Kein Hund würde versuchen, sich mit Tabby anzulegen. Er würde blind und kastriert und mit den Beinen nach oben in der Gracht treiben, wenn er auch nur versuchte, meinen Tabby anzusehen.»

Sie ging wieder ins Wohnzimmer, de Gier folgte mit einem Tablett. Elisabeth machte sich mit den Tassen zu schaffen und holte eine Büchse mit chinesischem Dekor. «Einen Keks, meine Herren?»

De Gier knabberte an seinem Keks und grollte innerlich über den zu süßen Geschmack, als Elisabeth noch einmal aufstand und eine Schublade öffnete. «Hier, Commissaris, wie findest du das? Hab ich das nicht gut gemacht? Hundertfünfzig Stunden schwere Arbeit, ich hab die Zeit kontrolliert, aber die Mühe hat sich gelohnt, nicht wahr?»

Der Commissaris und de Gier bewunderten den Klingelzug, den Elisabeth vor ihren Augen baumeln ließ. Er hatte ein sich wiederholendes Rosenmuster in Kreuzstickerei. «Ich hab ihn mit dem Material gesäumt, das du mir in der kleinen Plastiktüte gebracht hast. Die verstehen es heutzutage, nicht wahr? Als ich noch ein kleines Mädchen war, mußte man seinen Stoff meterweise kaufen, selbst wenn man nur ein kleines Stückchen brauchte, aber jetzt wird alles in handlichen Packungen angeboten. Die Größe ist auch gerade richtig. Jetzt muß ich nur noch ein paar Kupferverzierungen suchen und sie annähen und dann dort drüben aufhängen, neben die Tür. Das ist genau der richtige Platz dafür. Vielleicht besorge ich mir auch noch eine Messingklingel, dann ziehe ich daran und der Diener kommt. Hahaha.»

«Das hast du wunderschön gemacht, Elisabeth», sagte der Commissaris. «Nein, leg ihn nicht weg. Ich möchte ihn mir richtig ansehen.

Meine Frau macht etwas Ähnliches. Auf Leinen, sagte sie, glaub ich, auf reinem Leinen.»

«Auf Leinen kann ich nicht mehr arbeiten», sagte Elisabeth traurig, «nicht einmal mit einer Lupe. Wenn das Muster nicht auf den Stoff gedruckt ist, kann ich es nicht verfolgen; auf Leinen muß man die Stiche zählen, nach einem Diagramm. Ich hab das auch schon gemacht, aber jetzt bekomme ich Kopfschmerzen, wenn ich es versuche. Wir werden alt. Es war sehr aufmerksam von dir, mir das Handarbeitspäckchen für den Klingelzug zu schenken, Commissaris. Es ist gut, daß du eine alte, alleinstehende Frau nicht vergißt.»

«Ich besuche dich gern», sagte der Commissaris, «und ich würde öfter kommen, wenn ich nicht so viel zu tun hätte und meine Beine mir nicht so zu schaffen machten, aber ich bin heute abend nicht zu einem gemütlichen Beisammensein gekommen. Deshalb hab ich den Brigadier mitgebracht. Er ist Kriminalbeamter, und wir sind dienstlich unterwegs. Im Recht Boomssloot hat es heute nachmittag einen Totschlag gegeben.»

«Totschlag? Mit den Unruhen hatte er nichts zu tun, wie ich annehme?»

«Nein. Man hat einem Mann das Gesicht zerschmettert. Abe Rogge, ein Straßenhändler. Das Haus ist in der Nähe, vielleicht kennst du den Mann.»

«Dieser hübsche Mann mit dem blonden Bart? Ein großer Bursche? Mit goldener Halskette?»

«Ja.»

«Ich kenn ihn.» Elisabeth spitzte den Mund. «Er hat sich mit mir unterhalten. Oft. Er hat mich hier sogar besucht. Er hat einen Stand auf dem Markt in der Albert Cuypstraat, nicht wahr?»

«Er hatte.»

«Ja, ja. Er ist umgebracht worden? Was für eine Schande. Wir haben hier kein Verbrechen mehr gehabt, so weit mein Gedächtnis zurückreicht. Keins mehr, seit sich die beiden verrückten Seeleute vor vielen, vielen Jahren geschlagen haben, und ich glaube nicht, daß sie jemals angeklagt wurden. Ich hab sie auseinander gezerrt, und einer ist ausgerutscht und in die Gracht gefallen.»

Sie rieb sich belustigt die Hände. «Vielleicht hab ich ihn ein bißchen geschubst, wie? Hihihihi. Naja, irgendwann ist immer das erste Mal. Totschlag, hast du gesagt? Oder Mord? Ich hab einige Morde gesehen, als ich noch bei der Polizei war, aber Gott sei Dank nicht zu viele.

Amsterdam ist keine mörderische Stadt, aber es wird jetzt schlimmer. Das liegt an diesen neumodischen Drogen, meinst du nicht auch?»

«Sie waren bei der Polizei?» fragte de Gier mit unerwartet hoher Stimme. Der Commissaris versetzte ihm unter dem Tisch einen boshaften Tritt, und de Gier rieb sich das Schienbein.

«Eerste Konstabel», sagte Elisabeth stolz, «aber das ist schon einige Jahre her, bevor ich mich zurückzog. Meine Gesundheit war etwas schwach, wissen Sie. Aber mir gefiel die Arbeit, besser als Toilettenfrau zu sein. Fünf Jahre bei der Polizei und dreißig Jahre in den Toiletten. Ich glaube, ich kann mich noch an die meisten Tage als Polizist erinnern, aber dann passierte nicht mehr viel, als ich Fußböden schrubbte und Wasserhähne putzte und Handtücher und Seife brachte. Und all die pissenden Männer, den ganzen Tag pissen, pissen, pissen. Am Ende glaubte ich, sie täten nichts anderes. Hihihihihi.»

Der Commissaris lachte und schlug sich auf die Schenkel und trat de Gier noch einmal unter dem Tisch. De Gier lachte auch.

«Ich verstehe», sagte er, nachdem er aufgehört hatte zu lachen.

«Aber erzähle mir von Abe Rogges Tod, Commissaris», sagte Elisabeth.

Der Commissaris sprach eine ganze Weile; Elisabeth nickte und rührte in ihrem Kaffee und schenkte noch mehr Kaffee ein und bot Kekse an.

«Ja», sagte sie schließlich, «ich verstehe. Und du möchtest, daß ich herausfinde, was mir nur möglich ist. Ich verstehe. Ich gebe dir Bescheid. Ich werde mich in den Geschäften umhören und bei den vielen Leuten, die ich hier kenne. Es wird Zeit, daß ich einige Besuche mache.»

Der Commissaris gab ihr seine Karte. «Du kannst mich auch abends anrufen. Meine Privatnummer steht auf der Karte.

«Nein», sagte Elisabeth. «Ich rufe Männer nicht gern zu Hause an. Die Frauen haben es nicht gern, wenn eine alte Jungfer plötzlich ihren Göttergatten sprechen will.»

Der Commissaris lächelte. «Nein, vielleicht hast du recht. Nun, wir müssen uns wieder auf den Weg machen, Elisabeth, vielen Dank für den Kaffee. Und den Klingelzug hast du wunderschön gemacht.»

«Commissaris», sagte de Gier, als sie wieder am Ufer standen.

«Ja?»

De Gier räusperte sich. «War *das* wirklich Ihr Freund, Commissaris?»

«Gewiß. Ich hab dich gerade noch rechtzeitig getreten, nicht wahr? Ich dachte, ich hätte dich gewarnt, ehe wir hineingingen. *Das*, wie du dich ausdrücktest, war einmal der Eerste Konstabel Herbert Kalff. Er hat zeitweilig unter mir gedient und ist in diesem Stadtteil Streife gegangen, aber er hatte ein Problem, wie du verstehen wirst. Er dachte, er sei eine Frau, und diese Idee wurde immer stärker. Wir haben ihn für ein Jahr krankgeschrieben, und er war mehr oder weniger in Ordnung, als er wiederkam, aber dann fing es von neuem an. Er behauptete, er sei ein Mädchen und wolle Elisabeth genannt werden. Er wurde wieder krankgeschrieben, und als sich nichts änderte, konnten wir ihn nur verabschieden. Zu dem Zeitpunkt war er eine Frau. Die medizinische Wissenschaft konnte damals nicht viel für sie tun. Ich kann mir vorstellen, daß solche Fälle jetzt operiert werden. Die arme Seele muß im Körper eines Mannes leben. Sie besorgte sich eine Arbeit als Toilettenfrau in einer Fabrik, aber man hat sich über sie lustig gemacht, so daß sie nicht bleiben konnte. Sie glaubt, sie sei lange dort gewesen, aber das stimmt nicht. Ihre Selbstachtung veranlaßt sie, das zu sagen. Die Wahrheit ist, daß man ihr mitteilte, keine Stelle frei zu haben, und seitdem lebt sie von der Fürsorgeunterstützung. Ich bin mit ihr in Kontakt geblieben, und die Sozialarbeiter suchen sie ab und zu auf, aber das ist kaum nötig; sie ist eine gefestigte Persönlichkeit, seit sie sich entschlossen hat, eine Frau zu sein, und sie ist unglaublich gesund. Sie ist über siebzig, weißt du, und hat einen klaren Verstand.»

«Sollte sie nicht in einem Altersheim sein?»

«Nein, die Spaßvögel würden sich über sie lustig machen. Alte Leute sind manchmal wie Kinder. Wir lassen sie so lange wie möglich hier.»

«Und Sie besuchen sie regelmäßig?» fragte de Gier mit immer noch unnatürlich hoher Stimme.

«Selbstverständlich. Ich mag sie. Ich gehe gern in diesem Teil der Stadt spazieren, und sie macht einen guten Kaffee.»

«Aber er, sie ist verrückt!»

«Unsinn», sagte der Commissaris grob. «Geh bloß nicht mit diesem Wort hausieren, de Gier.»

Sie gingen eine Weile schweigend nebeneinander her.

«Was macht Ihr Rheuma, Mijnheer? Wie ich höre, haben Sie für einige Tage das Bett gehütet.»

«Unheilbar», sagte der Commissaris liebenswürdig. «Die Medikamente helfen ein wenig, aber nicht viel. Ich mag die Medizin sowieso nicht. Schreckliche kleine Pillen, Chemikalien, mehr nicht. Es hilft, in einem heißen Bad zu liegen, aber wer möchte schon den ganzen Tag in einem heißen Bad verbringen wie ein Frosch in den Tropen?»

«Ja», sagte de Gier und versuchte, über eine passendere Bemerkung nachzudenken.

«Und sie ist nicht verrückt», sagte der Commissaris.

«Ich begreife das nicht», sagte de Gier bedächtig. «Die Person ist unnatürlich, absolut unnatürlich, und Sie besuchen sie. Empfinden Sie keine Furcht oder Abscheu?»

«Nein. Sie ist anders, aber das ist auch wirklich alles. Einige Leute mit Gebrechen sehen grausig aus, wenn man ihnen das erstemal begegnet. Aber man gewöhnt sich an ihre Verunstaltung, vor allem wenn sie reizende Menschen sind, so wie Elisabeth. Sie ist eine gütige und intelligente Person, warum sollte man sich also vor ihr fürchten? Mir scheint, du fürchtest dich vor deinen eigenen Träumen. Du träumst doch, nicht wahr?»

«Ja, Mijnheer.»

«Auch Alpträume?»

«Ja.»

«Was passiert, wenn du einen Alptraum hast?»

«Wenn er schiefgeht, wache ich schweißgebadet und mit einem Schrei auf, aber gewöhnlich kommt es nicht dazu. Irgendwie kann ich meine Träume kontrollieren, mich jedenfalls von den grausigsten Teilen freimachen. Ich habe plötzlich eine Waffe in der Hand und bringe jeden Verfolger um, oder an der richtigen Stelle steht ein Auto, in das ich springe, und sie können mich nicht einholen.»

«Sehr gut», sagte der Commissaris und lachte. «Aber du entkommst nicht immer und leidest dann.»

«Ja», sagte de Gier widerwillig.

«Aber warum? Der Traum ist ein Teil von dir, nicht wahr? Er ist dein eigener Geist. Warum sollte dich dein eigener Geist ängstigen?»

De Gier blieb stehen. Sie waren jetzt wieder an der schmalen Fußgängerbrücke. De Gier stand vor dem Commissaris, so daß dieser ebenfalls stehenbleiben mußte.

«Aber ich kann meinen Träumen nicht ausweichen, nicht wahr, Mijnheer? Ich *kann* jedoch dem . . . nun, diesem Gespenst ausweichen. Es macht mir Angst. Ich brauche nicht hinzugehen.»

«Hätte ich dich nicht mitnehmen sollen, Brigadier?» fragte der Commissaris ruhig.

«Nun, doch, Mijnheer. Vielleicht kann es uns bei den Ermittlungen helfen. Es wohnt in dieser Gegend und hat Polizeiausbildung. Vielleicht ist das sehr nützlich. Ja, es war gut, daß Sie mich mitgenommen haben.»

«Und?»

«Aber Sie können nicht verlangen, daß mir diese Erfahrung gefällt.»

«Mir ist nicht bewußt, von dir verlangt zu haben, daß dir Elisabeths Gesellschaft gefällt.» Der Commissaris lächelte.

«Nein. Ja, vielleicht nicht. Aber Sie wollten mich nicht . . .»

«Was wollte ich nicht?»

De Gier hob hilflos die Hände und ging weiter, langsam, so daß der Commissaris mitkommen konnte.

«Wir sind alle miteinander verbunden», sagte der Commissaris sanft. «Elisabeth ist ein Teil von dir und du von ihr. Es ist besser, du siehst dieser Tatsache ins Auge.»

Sie kamen zum Haus der Rogges, wo Grijpstra an der Tür wartete.

«Nichts, Mijnheer», meldete Grijpstra. «Das Gebäude auf dieser Seite ist ein Lagerhaus und gehört Abe Rogge. Es ist voller Waren, Wolle und verschiedene Stoffe. Esther Rogge hat mir die Tür geöffnet. Da ist nichts. Die Nachbarn auf der anderen Seite haben nichts Besonderes gesehen, aber sie behaupten, es seien nachmittags eine Menge Leute vorbeigegangen. Die diensttuenden Polizisten hätten jeden durchgelassen, der hier wohne, ohne nach dem Ausweis zu fragen.»

«Hast du das Hausboot untersucht, Grijpstra?»

«Ja, Mijnheer. Es ist ein Wrack, wie Sie sehen. Die Fenster zerbrochen, und drinnen sieht's auch nicht besser aus. Ich hab nichts Außergewöhnliches gefunden. Viel Abfall, ein abgebrochenes Fischmesser, ein Plastikeimer, einige verrostete Angelhaken und die übliche Kollektion gebrauchter Präservative. Ich hab auch das Dach geprüft, mußte aber vorsichtig sein, weil es ebenfalls verrottet ist, voller Löcher.»

«Du meinst also, daß niemand von dort aus mit einer Muskete geschossen hätte? Oder mit Kugeln geworfen?»

«Ja, Mijnheer.»

Die Barkasse war zurückgekommen und wartete auf den Commissaris. Grijpstra stieg an Bord, de Gier zögerte.

«Willst du nicht mitkommen, de Gier?» fragte der Commissaris.

«Vielleicht sollte ich noch einmal mit Esther Rogge und diesem jungen Louis Zilver sprechen. Ich hätte gern eine Liste von Abes Freunden und Freundinnen.»

«Hat das nicht bis morgen Zeit?»

«Es könnte warten», sagte de Gier, «aber wir sind nun einmal hier.»

«Grijpstra?»

Grijpstra machte ein unverbindliches Gesicht.

«Also gut», sagte der Commissaris. «Aber übertreib's nicht. Die Frau ist müde, und mit diesem jungen Mann ist nicht so leicht auszukommen. Reiß dich also ein bißchen zusammen.»

«Nein, Mijnheer», sagte de Gier und drehte sich auf dem Absatz um.

6

Sein Anzug war mit Seifensteinpulver befleckt und sein rechtes Hosenbein mit roter Farbe beschmiert. Er hatte nicht gemerkt, daß er von einem Farbbeutel getroffen worden war. Seine Socken waren noch naß, denn obwohl ihn der Wasserwerfer nicht voll getroffen hatte, war er gezwungen gewesen, durch Pfützen zu rennen, wobei ihm Schlamm in die Schuhe gesickert war. Er wäre sehr gern nach Hause gegangen, um heiß zu duschen und es sich in seiner kleinen Wohnung im Kimono gemütlich zu machen, den er in einem Kaufhaus an einem sogenannten «japanischen» Tag erworben hatte. Er wünschte sich, daß Olivier auf seinen Beinen schlief, während er in der Zeitung blätterte, rauchte und Tee trank. Er würde auch essen, vielleicht Spaghetti, ein Gericht, das er schnell und schmackhaft zubereiten konnte, und Olivier würde auf dem Sessel sitzen, seinem einzigen Sessel, während er auf dem Bett hockte und die Spaghetti aus der Schüssel aß. Und nachher eine Zigarette auf dem Balkon. Wegen seiner Blumenkästen müßte er auch etwas unternehmen. Er hatte, wie letztes Jahr, wieder Lobelien und Steinkraut darin und in einem Topf an der Wand eine Geranie. Dabei gab es viel interessantere Pflanzen. Er blieb stehen und fluchte. Elisabeth, die geschickte Gärtnerin. Nellie und ihre dreihundertfünfzig Gulden. War er zur Kripo gegangen, um verrückte Leute kennenzulernen? Um sie ständig um sich herum zu haben? Um zu versuchen, sie zu verstehen? Um, wie es der Commissaris nahegelegt hatte, seine Verbindung mit ihnen herauszufinden? Der Commissaris! Verrückter kleiner Zauberer mit einem Hinkebein.

«Sprich nicht so über den Commissaris, Rinus», sagte er zu sich selbst. «Du bewunderst den Mann, stimmt's? Du magst ihn. Er ist ein erfahrener Mann und weiß viel mehr als du. Er ist verständig. Er steht auf einem anderen Niveau. Höher, Rinus, viel höher.»

Er war vor Esthers Haustür angelangt, klingelte aber nicht. Die Barkasse legte ab, der Brigadier der Wasserschutzpolizei holte die Leine ein. Der Commissaris und Grijpstra sprachen auf dem Vorderdeck miteinander. Sie nahmen vermutlich an, er sei schon hineingegangen. Vielleicht würde er überhaupt nicht hineingehen. Was wollte er hier eigentlich? War er wirklich der tüchtige Polizist, tüchtig und energisch, der weitermachte, während andere sich eine Pause gönnten? Oder wollte er nur noch einmal Esthers Hand halten? Eine wunderbare Frau, diese Esther. Keine billige Hure wie Nellie, die ihn verwirrt hatte mit ihren großen, aber wohlgeformten Titten und der dunklen, weichen Stimme, die manchmal brüchig klang. Eine Stimme kann nicht gleichzeitig brüchig und weich sein, aber ihre *war* es. Sie *war* es, verdammt noch mal. «Ruhig, Rinus», sagte er sich. «Du verlierst die Beherrschung. Das war heute zuviel für dich. Eine Leiche mit zerschmettertem Kopf und ein ganzer Platz voll tanzender Idioten, die mit Seifensteinpulver und Farbe werfen, und all die uniformierten Bullen, die gegen diese Idioten vorgehen, und die Sirenen – es war zuviel für dich. Der Commissaris hätte dich nicht zurücklassen sollen, er wußte, daß du durchdrehst. Aber er hat dich dennoch zurückgelassen, nicht wahr?»

De Gier lauschte in die Stille der Gracht. Und wenn der Commissaris ihn alleingelassen hatte, mußte er Vertrauen gehabt haben. Polizisten arbeiten gewöhnlich nicht allein, sondern zu zweit. Auch Kriminalbeamte arbeiten zu zweit. Damit der eine den andern zügeln kann, ihn, falls erforderlich, zurückhalten kann, falls er die Beherrschung verliert oder nach der Schußwaffe greift. Der eine Polizist schützt den andern, indem er ihn zurückhält. Er schützt ihn vor sich selbst. Die Polizei hat die Aufgabe, den Bürger vor sich selbst zu schützen. Der Polizist hat die Aufgabe, seinen Kollegen vor sich selbst zu schützen. Er sprach jetzt laut und leierte die Worte herunter.

«Scheiße», sagte de Gier und drückte die Klingel.

Esther öffnete die Tür.

«Sie», sagte Esther. «Brigadier Rinus de Gier.»

De Gier versuchte zu lächeln.

«Kommen Sie herein, Brigadier.»

Esther sah jetzt besser aus. Sie hatte wieder Farbe im Gesicht und sich die Lippen angemalt.

«Ich will gerade etwas essen. Leisten Sie mir Gesellschaft, Brigadier?»

«Gern.»

Sie führte ihn in die Küche. Er bekam einen Teller heiße Tomatensuppe aus der Dose. De Gier mochte keine Tomatensuppe und aß diese blutig aussehende Flüssigkeit sonst nie, aber jetzt machte es ihm nichts aus. Sie schnitt ihm eine Scheibe Brot ab, außerdem waren Gurken, Oliven und ein Stück blaugeäderter Käse auf dem Tisch. Er aß alles auf, während Esther ihn beobachtete.

«Kaffee können wir oben trinken.»

Er hatte beim Essen nichts gesagt und nickte jetzt nur.

«Ein hübsches Zimmer», sagte de Gier und setzte sich in den tiefen, niedrigen Sessel, den Esther ihm angeboten hatte, «und wie viele Bücher Sie haben . . .»

Esther machte eine Handbewegung zu den beiden mit Bücherregalen vollgestellten Wänden hin. «Tausend Bücher und nichts aus ihnen gelernt. Das Piano ist für mich nützlicher gewesen.»

Er stand auf und ging zu dem Stutzflügel. Eine Etüde von Chopin lag auf dem Notenständer. Er legte eine Hand auf die Tasten und klimperte, wobei er versuchte, die Noten zu lesen.

«Das klingt sehr hübsch», sagte Esther. «Spielen Sie oft?»

«Nein. Als Kind hatte ich Klavierstunden, aber ich ging über zur Flöte. Ich spiele mit Grijpstra, mit dem Adjudant, den Sie heute kennengelernt haben.»

«Was spielt er?»

«Schlagzeug», sagte er und lächelte. «Jemand hat vor Jahren in unserem Büro im Präsidium ein Schlagzeug stehenlassen, den Grund wissen wir nicht mehr. Aber Grijpstra erinnerte sich, daß er mal Schlagzeug gespielt hatte, und fing wieder an, und ich fand meine Flöte. Es ist vielleicht eine blöde Kombination, aber wir werden damit fertig.»

«Aber das ist schön», sagte Esther. «Warum sollten Schlagzeug und Flöte nicht zusammen passen? Ich würde Sie gern spielen hören. Ich könnte mitspielen. Warum kommen Sie nicht beide abends mal her, damit wir es versuchen?»

«Es ist improvisierte Musik», sagte er. «Wir verwenden einige Themen, hauptsächlich Kirchenmusik, sechzehntes und siebzehntes Jahrhundert, aber dann legen wir los und spielen irgend etwas. Triller und Trommel.»

«Ich werde mich irgendwie anpassen», sagte Esther zuversichtlich.

Er lachte. «Gut. Ich werde Grijpstra fragen.»

«Was tun Sie sonst noch?» fragte Esther.

«Ich spiele mit meiner Katze und bemühe mich, meine Arbeit zu tun. Wie heute abend. Ich bin gekommen, um Ihnen einige Fragen zu stellen. Selbstverständlich nur, wenn es Ihnen nichts ausmacht. Falls ja, werde ich morgen wiederkommen.»

Sie setzte sich auf den Klavierschemel. «In Ordnung, Brigadier, schießen Sie los. Ich fühle mich jetzt besser, besser als heute nachmittag. Ich habe sogar eine Stunde geschlafen. Vielleicht sollte man nicht schlafen, wenn der eigene Bruder ermordet worden ist, aber mir schien es am besten zu sein. Er war mein letzter Verwandter. Ich bin jetzt allein. Wir sind Juden. Für Juden ist die Familie sehr wichtig. Vielleicht irren wir uns. Die Menschen sind immer allein, es ist besser, sich dieser Wahrheit bewußt zu werden. Ich hatte nie viel Kontakt mit Abe, keinen wirklichen Kontakt. Sie sind ebenfalls allein, nicht wahr?»

«Ja.»

«Dann verstehen Sie es vielleicht.»

«Vielleicht. Hatte Ihr Bruder eine Waffe in seinem Zimmer, eine fremdartige Waffe? So etwas wie ein Knüppel mit einer stachligen Kugel an einem Ende, eine Waffe, die man schwingen kann?»

«Einen Morgenstern?» fragte Esther. «Sie meinen so eine mittelalterliche Waffe? Ich kenne sie. Sie wird oft in der niederländischen Literatur und Geschichte beschrieben. Ich hatte Geschichte an der Universität belegt, niederländische Geschichte, Mord und Totschlag zu allen Zeiten. Nichts ändert sich.»

«Ja, einen Morgenstern.»

«Nein, in Abes Zimmer war keine Waffe. Er hatte mal eine Pistole, eine Luger, glaub ich, aber er hat sie vor Jahren in die Gracht geworfen. Er sagte, sie passe nicht mehr zu seiner Philosophie.»

Esther fummelte in ihrer Handtasche. «Hier, dies hab ich gefunden, seinen Paß und ein Notizbuch.»

Er blätterte in dem Paß und sah Visa für die Tschechoslowakei, Rumänien und Polen. Außerdem enthielt er Ein- und Ausreisestempel von Tunesien und Marokko. Im Notizbuch standen Namen und Telefonnummern.

«Hunderte von Namen», sagte er. «Zu viele, um alle zu untersuchen. War er mit jemand eng befreundet? Mit Männern? Mit Mädchen?»

«Mit Mädchen», sagte Esther. «Nur mit Mädchen. Mit vielen, mit ganzen Heerscharen. Manchmal zwei am Tag, oder noch mehr. Es hat mich angewidert zu sehen, wie sie rein- und rausmarschierten. Am letzten Sonntag hatte er drei, direkt nach seiner Rückkehr aus Marokko. Sie konnten nicht abwarten. Er hatte eine vor jeder Mahlzeit. Die erste kam vor dem Frühstück. Sie ist Fremdenführerin und fängt früh mit der Arbeit an, aber zuerst mußte sie ihren Sex haben.»

De Gier wollte pfeifen, rieb sich statt dessen jedoch das Kinn. «Und er hat sie alle versorgt?»

«Die Hübschen.»

«Waren seine Verbindungen alle so oberflächlich?»

«Nein. Manchmal besuchte er Corin. Sie arbeitet mit mir an der Universität. Ich glaube nicht, daß er mit ihr nur geschlafen hat, vielleicht aber doch. Corin hat nicht viel über ihn gesprochen. Ihr Name steht im Notizbuch, ich werde ihn ankreuzen. Corin Kops. Sie finden ihre Adresse im Telefonbuch.»

«Noch jemand?»

«Ja, eine Studentin, ein sehr junges Mädchen. Studiert Medizin. Ich glaube, er war von ihr fasziniert, oder vielleicht hat sie ihn auch nur geärgert. Sie wollte nicht so leicht nachgeben. Ich werde auch ihren Namen ankreuzen. Tilda van Andringa de Kempenaar.»

«Schöner Name.»

«Ja, sie ist adelig, vielleicht wollte sie deshalb nicht nachgeben. Blaues Blut.»

«Eine Kopulation bedeutet nicht Einführung in die Familie», sagte de Gier und grinste. Er war wieder normal oder vielmehr wurde allmählich wieder normal. Er fühlte sich noch mitgenommen. Er schloß die Augen und versuchte seine Gedanken zu ordnen.

«Sie schlafen mir doch nicht etwa ein?» fragte Esther. «Sie müssen sehr müde sein. Soll ich Ihnen eine Decke geben? Sie können auf der Couch schlafen, wenn Sie wollen. Ich werde Sie zu jeder gewünschten Zeit wecken.»

«Nein, nein, ich muß nach Hause, um meinen Kater zu füttern. Dennoch vielen Dank. Geschäfte, danach wollte ich fragen. Haben Sie seine geschäftlichen Unterlagen hier? Ich würde sie gern einmal durchsehen. Ich bin zwar kein Experte für Buchhaltung, aber ich möchte eine gewisse Vorstellung von der Größe seiner Transaktionen haben.»

«Louis kümmert sich um die Bücher, er hat sie oben. Er ist jetzt da. Ich werde ihn fragen, wenn Sie möchten.»

De Gier hatte seit zehn Minuten ein unregelmäßiges Summen und ein kratzendes Geräusch gehört. Es kam aus der darüberliegenden Etage, er schaute zur Decke.

«Macht *er* da oben dieses Geräusch?»

Sie kicherte. «Nein, vielleicht ist der Mörder zurückgekommen und läßt seine tödliche Kugel schwirren. Warum gehen Sie nicht hinauf und schauen nach?»

Er hatte keine Lust, den bequemen Sessel zu verlassen, stand jedoch gehorsam auf.

«Ja», sagte Louis und schaute auf zu de Gier, der die Tür geöffnet hatte. Er saß auf dem Fußboden, hob eine Spielzeugmaus auf und zog das Uhrwerk auf. De Giers Mund war halb offen. Er hatte nicht erwartet, was er jetzt sah. Der Fußboden war voller kleiner Blechtiere – Mäuse, Vögel, Schildkröten, Frösche, sogar Maulwürfe und riesige Käfer. Die meisten bewegten sich. Die Mäuse erhoben sich alle zwei Sekunden und fielen dann wieder runter und setzten dann eilig ihren Zickzackkurs auf den nackten Fußbodenbrettern fort. Die Frösche hüpften, die Schildkröten bewegten sich im Paßgang, die Vögel hüpften und wippten mit dem Schwanz, die Käfer schwirrten. Immer wieder blieb eins stehen, das Louis dann aufhob und mit dem Schlüssel aufdrehte. Einige hatten sich an die Wand geschoben und schnarrten ziellos. Ein kleiner Teppich hatte einen Vogel aufgehalten, der kraftlos hüpfte und versuchte, das Hindernis zu überwinden. Ein Käfer war auf die Seite gefallen, sein Laufwerk schnurrte mit voller Geschwindigkeit ab.

«Das sind Muster», sagte Louis laut. «Abe hat ein paar tausend gekauft, diese hab ich aus dem Lager geholt. Die meisten gehen. Verrückt, nicht wahr?»

«Ja», sagte de Gier. «Seit wann spielen Sie schon damit?»

«Ich hab eben erst angefangen. Amüsant, nicht wahr? Als Kind hatte ich auch solche, aber immer nur eins. Geschäftsleute amüsieren sich en gros, wie Sie sehen. Kein Kind wird je eine solche Kollektion haben.»

De Gier hockte sich hin und rettete die von der Wand gestoppten Tiere, indem er sie in Richtung Zimmermitte umdrehte.

«He», sagte Louis, «ich hab Sie nicht eingeladen mitzumachen, oder?»

«Nein», sagte de Gier und zog einen Frosch auf.

«Macht nichts. Sie können spielen, wenn Sie wollen. Hat die Polizei schon Fortschritte bei dem Fall gemacht?»

«Nein. Die Polizei steht vor einem Rätsel.»

«Es ist das Schicksal des Menschen, vor einem Rätsel zu stehen», sagte Louis, fegte mit den Händen das Spielzeug zusammen, wickelte jedes Tier in Seidenpapier ein und legte es wieder in einen Karton.

«Wie ich höre, haben Sie Abe Rogge die Bücher geführt. Kann ich sie sehen?»

Louis zeigte auf den Schreibtisch. «Es ist alles da. Sie können sie mitnehmen, wenn Sie wollen. Ich hab die Bücher auf dem neuesten Stand, die Buchführung ist einfach. Die meisten Einkäufe sind durch Rechnungen gedeckt, die alle bezahlt sind. Unsere Verkäufe waren meistens gegen Barzahlung und sind im Kassenbuch eingetragen. Und dann ist da noch ein wenig Lohnbuchhaltung; die einzigen Gehaltsempfänger sind Abe und ich.»

«Ihr Lagerhaus ist voller Waren, wie ich höre.»

«Ja.»

«Alles bezahlt?»

«Ja.»

«Wieviel haben Sie auf Lager?»

«In Geld ausgedrückt?»

«Ja.»

«Hundertzwanzigtausend Gulden und ein paar zerquetschte.»

«Das ist viel», sagte de Gier, «und alles bezahlt. Hat Abe seine Geschäfte selbst finanziert?»

Louis lachte. «Die Bank wollte uns nicht einen Cent geben; sie unterstützt keine Straßenhändler. Abe hat von Freunden gepumpt. Vor allem von Bezuur, seinem ältesten und besten Freund.»

«Er hatte also Freunde», sagte de Gier und nickte. «Sehr gut.»

Louis unterbrach das Einpacken und schaute auf. «Die Polizei würde Freunde verdächtigen, nicht wahr? Freunde stehen einem nahe, und Freundschaft kann sich in Haß verwandeln. Zwei Seiten derselben Münze.»

«Ja, ja. Wer ist Bezuur?»

«Ein reicher Mann, ein sehr reicher Mann. Abe und er sind zusammen zur Schule gegangen, zur Schule und zur Uni. Beide haben ihr Studium abgebrochen. Sie haben Französisch studiert. Sie sind auch zusammen gereist, selbstverständlich vor allem nach Frankreich und Nordafrika. Sie haben auch den Handel zusammen betrieben, aber

Bezuurs Vater starb und hat ihm ein großes Geschäft hinterlassen, Tiefbaumaschinen. Er ist Millionär.»

«Und er hat Abe Geld geliehen?»

«Ja, zu Bankzinsen. Elf Prozent zahlen wir jetzt. Die Firma schuldet ihm sechzigtausend, zurückzahlbar in drei Monaten, wenn wir das Lager geräumt haben, vielleicht eher. Abe plante einen langen Urlaub, ich sollte mitkommen.»

«Wieder nach Nordafrika?»

«Nein, wir wollten mit einem Boot in die Karibik segeln.»

«Und was passiert jetzt?»

«Ich werde die Waren verkaufen. Ich habe vor etwa einer Stunde Bezuur angerufen, um ihm Abes Tod mitzuteilen. Er sagte, ich könne das Geschäft weiterführen, wenn Esther einverstanden ist, denn sie wird es erben. Und ich könne den Kredit zurückzahlen wie geplant.»

«Haben Sie mit Esther gesprochen?»

«Noch nicht.»

«Und was werden Sie tun, wenn Sie das Lager geräumt haben?»

«Keine Ahnung. Vielleicht suche ich mir einen Partner und mache weiter wie bisher. Mir gefällt das Geschäft, besonders weil es nicht so stumpfsinnig bürokratisch ist.»

«Und wenn Esther Sie nicht weitermachen läßt?»

Louis zuckte die Achseln und lächelte. «Das ist mir egal. Bezuur wird die Waren verkaufen und sein Geld wiederbekommen, der Rest geht an Esther. Ich werde einfach gehen. Niemand hängt von mir ab.»

«Sie sind unabhängig?» fragte de Gier und bot eine Zigarette an.

«Danke. Ja, ich bin unabhängig. Zum Teufel damit. Aber es tut mir leid, daß Abe gestorben ist. Mir gefiel es bei ihm. Er hat mich viel gelehrt. Hätte er mir das nicht beigebracht, wäre ich jetzt sehr beunruhigt, aber Sie finden mich hier, wie ich glücklich mit mechanischen Tieren spiele. Und dabei mache ich Ihnen nichts vor. Noch Fragen?»

«Stand Abe sonst noch jemandem nahe? Irgendwelche Feinde? Konkurrenten?»

Louis dachte nach und ließ sich Zeit. «Er schlief mit vielen Mädchen», sagte er schließlich. «Vielleicht hat er jemand auf die Füße getreten. Ich bin sicher, einige dieser Frauen haben einen Freund oder sogar einen Ehemann. Er benahm sich manchmal wie ein Zuchtbulle. Und selbstverständlich beleidigte er Leute. Er beleidigte sie, indem er sie nicht beachtete. Sie konnten blau im Gesicht werden und Dampf aus den Ohren ablassen, aber er lachte nur, nicht etwa, um sie vorsätzlich zu ärgern, sondern weil es ihm egal war. Er sagte, sie seien Ballons oder ausgestopfte Tiere.»

«Aber er hat sich selbst darin einbezogen, nicht wahr?»

«Oh, ja, er weigerte sich, irgendwo irgendwelche Werte zu sehen.»

«Wozu hat er dann soviel Geld verdient?»

Louis stand auf und brachte den Karton in eine Zimmerecke. «Wenn einem alles egal ist, kann man lachen und weinen, oder?»

De Giers Gesicht war ausdruckslos.

«Abe lachte lieber, und zwar mit vollem Bauch, einer Zigarre im Mund, einem Wagen auf der Straße und einem Boot auf der Gracht. Ich glaube nicht, daß es ihm etwas ausgemacht hätte, dies alles nicht zu haben, aber er zog es vor, diese Dinge zu haben.»

«Aha», sagte de Gier.

«Sie verstehen nicht», sagte Louis. «Macht nichts.»

«Sie haben ihn wirklich bewundert, nicht wahr?» fragte de Gier boshaft.

«Ja, Bulle, hab ich. Aber jetzt ist er tot. Der Ballon ist zerplatzt. Noch Fragen?»

«Nein.»

«Dann gehe ich jetzt in die nächste Kneipe, kippe ein paar Gläser und schlafe hinterher irgendwo. In der Kneipe gibt's bestimmt ein Mädchen, das mich mitnimmt zu sich. Ich will die Nacht nicht hier verbringen.»

De Gier stand vom Fußboden auf und ging hinaus. Er war zu müde, um sich eine schlagfertige Antwort zu überlegen. Er fand die Toilette und wusch sich das Gesicht mit kaltem Wasser, ehe er wieder in Esthers Zimmer ging. Im Klo war ein kleiner Spiegel, und er betrachtete sein Gesicht. Seine Haare waren vom Seifensteinpulver und Schlamm verklebt, auf den Wangen hatte er Farbspritzer, die Augen sahen leblos aus, sogar der Schnurrbart hing herab.

«Nun?» fragte Esther.

«Es fiel der Name Bezuur.»

«Klaas Bezuur», sagte Esther bedächtig und lud ihn mit einer Handbewegung ein, wieder auf dem Sessel Platz zu nehmen. «Ja, ich hätte ihn erwähnen sollen, aber ich habe ihn schon so lange nicht mehr gesehen, daß ich ihn vergessen hab. Er hat mich mal gebeten, seine Frau zu werden, aber ich glaube nicht, daß er es ernst meinte. Abe und er standen sich früher einmal sehr nahe, aber das ist schon eine Weile her.»

«Haben sie sich gestritten?»

«Nein. Klaas wurde reich und mußte die Arbeit auf dem Straßenmarkt und die Reisen mit Abe aufgeben. Er mußte sich um seine Geschäfte kümmern. Er wohnt jetzt in einer Villa, in einem der neuen Vororte, in Buitenveldert, wie ich glaube.»

«Ich wohne in Buitenveldert», sagte de Gier.

«Sind Sie reich?»

«Nein, ich habe eine kleine Wohnung. Ich nehme an, Bezuur wohnt in einem Bungalow von einer Viertelmillion.»

«Stimmt. Ich bin in dem Haus noch nicht gewesen, obwohl er uns eingeladen hat, aber Abe wollte nicht. Er machte nie Besuche, außer er hatte einen guten Grund – Sex oder eine Party oder ein Geschäft oder ein Buch, über das er diskutieren wollte. Klaas liest nicht. Er ist jetzt etwas schlampig; er war ziemlich fett und verschlossen, als ich ihn das letzte Mal sah.»

«Es ist wohl besser, wenn ich jetzt gehe», sagte de Gier und rieb sich das Gesicht. «Morgen ist wieder ein Tag. Ich kann kaum noch geradeaus gucken.»

Sie begleitete ihn zur Tür. Er sagte gute Nacht und wollte gehen, aber er blieb stehen und schaute auf die Wasserfläche der Gracht. Eine Ratte, aufgeschreckt durch die hochaufragende Gestalt des Kriminalbeamten, verließ ihr Versteck und sprang. Der geschmeidige Körper tauchte mit einem leichten Platschen in die ölige Oberfläche ein, und de Gier beobachtete, wie die immer größer werdenden Ringe sich verloren.

«Wollen Sie nicht gehen?» fragte eine Stimme, er drehte sich um. Esther stand am offenen Fenster ihres Zimmers in der ersten Etage.

«Doch», rief er leise zurück, «aber du darfst dort nicht stehenbleiben.»

«Er kann seine Kugel werfen», sagte Esther, «wenn er will. Es ist mir einerlei.»

De Gier rührte sich nicht.

«Rinus de Gier», sagte Esther, «wenn du nicht gehen willst, dann kannst du ebensogut wieder reinkommen. Wir können einander Gesellschaft leisten.» Ihre Stimme war ruhig.

Das automatische Schloß klickte. De Gier stieg die beiden Treppen wieder hinauf. Sie stand am Fenster, als er ins Zimmer trat. Er stellte sich hinter sie und berührte ihre Schulter. «Der Mörder ist wahnsinnig», sagte er sanft. «Hier zu stehen, heißt, ihn einzuladen.»

Sie antwortete nicht.

«Du bist allein im Haus. Louis sagte, er wolle woanders schlafen. Wenn du möchtest, rufe ich im Präsidium an, damit zwei Konstabels das Haus bewachen. Die Bereitschaftspolizei ist abgezogen. Hier», sagte er und gab ihr die Spielzeugmaus, die er in die Tasche gesteckt hatte, als Louis nicht hingeschaut hatte. Esther war vom Fenster weggegangen und wanderte jetzt durch das Zimmer. Sie schaute das Blechtier an, als wisse sie nicht, was es ist.

«Eine Maus», sagte de Gier. «Du kannst sie aufziehen und auf den Fußboden setzen. Sie läuft und springt sogar ein wenig. Sie gehört dir.»

Sie lachte. «Was soll das? Eine Schockbehandlung? Ich hab nicht gewußt, daß die Polizei so subtil ist. Versuchst du, mich zu entnerven, damit ich meine Verteidigung fallenlasse und dir eine wertvolle Spur gebe?»

«Nein», sagte de Gier. «Es ist eine mechanische Maus.»

«Abe hat mir auch manchmal Geschenke gemacht. Muscheln und Stückchen Treibholz und getrocknete Pflanzen. Er kaufte sie auf dem Markt oder fand sie irgendwo am Strand und brachte sie in sein Zimmer. Und dann, gewöhnlich wenn er meinte, ich sei wegen irgendwas deprimiert, kam er plötzlich in mein Zimmer und schenkte sie mir. Einige habe ich noch.»

Sie zeigte auf ein Regal, wo de Gier einige Muscheln, Stücke weißer und rosa Koralle und einen Zweig mit getrockneten Samenschoten sah.

Esther weinte. «Einen Drink», sagte sie. «Wir brauchen einen Drink. Er hat die Flasche kalten Genever im Kühlschrank. Ich werde sie holen.»

«Nein, Esther. Ich muß gehen, aber du kannst nicht allein hier bleiben.»

«Möchtest du, daß ich mit zu dir komme?»

De Gier kratzte sich am Hintern.

Sie kicherte unter Tränen. «Du kratzt dir den Hintern. Bist du nervös? Möchtest du nicht, daß ich mit zu dir komme? Ich möchte ins Polizeihotel gehen, wenn ihr eins habt, oder du kannst mich über Nacht in eine Zelle sperren.»

De Gier zog sein Halstuch zurecht und knöpfte die Jacke zu.

«Du siehst etwas zerzaust aus», sagte Esther, «aber du hattest einen schweren Tag. Du bist dennoch ganz ansehnlich. Ich gehe mit dir, wenn du möchtest. Dies Haus macht mich nervös. Ich muß immer an Abes Gesicht denken und an die Stachelkugel, von der ihr alle immer sprecht. Ein Morgenstern, sagtest du. Es ist alles zu schrecklich.»

De Gier strich sich den Schnurrbart mit Daumen und Zeigefinger. Die Haare klebten aneinander, er mußte ihn waschen. Er verzog das Gesicht. Er würde Seife in den Mund bekommen. Er kriegte immer Seife in den Mund, wenn er den Schnurrbart wusch.

«Du bist doch etwa ein Sex-Psychopath, oder? Ist es gefahrlos, mit zu dir zu gehen?» Sie lachte. «Laß nur. Wenn du ein Psychopath bist, dann wirst du ein sehr müder sein. Ich würde vermutlich mit dir fertig werden.»

«Klar doch», sagte de Gier. «Warum hast du am Fenster gestanden?»

«Ich hörte ein Platschen. Ich dachte, der Mörder sei zurückgekommen und habe seine Kugel in die Gracht geworfen.»

«Warum bist du dann ans Fenster gegangen? Es ist der gefährlichste Platz im Haus. Abe wurde am Fenster ermordet, oder vielmehr glauben wir das jetzt.»

«Mir ist es egal.»

«Ob du stirbst?»

«Warum nicht?»

«Du lebst», sagte de Gier. «Du wirst sowieso sterben. Warum willst du nicht darauf warten?»

Esther starrte ihn an. Er stellte fest, daß sie eine volle Unterlippe und eine breite, hübsch geschwungene Oberlippe hatte.

«Also gut», sagte de Gier, «ich werde dich zu meiner Schwester bringen oder wohin du auch möchtest. Du mußt Freunde in der Stadt haben. Zum Beispiel diese Corin, die du vorhin erwähnt hast. Oder Verwandte. Oder ich kann dich in ein Hotel bringen, davon gibt es eine ganze Menge. Ich habe einen Wagen, der in der Nähe vom Nieuwmarkt steht. Ich werde ihn holen, du kannst inzwischen eine Tasche packen. Ich bin in fünf Minuten zurück.»

«Ich werde mit dir gehen und morgen zurückkommen. Vielleicht ist es morgen besser. Ich habe den Fußboden in Abes Zimmer sauber gemacht. Ich will heute nacht nicht hier bleiben.»

«Ich habe einen Kater», sagte de Gier, als er ihr die Wagentür öffnete. «Er ist eifersüchtig. Er wird dich vermutlich kratzen wollen und dir im Korridor auflauern, wenn du zur Toilette möchtest. Dann wird er dich plötzlich anspringen und kreischen. Möglicherweise pinkelt er auch auf deine Kleider.»

«Vielleicht sollte ich doch in ein Hotel gehen.»

«Wie du willst.»

«Nein», sagte sie und lachte. «Dein Kater macht mir nichts aus. Ich werde nett zu ihm sein. Und die Kleider werden in meiner Tasche bleiben. In einer Plastiktasche mit Reißverschluß. Ich werde ihn hochheben und umdrehen und knuddeln. Katzen lassen sich gern knuddeln.»

«Er kann es nicht vertragen, wenn Menschen nett zu ihm sind», sagte de Gier. «Dann weiß er nicht, was er tun soll.»

«Wir sind ja zu zweit», sagte Ester.

De Gier lag auf dem Fußboden und versuchte, sich an die harte Luftmatratze zu gewöhnen. Esther stand in der offenen Tür seines kleinen Schlafzimmers, den Finger am Lichtschalter.

«Gute Nacht», sagte Esther.

«Gute Nacht.»

«Danke, daß ich bei dir duschen konnte.»

«Nichts zu danken.»

«Dein Bett sieht sehr bequem aus.»

«Es ist antik», sagte de Gier auf dem Fußboden. «Ich hab's auf einer Auktion gefunden. Der Mann sagte, es stamme aus einem Krankenhaus.»

«Mir gefällt der Rahmen», sagte Esther. «All diese Blumenornamente aus Metall. Und sehr hübsch gestrichen. Hast du das selbst gemacht?»

«Ja. Es war eine verdammt schwierige Arbeit. Ich mußte einen sehr feinen Pinsel benutzen.»

«Ich bin froh, daß du nicht mehrere Farben verwendet hast. Nur Gold, das ist schön. Ich hasse diesen neumodischen Kram. Einige meiner Freunde haben alle Farben des Regenbogens zur Renovierung ihrer Häuser und dazu noch diese schrecklichen Abziehbilder verwendet. Schmetterlinge in der Toilette, Tiere auf der Badewanne und komische Bildchen in der Küche, und man ist gezwungen, immer wieder dieselben Witze zu lesen. Bah!»

«Bah!» sagte de Gier.

«Hier muß man sich bestimmt wohlfühlen. Nur ein Bett, ein Bücherschrank und viele Kissen und Pflanzen. Sehr guter Geschmack. Warum hast du nur einen Sessel? Er scheint nicht dazu zu passen.»

«Der gehört Olivier. Er sitzt gern auf dem Sessel und beobachtet mich beim Essen. Ich sitze auf dem Bett.»

Sie lächelte.

Wunderschön, dachte de Gier, sie ist wunderschön. Sie hatte am Schalter gedreht. Das einzige Licht im Zimmer kam jetzt von einer Laterne im Park. Er konnte ihre Figur gerade noch erkennen, aber das Licht fiel auf das Weiß der Brüste und des Gesichts. Sie trug seinen Kimono, hatte aber den Gürtel nicht zugebunden.

Ihr kann jetzt nicht danach zumute sein, dachte de Gier. Ihr Bruder ist heute gestorben. Sie muß noch unter einem Schock stehen. Er schloß die Augen und versuchte, die Erscheinung in seiner Schlafzimmertür zu verdrängen, aber er konnte sie immer noch sehen. Als sie ihn küßte, stöhnte er.

«Was fehlt dir?» fragte sie sanft.

Er stöhnte noch einmal. Der Commissaris wird es erfahren. Grijpstra wird es erfahren. Und Cardozo, der neue Beamte in der Mordkommission, wird es erfahren und hinterhältige Bemerkungen machen. Und Geurts und Sietsema werden es wissen. Die Mordkommission wird wieder einmal etwas haben, über was sie reden kann. De Gier, der Ladykiller. Ein Kriminalbeamter, der mit Verdächtigen ins Bett steigt. Aber er hatte es nicht vorgehabt. Es war einfach passiert. Warum wollen die nie akzeptieren, daß so etwas einfach passiert? Olivier kreischte und Esther sprang auf.

«Er hat mich gebissen! Dein Kater hat mich gebissen! Er hat sich von hinten angeschlichen und mich gebissen! Au! Sieh dir mal meinen Knöchel an!»

Das Licht war wieder an. De Gier rannte ins Bad und kam mit einem Verband zurück. Olivier saß auf dem Sessel und beobachtete die Szene. Er sah vergnügt aus. Die Ohren waren aufgerichtet, die Augen glänzten. Sein Schwanz zuckte nervös. Esther kitzelte den Kater hinter den Ohren und küßte ihn auf die Stirn. «Du bist ein dummer Kater, nicht wahr? Eifersüchtiger Kater! Ist schon gut, ich werde ihn dir nicht wegnehmen.»

Olivier schnurrte.

Sie machte das Licht aus und nahm de Gier bei der Hand.

Der Kimono war auf den Fußboden gefallen. Olivier seufzte und rollte sich zusammen.

«Er schaut doch wohl nicht zu, oder?» flüsterte Esther im Bett.

De Gier stand auf und schloß die Tür.

7

«Nein, Schatz», sagte die Frau des Commissaris schlaftrunken und drehte sich um. «Es ist noch früh, wir haben Sonntag. Ich werde den Kaffee ein wenig später machen. Laß mich noch für eine Weile schlafen. Schlafen, schlafen . . .»

Der Rest des Satzes war Murmeln, ein Gemurmel, das in ein sanftes, angenehm höfliches Schnarchen überging. Der Commissaris tätschelte mit der mageren weißen Hand ihre Schulter. Er hatte nicht um Kaffee gebeten, er hatte überhaupt nichts gesagt. Sie hatte vermutlich gemerkt, daß er wach war, und ihr Pflichtgefühl hatte sich gemeldet. Liebe Katrien, dachte der Commissaris, herzallerliebste Seele, Seele aller Seelen, du wirst alt und schwach und müde und hast mehr Falten im Gesicht, als ich zählen kann. Hast du je meine Gedanken geteilt? Vielleicht ja.

Er tätschelte ihre Schulter noch einmal, das sanfte Schnarchen wurde zu einem tiefen Atmen. Er setzte sich hin, schob die Decken weg, schlug die Beine übereinander und machte den Rücken gerade. Er steckte sich einen Zigarillo an und machte den ersten Lungenzug des Tages und stieß den Rauch in Richtung zum offenen Fenster aus. Im Garten würde seine Schildkröte im Gras herumrudern. Es war acht Uhr und Sonntagmorgen. Die Stadt war still ohne das Brummen und Knattern des Verkehrs. Eine Drossel sang im Garten. Die Spatzen hatten ihr Nest über dem Abflußrohr verlassen und stöberten in der Hecke herum, wobei sie leise schilpten. Die Elstern suchten Reisig, um ihr überdachtes Nest in der Pappel zu verstärken. Er konnte ihren Flügelschlag hören, als sie unmittelbar vor seinem Fenster herumkurvten. Er brummte zufrieden.

Er hatte geträumt und versuchte jetzt, sich daran zu erinnern. Es war ein interessanter Traum gewesen, den er noch einmal erleben wollte. Er hatte mit dem Garten zu tun und dem kleinen Fischteich am Fuße der Pappel und mit einem Planschen. Er zog an seinem Zigarillo, und jetzt fiel ihm der Traum wieder ein. Er war im Garten gewesen, der aber viel größer gewesen war und sich bis weit in die Ferne erstreckt hatte; und der Fischteich war ein großer See gewesen. Und die Pappel war ein Wald und die Schildkröte ganz nahe gewesen. Die Schildkröte hatte ihre normale Größe gehabt, klein, kompakt, in sich verschlossen und freundlich, ein Salatblatt im Maul. Der Commissaris hatte etwas erwartet, ebenso wie die Schildkröte, denn sie hatte ihren Lederhals gereckt und aufgeregt gekaut. Sie hatte den metallisch blauen Himmel angestarrt und den runden weißen Mond, der den Rasen mit seinem weichen bleichen Licht überflutete.

Und dann war es gekommen. Ein Purpurfleck, der rasch größer wurde. Malvenfarben und sich bewegend. Er spaltete sich in zwei einzelne, aber ähnliche Gestalten. Frauen mit großen Flügeln. Sie waren so nahe, daß er ihre langen Glieder, die geschwungenen Brüste und ruhigen Gesichter sehen konnte. Er sah ihre Gesichtszüge, hohe Backenknochen und schrägstehende Augen. Ruhige Gesichter, aber gespannt und entschlossen. Flügel flatterten, als sie sich über ihm drehten, über ihm und der Schildkröte, die ihre gutmütige Einsamkeit aufgegeben hatte und im hohen Gras zu tanzen versuchte; das Salatblatt hatte sie fallen lassen. Der Commissaris hockte sich hin und hielt sich am Schild der Schildkröte fest. Er erkannte die Gesichter der geflügelten Gestalten. Sie glichen dem Papua, den Beamte der Mordkommission einst festgenommen hatten, der dann aber entkommen und spurlos verschwunden war. Vielleicht waren es seine Schwestern. Oder seine Boten. Oder seine Gedanken, die er von irgendwoher ausgeschickt hatte. Der Commissaris verlor die Assoziation. Die Erscheinungen waren jetzt so nahe über ihm, daß er die schlanken Fußgelenke berühren könnte, wenn er die Hände ausstreckte. Die Flügel bewegten sich wieder, so daß sie an Höhe gewannen. Sie schwebten über dem See und legten dann einer nach dem anderen die Flügel zusammen und fielen. Sie trafen wie Pfeile auf die Fläche des Sees und tauchten ein.

Die Schildkröte war völlig außer sich geraten und hüpfte zu Füßen des Commissaris herum und lenkte so seine Aufmerksamkeit ab. Als er wieder aufschaute, standen die malvenfarbenen Gestalten neben ihm im Gras mit ausgebreiteten Flügeln und beobachteten ihn, wobei sie einen Anflug von Belustigung in den funkelnden Augen und um den sanft lächelnden Mund zeigten. Das war der Traum. Er rieb sich die kahle Stelle des Schädels, erstaunt, daß ihm der Traum wieder eingefallen war. Er mochte weder Purpur noch Malvenfarbe, und nackte Engel mit Flügeln hatten ihn nie sonderlich beeindruckt. Woher waren die Erscheinungen gekommen? Er erinnerte sich jetzt auch an die Ereignisse am Abend zuvor. An Nellies Bar. Nellies Farben waren ebenfalls purpur und malve und selbstverständlich rosa gewesen. Er sah Nellies große, feste Brüste wieder und den Spalt dazwischen, bei dem der Arzt so poetisch geworden war. War er von Nellie so beeindruckt, daß sie ihm zu seinem Traum verholfen hatte, gemeinsam mit der sympathischen Gegenwart der Schildkröte und dem verklärten Abbild seines Gartens und dem Papua, einem Mann, den er einmal sympathisch gefunden hatte und dessen Einstellung ihm damals rätselhaft gewesen war.

Der Commissaris seufzte. Es war ein schöner Traum gewesen. Er nahm das Telefon und wählte eine Nummer. Das Telefon klingelte lange.

«De Gier.» Die Stimme im Telefon klang tief und kehlig.

«Morgen, de Gier.»

«Mijnheer. Guten Morgen, Mijnheer.»

«Hör mal», sagte der Commissaris. «Es ist früh und Sonntag, und nach der Art zu urteilen, wie du sprichst, hast du geschlafen, als dein Telefon klingelte. Ich möchte, daß du aufstehst, dich wäschst, etwas Kaffee trinkst und dich vielleicht rasierst. Wenn du fertig bist, kannst du zurückrufen. Ich warte auf dich.»

«Ja, Mijnheer. In zehn Minuten.»

«Sagen wir in zwanzig. Du kannst ruhig zuerst frühstücken.»

«Gut», sagte de Gier.

Der Commissaris legte den Hörer auf und streckte sich aus. Dann überlegte er es sich anders und stand auf und holte einige Salatblätter aus der Küche. Die Schildkröte wartete im Garten auf ihn, sie verließ mutig das Gras und marschierte schwerfällig über die Steinplatten, die zur offenen Tür vom Arbeitszimmer des Commissaris führten.

«Morgen, Mijnheer», sagte de Gier noch einmal.

«Erzähl mal von gestern abend», sagte der Commissaris. «Hat es sich gelohnt?»

«Ja», sagte de Gier. «Juffrouw Rogge hat mir drei Namen und drei Adressen gegeben. Haben Sie einen Kugelschreiber da, Mijnheer?»

Der Commissaris notierte Namen und Adressen. De Gier sprach weiter. «Ja, ja, ja», sagte der Commissaris.

«Vielleicht sollten Grijpstra und ich diese Leute heute aufsuchen, Mijnheer.»

«Nein, Grijpstra kann gehen und ich mit ihm. Für dich hab ich andere Pläne. Bist du bereit?»

«Ja, Mijnheer.»

«Gut. Geh zu unserer Garage und frage nach dem grauen Lieferwagen. Dann gehst du zum Lager. Wir haben einige beschlagnahmte Textilien dort, Tuchballen, eine gute Kollektion. Sie sollen nächste

Woche versteigert werden, aber wir können sie haben. Ich werde den Lagerchef im Laufe des Vormittags noch anrufen.»

«Textilien?» fragte de Gier. «Den grauen Lieferwagen? Soll ich die Textilien irgendwo hinbringen?»

«Ja. Morgen zum Straßenmarkt. Ein Kriminalbeamter sollte ein guter Schauspieler sein: morgen kannst du einen Straßenhändler spielen. Ich werde mich mit dem Marktmeister von der Albert Cuypstraat in Verbindung setzen, der dir einen Stand und eine vorläufige Lizenz geben wird. Du brauchst nur einige Tage dort zu bleiben. Freunde dich mit den anderen Straßenhändlern an. Falls der Mörder vom Markt ist, wirst du dort eine Spur aufnehmen können.»

«Ich allein, Mijnheer?» De Gier klang nicht sehr erfreut.

«Nein. Du kannst Brigadier Sietsema mitnehmen.»

«Kann ich nicht Cardozo haben?»

«Cardozo?» fragte der Commissaris. «Ich dachte, du magst Cardozo nicht. Ihr beiden streitet euch immer.»

«Streiten, Mijnheer? Wir streiten uns nie. Ich hab ihm Unterricht gegeben.»

«Unterricht? Aha, gut. Nimm ihn. Vielleicht ist das sogar besser. Cardozo ist Jude, und Juden sind angeblich gute Kaufleute. Vielleicht sollte er der Straßenhändler und du sein Gehilfe sein.»

«Ich werde der Händler sein, Mijnheer.»

Der Commissaris lächelte. «Gut. Ruf Cardozo an, daß er dich heute noch aufsucht. Ruf ihn am besten gleich an, ehe er das Haus für heute verläßt. Und was ist mit Esther Rogge, war sie in guter geistiger Verfassung, als du sie gestern abend verlassen hast?»

Es kam keine Antwort.

«De Gier?»

«Ich hab sie hier bei mir, Mijnheer, in meiner Wohnung.»

Der Commissaris schaute zum Fenster hinaus. Eine der Elstern saß im Gras und sah die Schildkröte an. Die Schildkröte starrte zurück. Er fragte sich, was die beiden miteinander gemein haben könnten.

«Es ist nicht, was Sie denken, Mijnheer.»

«Ich habe nichts gedacht, de Gier. Ich habe auf meine Schildkröte geschaut. Ich hatte in der vergangenen Nacht einen Traum, der mit dem Papua zu tun hatte. Erinnerst du dich an den Papua?»

«Ja, Mijnheer.»

«Ein seltsamer Traum. Da war etwas mit seinen beiden Schwestern. Sie hatten Flügel und flogen in meinen Garten. Es war Vollmond, und meine Schildkröte kam ebenfalls in dem Traum vor. Meine Schildkröte war aufgeregt und sprang im Gras herum.»

«In Ihrem Traum, Mijnheer?»

«Ja. Und er war sehr real, wirklicher als das Gespräch, das ich jetzt mit dir führe. Du träumst ebenfalls, wie du mir gestern abend erzählt hast.»

«Ja, Mijnheer. Ich würde irgendwann gern mehr über Ihren Traum hören.»

«Irgendwann», sagte der Commissaris und rührte den Kaffee um, den seine Frau auf den kleinen Tisch neben seinem Bett gestellt hatte. «Irgendwann werden wir darüber sprechen. Ich denke oft an den Papua, möglicherweise, weil er der einzige Verdächtige war, der uns wieder entkommen ist, nachdem wir ihn geschnappt hatten. Ich nehme an, es ist besser, wenn du Juffrouw Rogge nach Hause bringst. Ich werde dich heute abend anrufen und dir sagen, was Grijpstra und ich herausgefunden haben, oder du kannst mich anrufen. Meine Frau wird wissen, wo ich bin.»

«Mijnheer», sagte de Gier und legte auf.

Um elf Uhr stand der schwarze Citroën des Commissaris vor Grijpstras Haus in der Lijnbaansgracht gegenüber vom Polizeipräsidium. Der Commissaris hatte den Finger auf dem Klingelknopf.

«Ja?» rief Mevrouw Grijpstras zerzauster Kopf aus einem Fenster in der ersten Etage.

«Ist Ihr Mann da, Mevrouw?»

«Oh, Sie sind's, Mijnheer. Er wird gleich unten sein.»

Der Commissaris hustete. Er konnte die Stimme der Frau im Haus und Grijpstras schwere Schritte auf der schmalen Holztreppe hören. Die Tür öffnete sich.

«Morgen, Mijnheer», sagte Grijpstra. «Entschuldigen Sie meine Frau, Mijnheer. Sie wird zu dick, um sich noch viel zu bewegen, und geht deshalb nicht mehr an die Tür. Sie sitzt nur am Fenster und schreit herum. Direkt vor dem Fernseher, aber bis zum Nachmittag gibt es kein Programm.»

«Macht nichts», sagte der Commissaris.

«Wir gehen zuerst zu diesem Bezuur, nicht wahr, Mijnheer? Weiß er, daß wir kommen?»

Sie saßen jetzt im Wagen, und Grijpstra grüßte den schlaftrunken aussehenden Konstabel am Steuer. Der Polizist trug keine Uniform, sondern einen dunkelblauen Blazer mit dem gestickten Emblem des Sportvereins der Amsterdamer städtischen Polizei auf der linken Brusttasche.

«Ja. Ich habe angerufen. Er will uns gleich sprechen. Dann können wir irgendwo unseren Lunch nehmen und sehen, ob wir die beiden Damen ans Telefon kriegen. Ich würde sie gern möglichst noch im Laufe des Tages aufsuchen.»

«Okay», sagte Grijpstra und akzeptierte eine Zigarre.

«Es macht dir doch wohl nichts aus, am Sonntag zu arbeiten, Grijpstra, oder?»

«Nein, Mijnheer. Überhaupt nichts, Mijnheer.»

«Solltest du nicht mit den Kleinen ausgehen?»

«Ich habe die Bälger erst letzte Woche zum Zoo mitgenommen, Mijnheer, und heute gehen sie zum Spielen zu einem Freund nach Hause. Und so klein sind sie auch nicht mehr. Der Jüngste ist sechs und der andere acht.»

Der Commissaris murmelte.

«Wie bitte, Mijnheer?»

«Ich hätte dich nicht bitten sollen mitzukommen», wiederholte der Commissaris. «Du bist Familienvater und warst die halbe Nacht auf. Sietsema hätte ebensogut mitkommen können, ich glaube er bearbeitet gegenwärtig sowieso nichts.»

«Nein, Mijnheer. Sietsema sitzt nicht an diesem Fall. Aber ich.»

Der Commissaris lächelte. «Was macht übrigens dein ältester Sohn? Er muß achtzehn sein, stimmt's?»

«Stimmt, Mijnheer, aber mit dem Jungen stimmt nichts.»

«Läuft es schlecht mit seinem Studium?»

«Er hat es ganz aufgegeben und will jetzt aus dem Haus. Das Militär will ihn nicht. Und er wird nie Arbeit finden, selbst wenn er es wollte, was nicht der Fall ist. Wenn er das Haus verläßt, will er Fürsorgeunterstützung beantragen, sagt er. Ich weiß nie, wo er sich in diesen Tagen aufhält. Er rast auf dem kleinen Motorrad herum, denke ich, und raucht Hasch mit seinen Freunden. Schnupfen tut er auch, ich habe ihn vor einigen Tagen dabei erwischt. Kokain.»

«Das ist teuer», sagte der Commissaris.

«Sehr.»

«Hast du eine Ahnung, woher er das Geld hat?»

«Von mir nicht, Mijnheer.»

«Also?»

«Ich bin seit langem bei der Polizei, Mijnheer.»

«Ist er Dealer?»

«Alles, glaube ich», sagte Grijpstra und gab vor, den Verkehr zu beobachten. «Er ist Dealer, stiehlt Motorräder, begeht regelrechte Einbrüche und betreibt ein bißchen Prostitution. Er mag keine Mädchen und wird deshalb nie zum Zuhälter werden, aber das ist das einzig Schlechte, was er nie werden wird.»

«Prostitution?» fragte der Commissaris.

«Er geht in anrüchige Kneipen, in diese Läden, wo man sich den Kaufmann vom Lande aufgabelt und ihn dazu bringt, einen ins Motel mitzunehmen.»

«Das ist schlimm», sagte der Commissaris. «Können wir etwas tun, um ihm zu helfen, daß er damit aufhört?»

«Nein, Mijnheer. Ich werde nicht meinen eigenen Sohn jagen, aber einer unserer Kollegen wird mal auf ihn stoßen, und dann wird er in die Besserungsanstalt wandern, und wenn er herauskommt, ist er noch schlimmer. Ich hab ihn abgeschrieben. Die Sozialarbeiter ebenfalls. Der Junge ist nicht einmal daran interessiert, dem Fernsehen oder einem Fußballspiel zuzuschauen.»

«Brigadier de Gier auch nicht», sagte der Commissaris aufgekratzt, «also besteht noch Hoffnung.»

«De Gier hat einen Kater, für den er sorgen muß, und er liest. Er hat etwas zu tun. Blumenkästen auf dem Balkon und das Flötenspiel und mindestens einmal in der Woche Judo und Museumsbesuche am Sonntag. Und wenn eine Frau hinter ihm her ist, gibt er nach. Jedenfalls manchmal.»

«Ja», kicherte der Commissaris. «In diesem Augenblick gibt er nach.»

Grijpstra überlegte.

«Esther Rogge? Nellie wollte ihn nicht.»

«Esther Rogge.»

«Er wird es nie lernen», sagte Grijpstra mürrisch, «blöder Narr, der er ist. Die Frau ist in den Fall verwickelt.»

«Sie ist eine reizende Frau. Sogar eine gebildete Frau. Sie wird ihm guttun.»

«Dann macht es Ihnen nichts aus, Mijnheer?» Grijpstra klang erleichtert.

«Ich will den Mörder finden», sagte der Commissaris, «und zwar schnell, ehe er die Kugel gegen jemand anders schwingt. Der Mann kann geistig nicht ganz normal sein, und er ist gewiß einfallsreich. Wir haben noch immer nicht festgestellt, was für eine Waffe er benutzt hat.»

Grijpstra seufzte und drückte sich etwas tiefer in die weichen Wagenpolster. «Möglicherweise ist der Fall dennoch ganz einfach, Mijnheer. Der Mann war Straßenhändler. Die verdienen gewöhnlich mehr Geld als die Steuer weiß, und sie verstecken den Differenzbetrag in Büchsen unter dem Bett oder an einer verborgenen Stelle hinter der Vertäfelung oder irgendwo unter den Fußbodenbrettern. Einer meiner Informanten sagte, daß man seinem alten Freund über hunderttausend Gulden gestohlen hat, einem Mann, der auf der Straße Käse verkauft. Der Käsemann hat den Diebstahl nie gemeldet, weil er soviel Geld eigentlich nicht haben durfte. Wenn der Finanzbeamte davon erfahren hätte, würde er dem armen Kerl mindestens die Hälfte davon abgeknöpft haben, deshalb hat der arme Tölpel den Mund gehalten und sich allein ausgeweint. Aber Abe Rogge wollte sein Versteck vielleicht verteidigen und wurde umgebracht.»

«Mit einer Stachelkugel, die man ihm ins Gesicht geschleudert hat?»

«Ja», sagte Grijpstra, «warum auch nicht? Vielleicht ist der Mörder ein Mann, der geschickt mit den Händen ist. Ein Zimmermann, ein Klempner. Vielleicht hat er die Waffe selbst gemacht, sie sich ausgedacht.»

«Aber er hat Abes Brieftasche nicht genommen», sagte der Commissaris. «In der Brieftasche war viel Geld. Wenn er wegen Geld gekommen ist, hätte er nicht ein paar tausend Gulden in der Tasche seines Opfers zurückgelassen. Er brauchte nur die Hand danach auszustrekken. Ein einfallsreicher Mann, sagte ich. Louis Zilver ist einfallsreich. Erinnerst du dich an die Figur, die er aus Perlen und Draht zu gestalten versuchte?»

«Er hat sie in den Mülleimer geworfen», sagte Grijpstra, «er hatte sie verpfuscht. Aber die Idee war einfallsreich, das stimmt.»

Grijpstra schaute zum Wagenfenster hinaus. Sie befanden sich jetzt im südlichen Teil von Amsterdam, wo gigantische Beton- und Stahlkonstruktionen den Blick zum Himmel versperrten, wie enorme Ziegel, übersät mit kleinen Löchern.

Und sie sind voller Menschen, dachte Grijpstra. Kleine Menschen. Kleine unschuldige Leute, die ihr Sonntagsessen vorbereiten, herumtrödeln, die Zeitung lesen, mit ihren Kindern und Tieren spielen und Pläne für den Rest des Tages machen. Er sah auf seine Uhr. Oder spät frühstücken. Sonntag morgen, die beste Zeit der Woche.

Der Wagen hielt vor einer Ampel, und er ertappte sich, wie er auf einen Balkon starrte, der von einer ganzen Familie bevölkert wurde. Vater, Mutter, zwei kleine Kinder. Auch ein Hund war auf dem Balkon. Eins der Kinder ließ den Hund auf den Hinterbeinen stehen, indem es mit einem Keks unmittelbar über seinem Kopf wedelte. Der kleine Hosenmatz und der Hund gaben ein hübsches Bild ab. Die Geranien in den Blumenkästen am Balkongeländer standen in voller Blüte.

Und wir jagen einen Mörder, dachte Grijpstra.

«Louis Zilver», sagte der Commissaris, «vielleicht kein sehr gut angepaßter junger Mann. Ich habe ihn gestern abend überprüfen lassen. Er hat eine Verurteilung wegen Widerstandes bei der Festnahme, als man ihn schnappte, weil er betrunken auf der Straße Krawall gemacht hatte. Das war vor einigen Jahren. Er griff die Polizisten an, die versuchten, ihn in den Streifenwagen zu stecken. Der Richter war sehr gnädig, eine Geldstrafe und einen Verweis. Was meinst du, Adjudant? Schreiben wir ihn auf die Liste der Hauptverdächtigen?»

Grijpstra war in Gedanken noch bei der Familie auf dem Balkon. Bei der harmonischen Familie. Bei der glücklichen Familie. Er fragte sich, ob er selbst, Adjudant Grijpstra, plattfüßiger Schnüffler, Buhmann der Unterwelt, ruheloser Wanderer an Grachten, auf schmalen Sträßchen, in dunklen Sackgassen, gern glücklich wäre wie der junge, gesunde Familienvater, der auf seinem geraniengeschmückten Balkon in der ersten Etage eines riesigen Bauklotzes an einer Hauptverkehrsstraße thronte.

«Grijpstra?»

«Mijnheer», sagte Grijpstra. «Ja, bestimmt. Ein Hauptverdächtiger. Gewiß. Es ist alles vorhanden. Motiv und Gelegenheit. Vielleicht war er gierig, wollte das ganze Geschäft für sich. Oder eifersüchtig auf Rogges grenzenlose Erfolge. Oder er könnte Esther gewollt haben, was Abe nicht zuließ. Oder er hat versucht, über Abe an Esther heranzukommen. Aber ich weiß es nicht.»

«Nein?» fragte der Commissaris.

«Nein, Mijnheer. Ein Stümper, das ist er.»

«Ein Stümper?» fragte der Commissaris. «Wieso? Sein Zimmer schien gut eingerichtet zu sein, oder? Die Buchhaltung ordentlich auf einem Regal gestapelt. Das Bett war gemacht, der Fußboden sauber. Ich bin sicher, Esther hat das Zimmer nicht für ihn in Ordnung gehalten, das muß er selbst gemacht haben. Und seine Kleidung war gewaschen, er hatte sogar eine Bügelfalte in der Hose.»

«Das ist Abes Verdienst», sagte Grijpstra, «Abe hat ihn zur Vernunft gebracht. Bevor er sich an Rogge hängte, war er nichts. Er hat das Studium abgebrochen, lange geschlafen, gesoffen, mit Glasperlen gespielt. Er war ordentlich, weil Abe ihn dazu veranlaßte. Ich bin sicher, von allein bringt er nichts zustande.»

«Du meinst, er könnte keine Waffe anfertigen, die eine Stachelkugel abschießt.»

«Ja, das glaube ich, Mijnheer.»

«Ja, ja, ja», sagte der Commissaris.

«Ich denke, der Mörder ist irgendein Verbindungsmann auf dem Straßenmarkt, Mijnheer, und mir scheint, Sie denken das auch, sonst würden Sie de Gier und Cardozo morgen nicht zu dieser Maskerade drängen. Sagten Sie nicht, daß sie Straßenhändler spielen sollen?»

«Ja», sagte der Commissaris und lächelte.

«Hier ist die Adresse, Mijnheer», sagte der Konstabel am Steuer.

Grijpstra stieß ein bewunderndes Zischen aus, als er den Bungalow sah, ausgebreitet auf einem niedrigen künstlich angelegten Hügel, mitten in mindestens 4000 Quadratmetern frischgemähten Rasens, geschmückt mit Büschen und Immergrün. Das Tor stand offen, der Citroën bog langsam in die Auffahrt ein.

Die Haustür des Bungalows öffnete sich, als sie aus dem Wagen stiegen.

«Bezuur», sagte der Mann, als er dem Commissaris die Hand schüttelte. «Ich habe Sie erwartet. Treten Sie bitte ein.»

8

Ein Pudding als Gesicht, dachte Grijpstra und drehte den Kopf, um Klaas Bezuur zu betrachten. Seit mindestens einer Minute hatte keiner mehr etwas gesagt. Der Commissaris am anderen Ende des riesigen Zimmers, das fast drei Viertel des Bungalows einnahm, hatte Grijpstra an die Stoffpuppe seines jüngsten Sohnes erinnert, ein kleiner verlorener Gegenstand, hingeworfen in einen großen Sessel. Der Commissaris hatte Schmerzen. Sich selbsttätig drehende weißglühende Nadeln bohrten sich in seine Beinknochen. Er atmete tief, hatte die Augen halbgeschlossen und kämpfte gegen die Versuchung an, sie ganz zu schließen. Er fühlte sich sehr müde, er hätte zu gern geschlafen. Aber er mußte sich ganz auf den Fall konzentrieren. Klaas Bezuur, der Freund des Toten, saß ihm gegenüber.

Ein Pudding, dachte Grijpstra noch einmal. Man hat einen Pudding auf einen menschlichen Schädel gekippt, einen Pudding aus blubberndem Fett. Das Fett war heruntergerutscht, vom Scheitel herab. Es bedeckte die Backenknochen, tropfte dann langsam auf die Kiefer und blieb am Kinn hängen.

Bezuur saß auf dem Rand seines Sessels, hochaufgerichtet. Sein runder Bauch hing über den Gürtel. Grijpstra sah Fleischfalten, haariges Fleisch, das den Nabel einbettete. Der Mann schwitzte. Der Schweiß aus den Achselhöhlen bildete Flecken auf sein maßgeschneidertes gestreiftes Seidenhemd. Bezuurs Gesicht glänzte, Tropfen sammelten sich auf der niedrigen Stirn, vereinigten sich miteinander zu Miniaturbächen, rannen herab und verharrten an der kleinen, dicken Nase. Es war sehr heiß. Grijpstra schwitzte ebenfalls.

Ein großer Mann, dachte Grijpstra. Über einsachtzig, er muß eine Tonne wiegen. Er wird mit Leichtigkeit täglich hundert Gulden für Essen ausgeben. Vermutlich schüsselweise Cashew-Nüsse und Garnelen und ein oder zwei Eimer Kartoffeln oder Spaghetti und obendrein einen Laib Brot. Brot belegt mit gebratenen Pilzen und Räucheraal und dicken Schinkenscheiben.

Bezuur streckte die Hand aus und griff nach einer Flasche Bier in einem Karton neben seinem Sessel. Er machte den Kronenkorken ab und füllte sein Glas. Der dichte Schaum stieg schnell hoch, floß über und ergoß sich auf den dicken Teppich.

«Noch Bier, meine Herren?»

Der Commissaris schüttelte den Kopf. Grijpstra nickte. Bezuur riß von einer anderen Flasche die Kapsel ab. Der Teppich saugte noch mehr Schaum auf. «Bitte, Adjudant.»

Sie schauten einander in die Augen und hoben ihr Glas, wobei beide gleichzeitig brummten. Bezuur leerte sein Glas. Grijpstra nahm einen sorgsam bemessenen Schluck; es war sein drittes Glas. Bezuur hatte sechs gehabt, seit sie ins Zimmer gekommen waren. Grijpstra setzte das Glas behutsam ab.

«Er ist tot, dieser Hund», sagte Bezuur und knallte böse das Glas auf die Marmorplatte des Beistelltisches. Es zersprang, er schaute es mißmutig an. «Der blöde, dumme Hund. Aber vielleicht war er klug. Er sagte immer, der Tod sei ein Trip, und er reiste gern. Er sprach viel über den Tod, sogar schon als Junge. Er redete viel und las viel. Später trank er auch viel. Mit siebzehn Jahren war er Alkoholiker. Hat Ihnen das jemand gesagt?»

«Nein», sagte Grijpstra. «Erzählen Sie.»

«Alkoholiker», wiederholte Bezuur. «Er wurde einer, nachdem wir uns an der Universität immatrikuliert hatten. Wir waren immer zusammen, in der Schule und an der Uni. Wir machten unser Abitur mit sechzehn. Wunderkinder waren wir. Wir haben nie gearbeitet, aber die Prüfungen immer bestanden. Ich war gut in Mathematik und er in Sprachen. Wenn wir überhaupt arbeiteten, dann zusammen. Wir waren ein außerordentliches Gespann; niemand und nichts konnte uns auseinanderreißen. Wir arbeiteten nur, wenn wir in eine Prüfung gingen, und auch dann steckten wir nur das bloße Minimum hinein. Es war Stolz, glaube ich. Angabe. Wir gaben vor, im Unterricht nicht aufzupassen, aber wir nahmen alles auf und erinnerten uns auch an den Stoff. Und wir machten insgeheim Notizen auf kleinen Zetteln; wir hatten keine Schulhefte wie die anderen Kinder. Und keine Hausaufgaben, die waren für die Katz. Wir lasen. Aber er las mehr als ich, und an der Uni begann er zu trinken.»

«So?» fragte Grijpstra.

«Ja.»

Bezuurs Hand schoß vor, eine weitere Flasche verlor ihre Verschlußkapsel. Er schaute auf das zersprungene Glas, drehte sich um und warf einen Blick auf die Küchentür. Er mußte noch mehr Gläser in der Küche haben, aber sie war ihm zu weit entfernt. Er trank aus der Flasche und warf die Kapsel auf den Boden. Er schaute auf Grijpstras Glas, aber das war noch halbvoll.

«Ich glaube, er trank jeden Tag eine Flasche aus. Genever. Er trank jede Marke, solange der Schnaps nur kalt war. Eines Tages konnte er sich morgens die Hose nicht mehr anziehen, seine Hände zitterten zu sehr. Er dachte, es sei komisch, aber ich machte mir Sorgen und schickte ihn zum Arzt, der ihm sagte, er solle mit dem Trinken aufhören. Er tat es auch.»

«Wirklich?» fragte Grijpstra. «Er hat mit dem Trinken aufgehört? Einfach so?»

«Ja. Er war klug. Er wollte kein Trinker sein; es würde seine Routine komplizieren.»

«Hat mit dem Trinken sofort aufgehört, Mann o Mann . . .» sagte Grijpstra und schüttelte den Kopf.

«Ich sagte ja, er war klug», sagte Bezuur. «Er wußte, es würde schwierig sein, die Gewohnheit aufzugeben, also unternahm er einen drastischen Schritt. Er verschwand für eine Weile, drei Monate waren es, glaub ich. Er ging zu einem Bauern arbeiten. Als er wiederkam, war er davon frei. Später begann er wieder zu trinken, aber dann wußte er, wann er aufhören mußte. Er brach beim dritten oder vierten Glas ab und trank alkoholfreies Zeug.»

«Bier?»

«Bier ist nicht alkoholfrei. Nein, Limonade, selbstgemachte. Er machte viel Getue damit, preßte die Früchte aus, gab Zucker dazu. Bei Abe mußte alles perfekt sein.»

Bezuur kippte die Flasche noch einmal, aber sie war leer, und er knallte sie auf den Tisch. Die Flasche zersprang. Er starrte sie an.

«Sie sind anscheinend etwas aufgeregt», sagte Grijpstra.

Bezuur starrte die Wand hinter Grijpstras Sessel an. «Ja», sagte er, «ich bin aufgeregt. Der Hund ist also gestorben. Wie, zum Teufel, hat er das nur geschafft? Ich habe mit Zilver telefoniert. Er meint, man habe mit einer Kugel nach ihm geschleudert, eine Metallkugel, aber keiner kann sie finden. Stimmt das?»

Er starrte immer noch auf die Wand hinter Grijpstras Sessel. Grijpstra drehte sich um. An der Wand hing ein Gemälde, das Porträt einer Dame. Die Frau trug einen langen Rock aus samtartigem Material, einen Hut mit Schleier, eine kunstvoll gearbeitete Halskette und sonst nichts. Sie hatte üppige Brüste mit steil aufgerichteten Warzen. Das Gesicht war ruhig, ein zartes Gesicht mit träumerischen Augen und Lippen, die sich zu einem beginnenden Lächeln geöffnet hatten.

«Wunderschön», sagte Grijpstra.

«Meine Frau.»

Grijpstra schaute sich im Zimmer um.

Bezuur lachte. Das Lachen klang sprudelnd und überschwenglich, als ob ein Rohr gebrochen sei und Wasser die Wand hinunterliefe.

«Meine ehemalige Frau, sollte ich vielleicht sagen, aber die Scheidung ist noch nicht durch. Sie hat mich vor ein paar Monaten verlassen, ihre Anwälte bedrängen mich, und meinen Anwälten geht es ausgezeichnet: die schreiben kleine Briefchen – ein Gulden pro Wort.»

«Haben Sie Kinder?»

«Eins, aber es ist nicht meins. Die Frucht einer früheren Beziehung. Das ist vielleicht ein Früchtchen, ein kleiner überreifer Apfel und dazu dumm – aber was kümmert's mich, sie ist mitgegangen.»

«Sie sind also allein.»

Bezuur lachte wieder. Der Commissaris schaute auf. Er wünschte, der Mann würde nicht lachen. Er hatte eine Möglichkeit gefunden, die Schmerzen in den Beinen erträglicher zu machen, aber Bezuurs Heiterkeit störte seine Konzentration, so daß die Schmerzen wieder einsetzten.

«Nein», sagte Bezuur und streckte den rechten Arm aus. Der Arm beschrieb einen Halbkreis.

«Freundinnen», sagte Grijpstra und nickte.

«Ja. Mädchen. Früher ging ich zu ihnen, aber jetzt kommen sie her. Das ist leichter. Ich werde zu schwer, um herumzulaufen.»

Er schaute auf den Fußboden und stampfte mit dem Fuß auf den nassen Teppich. «Pfui, Bier. Da haben die Burschen von der Reinigung wieder was zu tun. Man kriegt keine Reinmachefrauen mehr, wissen Sie, nicht einmal, wenn man sie mit Goldbarren bezahlt. Ein Reinigungstrupp kommt mittwochs immer her, alte Männer in weißer Uniform. Sie kommen mit dem Lkw und haben den größten Staubsauger, den ich je gesehen habe. Sie sausen innerhalb von einer Stunde durch das ganze Haus. Aber die Mädchen kommen freitags oder samstags und lassen den Dreck zurück, und ich bleibe damit sitzen. Pfui Teufel.»

Sein Arm machte eine alles umfassende Bewegung, die Grijpstra mit den Augen verfolgte. Er zählte fünf leere Champagnerflaschen. Jemand hatte einen Lippenstift auf der Couch vergessen. An der weißen Wand war ein Fleck, direkt unter dem Gemälde von Bezuurs Frau.

«Schildkrötensuppe», sagte Bezuur. «Die blöde Zicke hat das Gleichgewicht verloren und die Suppe an die Wand geklatscht. Nur gut, daß sie das Bild nicht getroffen hat.»

«Wer hat es gemalt?»

«Gefällt es Ihnen?»

«Ja», sagte Grijpstra. «Ja, ich halte es für sehr gut. Wie das Bild von den beiden Männern in einem kleinen Boot, das ich an Abe Rogges Zimmerwand gesehen habe.»

Bezuur schaute auf den Karton neben seinem Sessel, nahm eine Flasche heraus, stellte sie aber zurück.

«Zwei Männer in einem Boot? Sie haben das Gemälde auch gesehen, wie? Vom selben Künstler. Ein alter Freund von uns, ein in Mexiko geborener Jude russischer Herkunft. Er ist mit uns gesegelt und kam ins Haus. Interessanter Bursche, aber er ist wieder weggegangen. Ich glaube, er lebt jetzt in Israel.»

«Wer waren die beiden Männer im Boot?»

«Abe und ich», sagte Bezuur bedrückt. «Abe und ich. Zwei Freunde. Der Mexikaner sagte, wir gehörten zusammen, er erkannte es an jenem Abend. Wir waren auf dem großen See, das Boot lag vor Anker, wir waren mit dem Beiboot zum Hafen gefahren. Wir kamen abends spät zurück. Das Wasser war fluoreszierend, und der Mexikaner ging an Deck umher. Er verließ uns am nächsten Tag, obwohl er noch einige Tage hätte bleiben sollen, aber er war so inspiriert von dem, was er an jenem Abend gesehen hatte, daß er in sein Atelier gehen mußte, um zu malen. Abe kaufte das Bild, ich gab dies dann später in Auftrag. Der Mexikaner war sehr teuer, obwohl wir seine Freunde waren, aber er war auch sehr gut.»

«Freunde», sagte der Commissaris. «Enge Freunde. Sie waren mit Abe eng befreundet, nicht wahr, Mijnheer Bezuur?»

«Das war ich», sagte Bezuur und hatte wieder diesen sprudelnden Ton in seiner Stimme, aber jetzt schien er den Tränen nahe. «Der Hund ist tot.»

«Sie waren bis gestern eng miteinander befreundet?»

«Nein», sagte Bezuur. «Wir verloren den Kontakt. Er ging seiner Wege, ich meiner. Ich habe jetzt ein großes Geschäft und keine Zeit, auf dem Straßenmarkt zu stehen, aber es hat mir früher viel Spaß gemacht.»

«Seit wann sind Sie beide Ihre eigenen Wege gegangen?»

«Waschpieltas fürne Rolle?» sagte Bezuur. Und mehr kriegten sie für eine Weile nicht aus ihm heraus. Er weinte jetzt und hatte noch eine Flasche geöffnet, von der er die Hälfte auf den Fußboden verschüttete. Der Anfall dauerte einige Minuten.

«Verscheiung», sagte Bezuur.

«Schon gut», sagte der Commissaris und rieb sich die Beine. «Wir verstehen. Und es tut mir leid, daß wir Sie belästigen.»

«Was haben Mijnheer Rogge und Sie an der Universität studiert?» fragte Grijpstra. Bezuur schaute auf, er schien sich wieder ein wenig gefaßt zu haben und sprach jetzt wieder deutlicher.

«Französisch. Wir haben Französisch studiert.»

«Aber Sie waren nicht so gut in Sprachen. Sagten Sie das nicht?» fragte der Commissaris.

«Aber auch nicht zu schlecht», sagte Bezuur. «Gut genug. Französisch ist eine logische Sprache, eine sehr exakte. Vielleicht hätte ich Naturwissenschaften vorgezogen, aber das hätte die Trennung von Abe bedeutet, wozu ich damals nicht bereit war.»

«Haben Sie hart studiert?»

«Auf die gleiche Art und Weise, wie wir das Gymnasium absolvierten, ich jedenfalls. Abe war enthusiastischer. Er las alles, was er in der Universitätsbibliothek finden konnte; er fing mit dem obersten Regal links an und hörte mit dem untersten rechts auf. Wenn ihn die Bücher nicht interessierten, blätterte er darin und las ein bißchen hier und da ein bißchen, aber häufig las er das ganze Buch. Ich las nur, was er für mich aussuchte, Bücher, von denen er sprach.»

«Und was haben Sie beide sonst noch getan?»

Bezuur starrte auf das Porträt. Der Commissaris mußte die Frage wiederholen.

«Sonst noch? Oh, wir liefen so herum. Und ich hatte damals ein großes Boot; wir segelten auf den Seen. Und wir reisten. Abe hatte einen kleinen Lieferwagen, wir fuhren nach Frankreich und Nordafrika. Und einmal überredete ich meinen Vater, uns eine Passage auf einem alten Trampschiff zu kaufen, das in die Karibik nach Haiti fuhr. Man spricht dort französisch, und ich sagte, wir brauchen diese Erfahrung für unser Studium.»

«Ihr Vater hat auch Abes Passage bezahlt? Hatte Abe nicht selbst Geld?»

«Ein wenig. Deutsche Wiedergutmachung. Die Deutschen zahlten nach dem Krieg, wissen Sie, sie hatten seine Eltern umgebracht. Er bekam eine ganze Menge, Esther ebenfalls. Abe wußte mit Geld umzugehen. Er betrieb nebenbei ein kleines Geschäft. Er kaufte und verkaufte damals antike Waffen.»

«Waffen?» fragte der Commissaris. «Er hatte nicht zufällig einen Morgenstern, oder?»

«Nein», sagte Bezuur, als er die Frage erfaßt hatte. «Nein, nein, Kavalleriesäbel und Bajonette, so etwas. Glauben Sie, daß er mit einem Morgenstern ermordet wurde?»

«Schon gut», sagte der Commissaris. «Hat er Ihnen je auf der Tasche gelegen?»

Bezuur schüttelte den Kopf. «Nein, eigentlich nicht. Er hat die Passage nach Haiti akzeptiert, sich aber in anderer Weise dafür revanchiert. Er verließ sich nur auf sich selbst. Er borgte sich manchmal Geld, zahlte es aber immer fristgemäß zurück, und später, als ich ihm große Kredite gab, zahlte er die vollen Bankzinsen. Die Zinsen waren seine Idee. Ich habe nie welche verlangt, er sagte jedoch, ich hätte ein Recht darauf.»

«Warum hat er nichts von der Bank geliehen?»

«Er wollte nicht, daß seine Transaktionen über die Bücher liefen. Er lieh sich Bargeld und zahlte bar. Er gab vor, ein kleiner Straßenhändler zu sein, der von seinem Marktstand lebte.»

Der Commissaris warf Grijpstra einen Blick zu. Grijpstra stellte die nächste Frage.

«Warum haben Sie beide Ihr Studium aufgegeben?»

Bezuur schaute seine Bierflasche an und schüttelte sie. «Ja, zum Schluß haben wir aufgegeben. Es war Abes Idee. Er sagte, der akademische Grad sei purer Blödsinn, er qualifiziere uns, Schullehrer zu werden. Wir hatten sowieso alles gelernt, was wir wollten. Statt dessen stiegen wir ins Geschäft ein.»

«Auf dem Straßenmarkt?»

«Ja. Ich begann mit Importen aus kommunistischen Ländern. In Rumänien sprechen viele Leute französisch, und wir gingen hin, um zu sehen, was wir auftreiben konnten. Der Ostblock begann in jenen Tagen mit Billigexporten, um an harte Währungen zu gelangen. Man konnte alle möglichen Waren billig ergattern. Sie boten Wolle, Knöpfe und Reißverschlüsse an, also fanden wir uns auf dem Straßenmarkt wieder. Die großen Geschäfte wollten zuerst nicht kaufen, und wir mußten die Ware so loswerden. Wir verdienten gutes Geld, aber dann starb mein Vater und hinterließ mir die Firma für Straßenbaumaschinen, so daß ich umsatteln mußte.»

«Tat es Ihnen leid?»

«Ja», sagte Bezuur und leerte die Flasche. «Es tut mir immer noch leid. Die Entscheidung war falsch, aber mir blieb nichts anderes übrig. In Bulldozern steckt mehr Geld als in bunten Bindfäden.»

«Bedeutete Ihnen Geld viel?»

Bezuur nickte ernst. «Ja.»

«Immer noch?»

Bezuur hörte anscheinend nicht.

«Eine letzte Frage», sagte Grijpstra munter. «Über diese Party gestern abend. Wann fing sie an und wann hörte sie auf?»

Bezuur kratzte sich die Stoppeln auf den aufgeschwemmten Wangen. Die kleinen Augen in den großen Höhlen hatten einen verschmitzten Ausdruck. «Ein Alibi, wie? Und ich weiß nicht einmal, wann Abe ermordet wurde. Zilver hat es mir nicht gesagt. Die Party begann um etwa neun Uhr abends. Ich kann es Ihnen von den Mädchen bestätigen lassen, wenn Sie wollen. Ich muß ihre Namen und Telefonnummern

Er macht sich etwas aus Geld . . .

. . . der Klaas Bezuur. Nun ja, wenn einer Geld gemacht hat, warum sollte er sich nichts daraus machen?

Schließlich macht jeder sich was aus Geld, der eine mehr, der andere weniger, aber kaum jemand nichts. Man kann mit Geld so vieles machen, daß es allerhand ausmacht, ob man es hat oder nicht hat.

irgendwo haben.»

«Callgirls?»

«Ja. Sicher. Nutten.»

Er suchte in den Taschen einer Jacke, die er von der Couch genommen hatte. «Hier, die Telefonnummern, Sie können sie aufschreiben. Die Namen sind selbstverständlich erfunden. Sie nennen sich Minette und Alice, sie gehen ans Telefon, falls Sie sie brauchen. Versuchen Sie es besser morgen, jetzt werden sie schlafen. Ich habe sie heute morgen um fünf mit dem Taxi nach Hause bringen lassen. Jede hat rund viereinhalb Liter Champagner getrunken und dazu mehr als vier Kilo Essen konsumiert.»

Grijpstra notierte die Nummern. «Danke.»

«Verzeihen Sie, Mijnheer», sagte der Konstabel. Er hatte seit einer Weile in der offenen Tür gestanden.

«Ja, Konstabel?»

«Sie werden am Funkgerät verlangt, Mijnheer.»

«Nun, ich denke, wir sind hier fertig», sagte der Commissaris. «Vielen Dank für Ihre Gastfreundschaft, Mijnheer Bezuur. Verständigen Sie mich, wenn Sie meinen, ich sollte etwas erfahren, was Sie noch nicht erwähnt haben. Hier ist meine Karte. Wir möchten den Fall gern lösen.»

«Ich werde Sie benachrichtigen», sagte Bezuur und stand auf. «Weiß Gott, ich werde die ganze Zeit daran denken. Ich habe nichts anderes getan, seit Zilver mich angerufen hat.»

«Ich dachte, Sie hätten hier eine kleine Party gehabt, Mijnheer», sagte Grijpstra mit gleichmütigem Ton.

«Ich kann auch während einer Party nachdenken», sagte Bezuur und nahm die Karte des Commissaris.

«Noch eine Leiche im Recht Boomssloot, Mijnheer», sagte der weibliche Konstabel in der Funkzentrale. «Die Wasserschutzpolizei hat sie gefunden. Sie hing an einem Seil von einem Baum, halb im Wasser und teilweise hinter einem festgemachten Boot verborgen. Die Wasserschutzpolizei hat vorgeschlagen, wir sollten Sie verständigen. Sie hatte die Fernschreibmeldungen über den anderen Mord von gestern abend gesehen. Im gleichen Gebiet, Mijnheer. Brigadier de Gier ist jetzt dort. Er hat Kriminalkonstabel Cardozo bei sich. Sie sitzen im Wagen und warten auf Anweisungen. Möchten Sie mit ihnen sprechen, Mijnheer?»

«Verbinden Sie mich», sagte der Commissaris und schaute düster auf das Mikrofon, das Grijpstra für ihn hielt.

«Cardozo hier, Mijnheer.»

«Wir sind jetzt auf dem Weg zu euch», sagte der Commissaris und nickte dem Konstabel am Steuer zu, der den Wagen startete. Der Konstabel zeigte nach oben und zog die Augenbrauen hoch. «Ja», gab der Commissaris mit einer lautlosen Mundbewegung zu verstehen. Die Sirene begann zu heulen und das Blaulicht zu blitzen, als der Wagen davonschoß. «Kannst du uns in diesem Stadium schon etwas sagen, Cardozo?»

«Brigadier de Gier kennt die tote Person, Mijnheer. Es ist ein alter Mann als Frau verkleidet. War früher mal bei der Polizei, Mijnheer.» Cardozos Stimme war höher geworden, als wolle er eine Frage ausdrücken.

«Ja, ich kenne sie, Cardozo. Wie ist sie gestorben?»

«In seinem Rücken steckte ein Messer, Mijnheer. Er muß hier in einer Telefonzelle ermordet worden sein; wir haben eine Spur gefunden. Er wurde über die Straße gezerrt und in die Gracht geworfen. Der Mörder hat ein kurzes Seil benutzt, es unter den Armen durchgezogen und an einer alten Ulme befestigt. Er ist also nicht durch das Seil umgekommen, sondern durch das Messer.»

«Habt ihr das Messer?»

«Nein, Mijnheer. Aber der Arzt sagt, es sei eine Messerwunde. Hat das Herz von hinten durchbohrt. Ein langes Messer.»

«Wann ist sie gestorben?»

«Der Arzt meint, heute morgen, Mijnheer.»

«Wir werden bald dort sein.»

«Die Wasserschutzpolizei will die Leiche, Mijnheer. Kann sie sie haben? Es ist jetzt ruhig, aber die Krawalle können jeden Augenblick wieder anfangen, und wir versperren die Straße mit unseren Wagen.»

«Ja», sagte der Commissaris müde und schaute auf einen städtischen Linienbus, der versuchte, dem Citroën auszuweichen. Der Konstabel am Steuer bemühte sich, den Bus zu überholen, mehrere Wagen kamen entgegen. Die Sirene heulte unheilvoll direkt über ihnen. Der Commissaris legte dem Konstabel die Hand auf die Schulter, um ihn zurückzuhalten, und der Wagen verlangsamte gehorsam das Tempo.

«Die können die Leiche haben, Cardozo. Ende und aus.»

Grijpstra beobachtete den entgegenkommenden Verkehr und seufzte glücklich, als sich der Citroën wieder hinter dem Bus einordnete.

«Blödmann», sagte er zum Konstabel. «Versuchst du etwa, den großen Held zu markieren?»

Der Konstabel hörte ihn nicht. Der Bus fuhr an den Straßenrand, als er endlich eine Stelle ohne Radfahrer gefunden hatte, und der Citroën preschte wieder los und legte sich scharf auf die Seite.

«Oh, Scheiße», sagte Grijpstra leise.

«Stimmt», sagte der Commissaris.

«Wie bitte, Mijnheer?»

«Das war nicht sehr klug von mir», sagte der Commissaris, «die arme alte Frau zu bitten, wieder Polizist zu spielen. Genausogut hätte ich sie auf der Stelle erschießen können.»

9

«Sie müssen hier aussteigen, Mijnheer», sagte de Gier. Er war in den Wagen gestiegen, nachdem Grijpstra diesen verlassen hatte. «Die Unruhen werden heute wieder losgehen. Ich weiß nicht, was in diese Leute gefahren ist, aber sie rotten sich schon zusammen und heizen sich gegenseitig an. Die Bereitschaftspolizei wird jeden Augenblick hier sein.»

Der Commissaris lehnte sich in den Sitz zurück.

«Nein», sagte der Commissaris so leise, daß de Gier sich zu ihm beugen mußte, um ihn zu verstehen. «Diese Schmerzen. Sie plagen mich schon den ganzen Tag und werden nicht besser. Unruhen, sagst du. Die Bereitschaftspolizei wird es nur noch schlimmer machen. Wir wollen keine Machtdemonstration, Brigadier.»

«Nein, Mijnheer. Aber was können wir sonst tun. Sie werden mit Ziegelsteinen werfen, und auf dem Nieuwmarkt sind Bulldozer, Kräne und Maschinen. Die können innerhalb weniger Minuten ein Vermögen zerstören.»

«Ja», sagte der Commissaris leise.

Ein Zug Bereitschaftspolizei stampfte vorbei. Der Commissaris schüttelte sich.

«Ich hasse dies Geräusch stampfender Stiefel. Wir haben es im Krieg gehört. Immerzu. Ein stupides Geräusch. Wir sollten jetzt klüger sein.»

«Ja, Mijnheer», sagte de Gier. Er beobachtete das graue, müde Gesicht des Commissaris. Ein krampfhaftes Zucken lief über beide Wangen, der Commissaris entblößte seine gelblichen Zähne für einen Augenblick zu einem Lächeln voller Pein. «Es ist wohl besser, wenn du ihn nach Hause bringst, Konstabel», sagte de Gier zum Fahrer. Der Konstabel nickte.

«Gleich», sagte der Commissaris. «Erzähl mir, was passiert ist, Brigadier. Ist die Leiche noch hier? Konntest du schon alles für den morgigen Markt arrangieren?»

«Darum werden wir uns im Laufe des Tages kümmern, Mijnheer. Ich war zu Hause, als die Wasserschutzpolizei anrief. Ich bin gleich gekommen. Cardozo rief zufällig an, als ich gerade gehen wollte, also ist auch er rausgekommen. Ich habe die Leiche zum Leichenschauhaus bringen lassen. Hier gibt es möglicherweise bald wieder Straßenkrawalle, und ich wollte nicht, daß man auf ihr herumtrampelt. Cardozo sagte, Sie seien einverstanden. Er hat über Funk mit Ihnen gesprochen.»

«Ja, ja. Hast du etwas herausgefunden? Und hast du Juffrouw Rogge heimgebracht?»

«Esther Rogge sollte jetzt zu Hause sein, Mijnheer, sie ist mit dem Bus gefahren.»

«Sie war die ganze Nacht in deiner Wohnung, de Gier?»

«Ja, Mijnheer.»

«Aha. Und die Leiche, hast du irgendwelche Spuren gefunden?»

«Nur was Cardozo Ihnen sicherlich schon gesagt hat, Mijnheer. Er ist mit einem Messer ermordet worden. Ich denke, er hat versucht, Sie telefonisch zu erreichen, dort drüben von der Zelle aus. Es muß heute sehr früh gewesen sein, etwa um vier, sagte der Arzt. Vielleicht hat er hier den Mörder auf der Straße umhergehen sehen. Vielleicht dachte er, verkleidet als alte Frau sei er sicher. Er ist in die Telefonzelle gegangen und hat ein Messer in den Rücken gekriegt.»

«Ja», sagte der Commissaris. «Sie hat versucht, mich anzurufen, ist aber nicht mehr dazu gekommen. Arme Elisabeth. Sie muß meine Nummer gewählt haben, als der Mörder sie erstach. Elisabeth war eine ‹sie›, de Gier, du solltest von ihr nicht von ‹ihm› sprechen. Sie war eine nette alte Frau und mutig dazu. Ich hätte sie nie bitten sollen, uns zu helfen. Sie hätte in der vergangenen Nacht im Bett liegen sollen mit Tabby, um ihr die alten Füße zu wärmen.»

«Sie war nicht im Bett», sagte de Gier. «Sie war hier und beobachtete, wie der Mörder zum Tatort zurückkehrte. Und ich hätte ebenfalls hier sein sollen. Und Grijpstra. Sie wurde aus der Telefonzelle zum Wasser geschleppt; wir fanden Blutspuren auf dem Kopfsteinpflaster. Der

Mörder konnte sich soviel Zeit lassen wie er wollte. Er hat die Leiche nicht einfach hineingeworfen. Wenn er das getan hätte, wäre sie wieder an die Oberfläche gekommen und ziemlich schnell entdeckt worden. Er hat sie mit einem Stück Seil verschnürt. Es ist erstaunlich, daß die Wasserschutzpolizei sie so schnell gefunden hat. Sie war zwischen der Ufermauer und dem Hausboot dort drüben gut versteckt.»

«Dir ist also nichts Besonderes aufgefallen? Abgesehen von den Blutspuren?»

«Doch, Mijnheer. Die Knoten in dem Seil. Das waren fachmännische Knoten eines Seemanns oder eines erfahrenen Fischers. Dabei fällt mir ein, Mijnheer . . .»

«Ja?»

«Ich glaube, ich weiß ein wenig mehr über die mit Stacheln gespickte Gummikugel, mit der Abe Rogge ermordet wurde.»

«Schieß los.»

«Ich habe mal gesehen, wie ein paar Kinder mit einem Ball spielten, der an einem Gummiband befestigt war. Das Gummiband wurde von einem Gewicht gehalten, das auf der Straße stand. Ich denke, die Kugel, mit der Rogge umgebracht wurde, war ebenfalls an einem Band befestigt. Der Mörder hat sie nachher damit eingeholt, womit erklärt ist, warum wir sie nicht gefunden haben. Und ich glaube, der Mörder stand nicht auf der Straße; er befand sich auf dem Dach des alten Hausboots, das gegenüber Rogges Haus festgemacht ist. Vielleicht hatte er sich hinter dem Schornstein versteckt. Sie können den Schornstein dort drüben sehen, Mijnheer.» De Gier zeigte hinüber zur anderen Seite vom Recht Boomssloot.

«Ja», sagte der Commissaris. «Deshalb hat ihn auch die Bereitschaftspolizei auf der Straße nicht gesehen. Das meinst du doch, nicht wahr? Aber auch auf dieser Seite der Gracht haben Bereitschaftspolizisten patrouilliert. Hätten die ihn nicht sehen müssen?»

«Er muß sehr schnell gewesen sein, Mijnheer. Er hat sich im Hausboot versteckt, ist im richtigen Moment durch eines der Fenster gekrochen, hat die Kugel geworfen, sie wieder eingeholt, ist durch das Fenster zurückgekrochen und später verschwunden, als die Polizisten am anderen Ende der Straße waren. Sie haben ihn einfach passieren lassen. Er sah vermutlich wie ein gewöhnlicher Bürger aus und nicht wie ein Krawallmacher. Ich nehme an, sie hielten ihn für jemand, der in der Straße wohnt und einkaufen gehen will.

«Der Mörder könnte auch eine Frau gewesen sein», sagte der Commissaris. «Abe Rogge hatte viele Freundinnen. Eine eifersüchtige oder gedemütigte Frau. Zwei von ihnen soll ich heute aufsuchen. Du hast mir Namen und Adressen gegeben, erinnerst du dich? Ich bin sicher, beide sind jung und kräftig und fähig, eine Kugel zu werfen.»

De Gier schüttelte den Kopf.

«Du glaubst nicht, daß der Mörder eine Frau gewesen sein könnte, Brigadier?»

«Es könnte sein, Mijnheer. Warum auch nicht? Aber mir ist die tödliche Treffsicherheit der Kugel unbegreiflich. Auch vom Dach des Hausboots dort ist die Entfernung ziemlich groß, und die Kugel traf Rogge mitten ins Gesicht. Wenn die Kugel nun abgeschossen worden wäre – ich glaube, wir haben es mit einer Höllenmaschine zu tun, Mijnheer.»

Der Commissaris verzog das Gesicht.

«Nun, es könnte doch sein, nicht wahr, Mijnheer?»

Der Commissaris nickte.

«Aber eine Maschine, die eine Kugel wirft oder abschießt, macht ein Geräusch. Oder wurde dazu vielleicht eine Feder verwendet? Oder möglicherweise eine Armbrust? Aber dann würde es immer noch eine Art von Schwirren geben. Ein relativ lautes Geräusch, würde ich sagen. Die patrouillierenden Konstabel würden es gehört haben.»

«Eine Person auf dem Dach eines Hausboots, die mit irgendeiner Vorrichtung hantiert, die seltsame Geräusche von sich gibt, während die Bereitschaftspolizei in der Nähe ist . . .» Die Stimme des Commissaris klang zweifelnd.

«Vielleicht hat es sich anders zugetragen», stimmte Grijpstra zu.

«Aber ich bin deiner Meinung, daß die Kugel an einem elastischen Band hing», sagte der Commissaris. «Der Gedanke war sehr klug, Brigadier. Du bist richtig eingestiegen und solltest jetzt auf dieser Linie der Beweisführung weitermachen. Ich werde dir dabei helfen. Und Grijpstra und Cardozo sollten das auch tun. Es ist vermutlich ganz einfach. Alles ist einfach, sobald man es begriffen hat.» Wieder verzog er das Gesicht.

«Ist da was komisch, Mijnheer?»

Der Commissaris stöhnte und rieb sich die Oberschenkel. «Ja. Ich dachte an etwas, was neulich passiert ist. Meine Frau hatte so einen neumodischen Klappstuhl gekauft und mitgebracht. Sie hatte vergessen, wie er funktioniert. Ich habe eine Weile daran herumgefummelt, mir aber nur die Hand gequetscht. Dann kam die Tochter des Nachbarn. Sie ist geistig zurückgeblieben, aber ihr Mangel an Verstand hat sie nicht davon abgehalten, sich an dem verdammten Klappstuhl zu versuchen, und im Handumdrehen stand er da. Ich bat sie, mir zu zeigen, wie sie es gemacht hatte, aber sie wußte es nicht. Offensichtlich konnte sie ein Problem nur dann schnell lösen, wenn sie nicht darüber nachdachte.»

«Sie meinen, diese Mordvorrichtung ist wie Ihr Klappstuhl, Mijnheer?»

«Vielleicht», sagte der Commissaris. «Vielleicht sollten wir uns einfach auf das Problem konzentrieren, und die Lösung taucht dann plötzlich auf. Zum langen Nachdenken haben wir nicht viel Zeit.»

«Ja», sagte de Gier. «Sie sehen schlecht aus, Mijnheer, sollten Sie nicht nach Hause gehen?»

«Ja, ich geh jetzt auch heim. Ich möchte, daß du irgendwann heute nachmittag oder abend zwei Frauen überprüfst. Grijpstra hat Namen und Telefonnummern. Beide sind Callgirls und waren seit etwa neun Uhr gestern abend bis fünf Uhr heute früh bei Klaas Bezuur. – Grijpstra!»

Grijpstra kam herangeschlendert.

«Mijnheer?»

«Ich gehe für eine Weile nach Hause, ich fühle mich nicht gut. Ruf die beiden Damen an, die wir heute noch aufsuchen müssen. Verabrede dich für den späten Nachmittag oder den Abend. Sobald du die Verabredungen getroffen hast, kannst du dich mit meinem Fahrer in Verbindung setzen, damit er dich abholt und zu mir bringt. Es wäre am besten, wenn das eine Mädchen vor und das andere nach dem Abendessen zur Verfügung steht. Dann können wir irgendwann miteinander essen. Ich möchte mich revanchieren, weil ich dich heute gerufen habe.»

Grijpstra nahm sein Notizbuch und schrieb Namen und Adressen der beiden Mädchen auf.

«Ja, Mijnheer. Das waren Freundinnen von Mijnheer Rogge, stimmt's, Mijnheer?»

«Stimmt.»

«Konstabel», rief der Commissaris.

«Mijnheer.»

«Nach Hause», flüsterte der Commissaris. Mehr konnte er nicht sagen. Er wurde fast ohnmächtig vor Schmerzen.

Grijpstra entdeckte de Gier, der einen Baumstamm betrachtete. Der geschmeidige Körper des Brigadiers schwankte leicht, als er da stand, die Hände auf dem Rücken verschränkt, trübsinnig die grüne Rinde der Ulme anstarrend.

Cardozo beobachtete den Brigadier ebenfalls. «Störe ihn nicht», sagte Cardozo und hielt Grijpstra zurück. «Er ist beschäftigt. Er schwankt. Guck mal.»

«Ja, du hast recht», sagte der Adjudant.

«Ist er etwa Jude?» fragte Cardozo.

«Nicht daß ich wüßte», sagte Grijpstra. «Doch, ja, ich glaube, er hat mir mal gesagt, daß er eine jüdische Großmutter hat.»

«Siehst du», sagte Cardozo, «er ist Jude. Wenn seine Großmutter jüdisch war, dann war es auch seine Mutter, und deshalb ist er ein Jude. Es geht über die weibliche Linie, was sehr weise ist. Niemand weiß genau, wer sein Vater war, aber man kann sicher in bezug auf die Mutter sein. Und Juden schwanken, sie wiegen sich immer. Das heißt, wenn sie ein Problem haben oder sich auf etwas konzentrieren. Sie tun es auch beim Beten. Vor und zurück, vor und zurück. Eine seltsame Angewohnheit, nicht wahr?»

«Nein», sagte Grijpstra. «Der Brigadier ist ein einfacher Mensch, genau wie ich. Er schwankt, weil ihm danach zumute ist. Und nicht, weil er jüdisches Blut in den Adern hat. Vielleicht hat er gar keins, vielleicht hat ein anderer mir erzählt, daß er eine jüdische Großmutter habe.»

«Die Niederlande hatten nur einen Philosophen», sagte Cardozo, der sehr langsam sprach und jede Silbe deutlich artikulierte. «Spinoza. Er war Jude und hat nicht einmal in Holländisch geschrieben, sondern in Latein.»

«Warum hat er nicht auf holländisch geschrieben?»

«Er konnte nicht. Hast du schon mal versucht, subtile Gedanken auf holländisch auszudrücken?»

«Ich habe nie subtile Gedanken», sagte Grijpstra, «aber es wird Zeit, daß wir welche haben.»

«Ja», sagte de Gier und hörte auf, sich zu wiegen. «Es wäre besser, du tust ausnahmsweise mal etwas Produktives, Cardozo, anstatt die Überlegenheit deiner Rasse zu beweisen. Der Commissaris möchte, daß du mir hilfst.»

Er erläuterte seine Theorie über die Waffe.

«Eine Kugel und ein elastisches Band», sagte Cardozo. «Ja.»

«Wie konnte man damit also aus größerer Entfernung Rogge mitten ins Gesicht treffen?»

Cardozo verschränkte die Hände auf dem Rücken, schloß die Augen und begann, sich zu wiegen. Nach einer Weile öffnete er die Augen wieder.

«Ich werde es dir sagen, Brigadier, wenn ich es weiß. Es wird mir einfallen. Aber nicht, wenn du mich drängst.»

«Bah», sagte de Gier. Er erinnerte sich, wie er den Wasserschutzpolizisten geholfen hatte, die nasse Leiche der alten Frau aus der Gracht zu ziehen. Er erinnerte sich auch an den Gesichtsausdruck der Leiche. Sie war ermordet worden, als sie versuchte, irgendeine Information weiterzugeben. Das Gesicht hatte einen eifrigen und sogar friedlichen Ausdruck gehabt. Sie wollte gerade den Commissaris sprechen, ihren alten und engen Freund. Sie hatte kokett ausgesehen. Kokett und eifrig.

Grijpstras Hand lag auf der Schulter des Brigadiers.

«Gehen wir», sagte Grijpstra. «Wir beide haben noch einiges zu erledigen. Du mußt zwei Nutten überprüfen und ich einige nette Damen anrufen. Aber wir haben noch etwas Zeit. Hör auf, den Baum anzustarren, er hat dir nichts zu sagen. Stell dir mal vor, man knüpft eine Leiche an einen Baum und wirft sie dann ins Wasser. Ich gehe einen trinken, kommst du mit?»

«Kann ich auch mitkommen?» fragte Cardozo.

«Nein. Du bist zu jung. Wir werden eine Freundin von mir besuchen, und du wirst kaum noch arbeiten können, wenn du sie gesehen hast. Du brauchst deine Kräfte für morgen. Werdet ihr beide nicht morgen als Straßenhändler auftreten?»

«Dann kann auch de Gier nicht mitgehen», sagte Cardozo. «Er wird ebenfalls Straßenhändler spielen.»

«Du hast recht», sagte Grijpstra. «Ich werde allein gehen.»

«Nellie?» fragte de Gier.

«Ja.» Grijpstra grinste. «Ich werde sie allein besuchen. Sie wird meine Laune verbessern. Das ist vielleicht ein Tag. Noch eine Leiche. Zwei Leichen zuviel. Amsterdam ist eine ruhige Stadt. Die Niederlande haben die niedrigste Verbrechensrate der Welt. Du hast diese Vorlesung ebenfalls gehört, nicht wahr? Dieser Trottel sollte jetzt hier sein. Blöder glatzköpfiger Zwerg. Ich kann Kriminologen nicht ausstehen. Statistiken sind alles, was sie kennen. Als der kleine Junge voriges Jahr vergewaltigt und abgeschlachtet wurde, sagte er, der Prozentsatz der Kinder, die von Notzuchttätern ermordet werden, ist so gering, daß er fast unbedeutend ist. Erinnerst du dich, wie der Junge aussah, als er gefunden wurde?»

«Laut Statistik werden wir dieses Jahr noch fünf Leichen haben», sagte Cardozo. «Dagegen können wir nichts unternehmen. Es passiert einfach.»

«Zum Teufel mit euch beiden», sagte Grijpstra und stapfte davon.

De Gier lief ihm nach.

«He!» rief Cardozo.

«Er wird nicht allein trinken gehen», rief de Gier zurück. «Hole mich morgen früh um halb neun ab und sorge dafür, daß der Lieferwagen in Ordnung ist und du die Ware hast.»

«Ja, Brigadier», sagte Cardozo laut. «Ich hoffe, du erstickst an deinem Drink», fügte er leise hinzu.

10

«Hallo», sagte de Gier.

«Hallo-ho», antwortete eine schmeichelnde Stimme.

«Minette?»

«Ja, Liebling.»

«Ich bin nicht dein Liebling», sagte de Gier und sah Nellie stirnrunzelnd an, die ihn vom anderen Ende der kleinen Bar aus beobachtete. Nellie lächelte entzückt und Grijpstra grinste. Grijpstra hatte die Jacke ausgezogen und die Krawatte abgelegt und saß in der Ecke des Raums an einem Fenster, das er geöffnet hatte. Es gab den Blick frei auf einen kleinen Hof, wo auf einer Mauer eine Reihe Spatzen herumlungerte, die winzigen Schnäbel offen und die Flügel halb ausgebreitet. Grijpstra schnaufte und wischte sich das Gesicht mit einem großen, schmutzigweißen Taschentuch ab. Er sah glücklich aus, trotz der Hitze. Er hatte die Verabredungen mit den beiden Freundinnen von Abe Rogge getroffen und würde bald den Commissaris abholen. Und inzwischen hatte er nichts zu tun, außer de Gier zuzusehen.

«Ich bin nicht dein Liebling», sagte de Gier. «Ich bin Kriminalbrigadier de Gier, städtische Polizei Amsterdam, und werde dich aufsuchen, um ein paar Fragen zu stellen. Es ist nicht ernst, reine Routine.»

«Polizist?» fragte die schmeichelnde Stimme. «Das sind auch Lieblinge. Ich habe einen netten Kunden, der Polizeioffizier ist. Vielleicht bist du wie er. Wann kommst du, Liebling? Jetzt gleich?»

«Jetzt gleich», sagte de Gier und verzog das Gesicht am Telefon, «und deine Freundin Alice möchte ich ebenfalls sprechen. Würdest du sie bitten, zu dir zu kommen? Ich habe ihre Telefonnummer hier, und die ersten drei Ziffern sind die gleichen wie deine. Sie muß in deiner Nähe wohnen.»

«Aber gewiß», sagte Minette. «Sie wohnt im selben Haus, zwei Treppen höher. Ich werde sie bitten zu kommen, dann machen wir für dich eine Doppelnummer.»

«Nein», sagte de Gier, «nur keine unnötigen Anstrengungen, meine Liebe. Ich möchte nur ein paar einfache Antworten auf ein paar einfache Fragen. Ich bin in fünfzehn Minuten bei dir. Zieh dir etwas an.»

Grijpstra kicherte. De Gier machte eine Handbewegung, um ihn zum Schweigen zu bringen.

«Was soll ich anziehen, Liebling? Ich habe eine schicke Uniform mit blanken Knöpfen und Lederstiefeln und mit einer kleinen Peitsche. Oder wäre es dir lieber, wenn ich mich in Spitze werfe. Oder soll ich vielleicht mein schwarzes Abendkleid anziehen. Es hat einen schönen Reißverschluß und fällt herab, wenn du . . .»

«Nein!» De Gier schrie fast. «Wie ist die Adresse?»

«Alkemalaan fünf-null-drei, Liebling, aber du mußt mich nicht so anschreien.» Die Stimme triefte immer noch von Liebenswürdigkeit.

«Bis gleich», sagte de Gier.

«So ein Idiot», sagte sich Minette, als sie geziert den dunkelroten Hörer auf das Telefon auf ihrem Nachttisch legte, «und grob dazu. Was will der eigentlich? Der will sich doch nicht etwa Nutten aufreißen? Der andere Polizist hat auch gesagt, er wolle Fragen stellen, aber er ist wegen der üblichen Sache gekommen und über Nacht geblieben. Das sind alles Idioten.»

«Guten Tag», sagte de Gier. «Ich bin Brigadier de Gier. Ich habe vor etwa einer Viertelstunde angerufen. Bist du Minette?»

«Nein, Süßer», sagte die kleine Frau. «Ich bin Alice. Minette wartet drinnen auf dich. Komm rein, Schatz.»

Sie legte eine Hand auf seinen Arm und zog sanft. «Herrje», seufzte sie, «bist du aber hübsch!»

«Ja», sagte de Gier, «ich bin ein schöner Mann.» Er sah in die lächelnden Augen und stellte fest, daß sie grün waren. Katzenaugen. Das Gesicht war dreieckig wie das einer Gottesanbeterin. Er hatte eine Farbaufnahme von einer Gottesanbeterin in einem Buch gesehen, das er in der Öffentlichen Bücherei gefunden hatte. Das Insekt hatte grausig attraktiv ausgesehen, die Verkörperung einer unbewußten Furcht mit reizendem Gesicht, aber langen Armen und Klauen. Ein Raubinsekt, hatte der Text zum Bild gelautet. Ein Wesen, vor dem man sich in acht nehmen muß.

Das Mädchen drehte sich um, und er folgte ihm in den kleinen Korridor. Ein kleines Mädchen, kaum größer als ein Meter fünfzig, aber wohlgeformt und hübsch gekleidet in kurzen Samthosen und weiter, fließender Bluse. Die nackten Füße waren winzig. Ein Kobold, ein stolzierender Kobold. Er schätzte die Frau auf Ende Zwanzig, aber ihr glattes Gesicht zeigte noch keine Spuren von Verlebtheit. Vielleicht war sie noch nicht zu lange in dem Gewerbe. Er bewunderte den runden, strammen Hintern und das zu einem Knoten aufgesteckte schwarze, glänzende Haar.

«*Das* ist nun Minette», sagte Alice, drehte sich um und trat einen Schritt zurück, um ihn vorangehen zu lassen. «Hier hast du deinen Brigadier, Minette.»

«Oha», sagte Minette, «ist er nicht reizend?»

De Gier fühlte sich erleichtert. Minette war nichts Besonderes. Ein molliges Mädchen, ziemlich breit in den Hüften und mit einem angemalten Puppengesicht. Sie saß auf einer niedrigen Liege und hatte sich einen Umhang über die Schultern geworfen, der eine Brust freiließ. De Gier schauderte es unmerklich. Die Brust sah aus wie der Wackelpudding, den seine Mutter immer an Geburtstagen servierte. Er kam immer auf einen weißen Teller und triefte von dicker Sahnesoße.

«Zieh die Jacke aus, Brigadier», sagte Minette mit der gleichen Stimme wie am Telefon. «Du warst so abrupt, als du angerufen hast. Entspanne dich, dazu ist das hier ja da. Trink etwas, komm und setz dich zu mir. Was möchtest du? Hol ihm ein Bier, Alice. Wir haben schön kaltes Bier im Kühlschrank.»

«Nein», sagte de Gier. «Ich möchte nichts trinken. Ich bin im Dienst. Danke.»

«Nimm eine Zigarre», sagte Minette. «Haben wir noch diese langen, dicken Zigarren, Alice? Sie waren in der großen Dose mit dem Indianer auf dem Deckel, weißt du?»

Alice brachte die Dose, öffnete sie und stellte sie auf einen niedrigen Tisch neben dem Sessel in der Ecke, den de Gier sich ausgesucht hatte, weil er ihn für den sichersten Platz im Zimmer hielt. Sie setzte sich auf den Teppich, in Reichweite seines Beins.

«Du nimmst doch eine Zigarre, nicht wahr, Brigadier?»

«Ja», sagte de Gier. «Gern.»

Die kleine weiße Hand berührte die Dose, glitt darüber hinweg und suchte eine Zigarre aus. Sie streichelte sie, sah ihn schmachtend an, pellte rasch die Plastikhülle ab und leckte das eine Ende, wobei ihre Zungenspitze blitzschnell vorschoß und wieder verschwand. Sie zeigte ihre kleinen, gleichmäßigen Zähne, als sie sah, daß er sie beobachtete. Sie senkte langsam die langen Wimpern und steckte sich dann mit einem schalkhaften Lächeln die Zigarre in den Mund, drehte sie um und biß das Ende ab.

«Bitte, Brigadier.» Sie zündete ein Streichholz an.

«Ja», sagte de Gier, «danke. Wie wir hörten, seid ihr beiden gestern nacht bei einem Mijnheer Bezuur gewesen.»

«Es ist heiß hier», sagte Alice. «Die Klimaanlage ist im Eimer. Die fummeln immer daran herum, aber sie funktioniert nie, wenn man sie braucht. Du solltest dir eine neue anschaffen, Minette. Macht es dir etwas aus, wenn ich meine Bluse ausziehe, Brigadier?»

Sie zog sie aus, ehe er etwas sagen konnte. Sie hatte nichts darunter an. Die Brüste waren hübsch, sehr klein und fest. Sie streckte sich und löste den Knoten, so daß das Haar über die Schultern floß; sie legte die Strähnen so, daß ihre Brustwarzen bedeckt waren. De Gier starrte.

«Ja», sagte er. «Hier drin ist es ziemlich heiß. Draußen auch. Da nützt es nicht viel, die Fenster zu öffnen. Wie lange seid ihr also gestern bei Mijnheer Bezuur gewesen? Erinnert ihr euch an die genauen Zeiten? Wann seid ihr in seinem Haus gewesen und wann gegangen?»

«Bezuur?» fragte Alice. «Wer ist Bezuur?»

«Das ist selbstverständlich Klaas», sagte Minette. «Der fette Kerl. Du hast die ganze Nacht mit ihm herumgemacht. Erinnerst du dich jetzt?»

«Oh», sagte Alice, «das Schweinekerlchen. *Du* hast mit ihm herumgemacht, ich nicht. Ich habe nur getanzt, während er gegessen und getrunken hat. Er hat einen ganzen Schinken gegessen. Bah. Ich bin froh, daß er *mich* nicht betatscht hat. Warum ziehst du nicht ein paar Sachen aus, Brigadier? Ich kann auf deinem Schoß sitzen, du wirst mein Gewicht kaum spüren.»

«Ihr braucht mich hier nicht», sagte Minette und schmollte. «Wollt ihr, daß ich ins andere Zimmer gehe?»

«Nein», sagte de Gier schnell, «nein, nein. Bleib nur hier, außerdem ziehe ich nichts aus. Verdammt noch mal, könnt ihr beiden nicht eine einfache Frage beantworten? Wann seid ihr bei ihm angekommen und wann gegangen?»

«Na, na», sagte Alice und rückte näher. «Sei doch nicht so spröde, Brigadier. Wir wollen kein Geld von dir, du bist hier sicher. Niemand wird etwas dagegen haben, wenn du für eine Stunde bleibst. Heute ist nicht der richtige Tag zum Arbeiten, nicht wahr?»

«Wann . . .» sagte de Gier und erhob sich halb aus dem Sessel.

«Wir sind gestern abend gegen neun dort gewesen und heute früh wieder gegangen. Etwa um fünf, glaube ich. Ein Taxi hat uns nach Hause gebracht.»

«Und Bezuur war die ganze Zeit bei euch?»

«Sicher.»

«Habt ihr nicht zwischendurch geschlafen?»

«Er war da, während ich schlief», sagte Minette. «Direkt neben mir.»

«Bestimmt?»

«Ja. Er hat sein fettes Bein auf mich gelegt; ich konnte es nicht wegschieben. Mein Fuß ist dabei eingeschlafen, so daß ich ihn massieren mußte.»

De Gier schaute nach unten. Alice war an ihn herangerückt und rieb sich jetzt an seinem Bein.

«Ja», sagte sie, «er war da. Ich habe eine Weile auf der Couch geschlafen, ihn aber gesehen, als ich wach wurde. Er war da, genauso wie du jetzt hier bist. Lehn dich zurück, Brigadier. Ich werde mich auf deinen Schoß setzen.»

«Nein», sagte de Gier und stand auf.

Sie folgte ihm zur Tür. Er stand mit dem Rücken an der Wand und hielt sein Notizbuch.

«Ich brauche den vollen Namen von dir und Minette. Ich muß einen Bericht schreiben.»

«Ist das Schweinekerlchen irgendwie in Schwierigkeiten?» Alice stand wieder dicht vor ihm.

«Eigentlich nicht. Wir wollen nur wissen, wo er gestern abend war.»

Sie wartete, während er seine Notizen machte, und gab ihm die Namen und Geburtsdaten.

«Beruf?» fragte de Gier.

«Das weißt du doch!» sagte Alice. «Wir sind Callgirls.»

«Prostituierte», schrieb de Gier. «Ich muß jetzt gehen. Danke für die Auskunft.»

«Komm wieder», flüsterte Alice schnell. «Ich wohne zwei Treppen höher, Nummer fünf-sieben-vier. Ruf mich vorher an. Ich werde dir kein Geld abknöpfen.»

«Bestimmt», sagte de Gier und schlüpfte zur Tür hinaus.

«Das könnte dir so passen», sagte er wenig später und schob brutal den Ganghebel vom Volkswagen nach vorn. Das könnte der verdammt so passen, einen Polizisten als Freund, der ihr notfalls aus der Patsche hilft. Aber sie hat mich scharf gemacht, die kleine Nutte. Genau das Richtige für einen Tag wie heute.

Er mußte an einer Ampel halten und beobachtete mürrisch einen Mercedes, der neben ihn gefahren war. Hinten im Wagen saßen zwei Männer in mittleren Jahren, gekleidet mit Anzug und Krawatte. Beide rauchten Zigarre. De Gier sah, wie einer eine kleine Rauchwolke ausstieß, die sofort verschwand, weggesaugt von der Klimaanlage des Wagens. Er betrachtete den feuchten Stummel seiner eigenen Zigarre, warf ihn aus dem Fenster und sah die Funken sprühen, als er auf den Asphalt fiel. Der Fahrer des Mercedes blinzelte ihm zu. Er hatte die Mütze nach hinten geschoben und lockerte seine Krawatte.

«Heiß, wie?» fragte er.

De Gier nickte.

Die beiden Männer hinten im Wagen lachten über irgendwas.

«Ihre Fahrgäste haben es kühl genug», sagte de Gier.

«Die haben es kühl», sagte der Fahrer und deutete mit dem Daumen auf die Glastrennscheibe. «Ich nicht.»

Die Ampel sprang um, der Mercedes beschleunigte.

«Protze», dachte de Gier. «Zwei Protze und ein kleiner Tölpel, der mit ihnen herumflitzt.»

Er dachte wieder an Alice. Grijpstra hatte seine Nellie. Er zwang sich, an etwas anderes zu denken. Er sah die stachelige Kugel und versuchte, sich ihren Flug in Richtung auf Abe Rogges Gesicht vorzustellen. Jemand lenkte die Kugel mit einem Apparat. Aber was war es? Er versuchte, sich diesen Apparat vorzustellen, aber das Bild verschwamm, als er sich darauf konzentrierte.

11

Der Commissaris sah die junge Frau an, die mit roten Augen auf einem Stuhl mit hoher Rückenlehne saß und einen Fleck an der Tapete betrachtete. Sie hatten auf alle Höflichkeitsfloskeln verzichtet, er würde jetzt den Anfang machen müssen.

«Man hat uns informiert, daß Sie mit Abe Rogge befreundet waren, Juffrouw. Vielleicht können Sie uns etwas über ihn erzählen. Für jede Information sind wir dankbar. Wir wissen ein wenig darüber, wie er war, aber nicht genug. Jemand hat sich viel Mühe gemacht, um ihn umzubringen. Gewöhnlich besteht eine starke Beziehung zwischen Mörder und Opfer. Vielleicht können Sie uns helfen herauszufinden, was die beiden miteinander verband.»

«Ja», sagte die Frau und schniefte. «Ich verstehe. Armer Abe. Wie ist er gestorben? Ich habe es erst erfahren, als mich die Polizei heute morgen angerufen hat. Ich habe nicht gewagt, Esther anzurufen. Sie muß sehr verstört sein.»

Grijpstra gab ihr eine gekürzte Fassung von dem, was die Polizei wußte. Die blutigen Einzelheiten ließ er aus.

«Schrecklich», sagte die Frau.

Schließlich hatte sie sich wieder gefangen. Ihre beiden Besucher sahen harmlos genug aus; sie tranken Kaffee, rauchten Zigarren und schnippten die Asche vorsichtig auf die Untertassen. Ihr fiel ein, daß sie keinen Aschenbecher auf den Tisch gestellt hatte. Sie stand auf, um einen zu holen. Die beiden Männer wirkten nicht wie Fremdkörper in der kleinen modernen Wohnung in der obersten Etage des Appartementhauses. Der Commissaris machte Bemerkungen über die Aussicht. Er erkannte einige der Kirchtürme, und wenn er sich irrte, berichtigte sie ihn.

«Ja», sagte sie. «Jetzt verstehe ich. Sie sind zu mir gekommen, weil ich seine Freundin oder vielmehr eine seiner Freundinnen war. Es machte mir nichts aus, jedenfalls nicht sehr viel. Abe konnte charmant sein, er wußte mir zu schmeicheln. Und vielleicht wollte ich ihn auch gar nicht ganz für mich allein. Ich bin einigermaßen zufrieden mit meinem täglichen Leben. Abe hätte es durcheinandergebracht, wenn er ganz darin eingezogen wäre. Es war auch nicht nur Sex; er kam oft, um mit mir über Bücher zu sprechen oder über Filme, die er gesehen hatte, und manchmal ging er mit mir aus.»

«Wie war er?» fragte der Commissaris.

«Verrückt.»

«Wie meinen Sie das, Juffrouw?» fragte Grijpstra.

«Er war verrückt», wiederholte sie.

«In welcher Hinsicht?» fragte der Commissaris. «Er hat doch wohl keine Fratzen geschnitten oder ist auf allen vieren herumgesprungen, oder?»

«Nein, nein. Wie kann ich es nur erklären? Er hatte eine ungewöhnliche Vorstellung von Werten. Die meisten Menschen haben feste Wertvorstellungen oder gar keine. Abe schien seine immerzu zu ändern, aber ohne schwach zu sein. Er dachte von einem Standpunkt aus, den niemand begreifen konnte. Auch ich habe ihn nicht verstanden, und ich habe es oft versucht.»

Der Commissaris hatte sich in seinem Sessel ein wenig vorgebeugt. «Das genügt nicht, Juffrouw. Sie müssen uns schon etwas mehr erzählen. Ich kann den Mann nicht erkennen, wir haben ihn nur als Leiche gesehen, wissen Sie. Sie haben ihn gut gekannt . . .»

«Ja. Ich will es versuchen. Nun . . . er war mutig. Vielleicht ist das der richtige Begriff. Keine Furcht, er fürchtete sich vor nichts. Wenn ihm etwas einfiel, tat er es oder er versuchte, es zu tun – und das meiste davon schien absolut sinnlos zu sein. Er erreichte nichts damit, aber das machte ihm nichts aus. Vielleicht wollte er nichts erreichen. Sie haben von seinem Geschäft gehört, nicht wahr?»

«Glasperlen», sagte der Commissaris, «und Wolle.»

«Ja. Komische Sachen. Er hätte ein großer Geschäftsmann sein können, vielleicht Manager einer großen Firma, aber er zog es vor, Marktschreier zu sein, auf dem Markt in der Albert Cuypstraat. Ich wollte es zunächst nicht glauben, erst als ich mal hingegangen bin. Ein Schausteller, der die armen Hausfrauen hypnotisierte, der ihnen sagte, sie seien kreativ, der die häßlichen Strickjacken und scheußlichen Puppen bewunderte, die sie aus seinem Garn gemacht hatten. Es war rührend mitanzusehen, wie diese albernen, dicken Frauen seinen Stand umlagerten. Und er hätte fast sein Examen in Französisch gemacht. Ich kannte ihn von der Universität; er war der beste Student unseres Jahrgangs, der Stolz der Professoren. Seine Aufsätze waren brillant . . . Alles war originell, was er tat, aber . . .»

«Das hört sich an, als hielten Sie ihn für einen Versager», sagte der Commissaris, «aber anscheinend hatte er großen Erfolg. Sein Geschäft ging gut, er war ein reicher Mann, er reiste viel und war erst Anfang Dreißig . . .»

«Er war ein törichter Mensch», sagte die Frau, die der Commissaris in seinem Notizbuch als Corin Kops führte.

«Es ist nicht so töricht, geschäftlich erfolgreich zu sein», sagte der Commissaris. «Für viele Leute ist das immer noch das wichtigste Ziel.»

«So meinte ich das nicht. Ich meine, er vergeudete seine Talente. Er hätte der Gesellschaft etwas geben können. Die meisten Menschen vegetieren nur dahin wie Pilze. Sie wachsen und beginnen nach einer Weile abzusterben. Sie sind lebende Objekte, aber Abe war viel mehr als das.»

«Ja», sagte der Commissaris und ließ sich zurücksinken. «Durchaus. Sie sagten, Sie und er hätten über Bücher gesprochen. Welche Art von Büchern gefiel ihm?»

Sie spitzte die Lippen, als wolle sie pfeifen. Grijpstra schaute auf seine Uhr. Sein Magen knurrte. Hunger, dachte Grijpstra. Ich habe Hunger. Ich hoffe, er nimmt mich mit in eins dieser Bistros. Ich könnte ein ordentliches Steak und eine gebackene Kartoffel vertragen. Eine große gebackene Kartoffel.

«Bücher ohne eine Moral. Er las einige Reisebücher, geschrieben von Abenteurern. Leute, die nur umherstreiften und ihre Gedanken niederschreiben. Und er mochte surrealistische Bücher.»

«Surrealistische?» rührte Grijpstra sich.

«Es ist eine Philosophie. Surrealistische Autoren gehen tiefer als gewöhnliche Romanschreiber, indem sie Träume und ungewöhnliche Assoziationen verwenden. Sie kümmern sich weder um oberflächliche Logik noch versuchen sie, tägliche Ereignisse zu beschreiben, sondern sie zielen auf die Wurzeln menschlichen Verhaltens.»

«So?» fragte Grijpstra.

Der Commissaris wurde lebhaft. «Wie Nellies Bar, Grijpstra», sagte er und grinste. «Wie das, was du denkst, wenn du angelst oder morgens aufwachst.»

«Wenn ich mich rasiere?» fragte Grijpstra und grinste ebenfalls. «Viel heißes Wasser und Schaum, eine neue Rasierklinge, niemand im Badezimmer, die Tür verschlossen und schwapp, schwapp mit dem Rasierpinsel.»

«Woran denkst du, wenn du dich rasierst?» fragte der Commissaris.

Grijpstra rieb sich kräftig über den kurzhaarigen Schädel. «Schwer zu sagen, Mijnheer.»

Die Frau war mit den schmutzigen Kaffeetassen auf dem Wege zur Küche, blieb aber stehen und drehte sich interessiert um.

«Versuchen Sie, Ihre Gedanken zu beschreiben», sagte Corin Kops.

«Das Meer», sagte Grijpstra. «Meistens denke ich ans Meer, und dabei bin ich nie Seemann gewesen, das ist doch seltsam, meine ich. Aber ich denke ans Meer, wenn ich mich rasiere. An große Wellen und an einen blauen Himmel.»

«Könnten Sie ein Beispiel aus Abes Leben nennen, Juffrouw?» fragte der Commissaris.

«Meinen Sie irgendwas Surrealistisches? Aber sein ganzes Leben war so. Er lebte sogar im Traum, wenn er etwas Praktisches tat. Er gab nie voraussehbare Antworten auf vernünftige Fragen und schien sich immer alles anders zu überlegen. In seinem Leben gab es kein festgelegtes Verhaltensmuster. Der Mann war wie ein nasses Stück Seife.»

Sie klang plötzlich verbittert. Sie schaute den Commissaris verzweifelt an. «Einmal war er nachts hier, es war früh am Morgen. Es stürmte draußen. Die Fenster klapperten, ich konnte nicht schlafen. Ich sah ihn aufstehen und sagte, er solle wieder ins Bett kommen. Ein starker Wind macht mich immer nervös, und ich wollte ihn bei mir haben. Aber er sagte, er werde segeln gehen. Und Louis Zilver erzählte mir später, daß sie beide mit der kleinen Plastikyacht draußen auf dem großen See waren und beinahe ertrunken wären.»

Sie setzte das Tablett ab. «Die Deutschen haben im Krieg Abes Eltern umgebracht, wissen Sie. Die haben sie über die Straße gezerrt, in einen Viehwaggon geworfen und vergast. Aber anscheinend gab er den Deutschen nicht die Schuld; er belegte an der Universität sogar Deutsch als zweite Fremdsprache.»

«Die Deutschen wollten sicherlich auch ihn schnappen», sagte Grijpstra.

«Ja. Aber die SS-Streife verpaßte ihn. Zufällig spielte er an jenem Morgen im Haus eines Freundes. Er gab nicht den Deutschen die Schuld, sondern den Planeten.»

«Planeten?»

«Ja. Er glaubte, daß die Planeten Merkur und Neptun und vor allem Uranus – er war sehr interessiert an Uranus und all den anderen, deren Namen ich vergessen habe – unser Leben kontrollieren. Wenn die Planeten bestimmte Konstellationen bilden, gibt es Krieg auf der Erde. Und wenn sich die Konstellationen wieder ändern, hört der Krieg auf und für eine Weile herrscht Frieden. Er hielt von menschlichem Streben sehr wenig. Er glaubte, wir seien einfältige Geschöpfe, in Bewegung gesetzt von Kräften, die völlig außerhalb unserer Kontrolle liegen. Er hat oft zu mir gesagt, wir könnten nichts dagegen tun, außer vielleicht, nicht gegen das Schicksal anzukämpfen, sondern zu versuchen, sich ihm anzupassen.»

«Aber er war selbst eine sehr aktive Person», sagte der Commissaris.

«Genau. Ich habe das auch zu ihm gesagt, aber er hat nur gelacht und gesagt, seine Aktivität sei nur auf Uranus zurückzuführen, der zum Zeitpunkt seiner Geburt sehr wirksam gewesen sei. Uranus ist der Planet der Veränderung.»

«Ihn traf also bei der Geburt ein kosmischer Strahl, der ihn zu der Art von Person machte, die er war», sagte der Commissaris. «Ich verstehe.»

«Der ließ ihn herumspringen wie ein Eichhörnchen, wie?» fragte Grijpstra.

Sie lachte. «Eher wie einen Affen, einen großen, haarigen, verrückten Affen. Ein Affe mit seltsam glänzenden Augen.»

«Ihr Freund muß ziemlich unzuverlässig gewesen sein», sagte der Commissaris.

Sie nahm das Tablett wieder auf, aber die Bemerkung des Commissaris schien sie zu schmerzen. «Nein. Überhaupt nicht. Er war vertrauenswürdig. Er bezahlte immer seine Schulden und hielt seine Verabredungen ein. Wenn er etwas versprach, hielt er es.»

«Nun, wir müssen ihn noch ein wenig besser kennenlernen», sagte der Commissaris. «Vielen Dank. Wir sind jetzt fertig. Ehe wir gehen, möchte ich Sie nur noch fragen, ob Sie sich daran erinnern, wo Sie gestern nachmittag und abends waren.»

Sie sah erschrocken aus. «Sie verdächtigen doch nicht etwa *mich*?»

«Nicht unbedingt, aber wir möchten es trotzdem gern wissen.»

«Ich war hier, den ganzen Nachmittag und Abend über. Allein. Ich habe an einigen Examenspapieren gearbeitet.»

«Haben Sie jemand gesehen? Mit jemand gesprochen? Hat Sie jemand angerufen?»

«Nein.»

«Haben Sie eine Ahnung, wer Abe Rogge umbringen wollte?»

«Nein.»

«Wissen Sie, *was* ihn umgebracht hat?» fragte Grijpstra.

«Was? Wie meinen Sie das?»

«War es Eifersucht? Rache? Habgier?»

Sie schüttelte den Kopf.

«Tut mir leid», sagte der Commissaris, «mir ist noch eine Frage eingefallen. Sie haben Ihren Freund als eine Art von negativem Supermann beschrieben. Er war nie beunruhigt; er glaubte, nichts sei von Bedeutung; alles gelang ihm; er segelte in Stürmen und kam sicher zurück; er las ungewöhnliche Bücher, noch dazu ausgerechnet in französischer Sprache. War er wirklich so wunderbar? Hatte er überhaupt keine Schwächen?»

Die Gesichtsmuskeln der Frau, die zuvor nervös gearbeitet hatten, entspannten sich plötzlich.

«Doch», sagte sie. «Er hatte seine Schwäche. Einmal hat er in meinen Armen geweint und einmal sich beim Rasieren hier in meinem Badezimmer verflucht. Er hatte die Tür offengelassen, ich konnte ihn hören.»

«Warum?»

«Ich habe ihn beide Male gefragt und die gleiche Antwort erhalten. Er sagte, es sei ganz nah bei ihm, so nah, daß er glaubte, er könne es greifen, aber dann konnte er es nicht.»

«Was?»

«Er sagte, er wisse nicht, was es sei.»

Sie waren schon fast an der Tür, als Grijpstra mit dem Gefühl, daß er nicht sehr hilfreich gewesen war, es noch einmal versuchte. «Wir haben zwei Freunde von Mijnheer Rogge kennengelernt, Juffrouw, Louis Zilver und Klaas Bezuur. Wissen Sie, wie er zu ihnen stand?»

Sie seufzte. «Er war viel mit Louis zusammen. Er brachte ihn sogar zum Abendessen mit hierher. Mijnheer Bezuur kenne ich nicht sehr gut. Abe hat von ihm gesprochen. Ich glaube, sie sind mal Partner gewesen, aber Bezuur hat jetzt sein eigenes Geschäft. Abe hat mich eines Tages mal zu Bezuurs Fabrik mitgenommen oder zu seiner Garage. Ich glaube nicht, daß sie die Maschinen dort herstellen; sie lagern sie nur und leihen sie aus, glaube ich. Schwere Lastwagen und alle möglichen fahrbaren Maschinen für den Straßenbau und für Erdarbeiten und so weiter. Abe hat an dem Nachmittag einen Bulldozer über das ganze Gelände gefahren. Louis war ebenfalls dort; er hatte einen Traktor. Sie sind um die Wette gefahren. Sehr spektakulär. Später kam auch Klaas dazu; er fuhr ebenfalls eine Maschine, eine große Planierraupe. Er jagte hinter ihnen her und gab vor, sie anzugreifen, aber im letzten Augenblick machte er kehrt. Ich habe richtig Angst gehabt.»

«Gab es eine Mißstimmung zwischen Abe und Klaas?»

«Nein, offenbar waren beide getrennte Wege gegangen, aber das war alles. Sie waren sehr herzlich zueinander, als sie sich an dem Nachmittag trafen. Sie umarmten einander, sie schrien und nannten sich beim Spitznamen.»

«Wann war das?»

«Vor einigen Monaten, glaube ich.»

«Hatte er noch andere enge Freunde?»

Sie seufzte wieder. «Er kannte Tausende von Menschen. Immer wenn wir zusammen in der Stadt waren, schien er jede zweite Person zu grüßen. Mädchen, mit denen er geschlafen hatte, Lieferanten, Kunden, irgendwelche Künstler, Bekannte vom Straßenmarkt oder von der Universität oder von Bootsfahrten. Es machte mich nervös, es war, als ob ich einen Fernsehstar begleitete.»

«Vermutlich hat er sie alle irgendwann mal verärgert», sagte Grijpstra düster und hielt dem Commissaris die Tür auf. Corin weinte, als er die Tür hinter sich schloß.

12

«Gehen wir essen», sagte der Commissaris.

«Ewig weinen sie, stimmt's?» sagte Grijpstra. «Oder sie machen nur ein dummes Gesicht wie Tiere, ganz stupide Tiere. Kröten, Schnekken . . .» Er wollte noch mehr stupide und glitschige Tiere nennen, aber der Commissaris unterbrach ihn.

«Schnecken», sagte der Commissaris und lehnte sich auf dem Schaumgummisitz zurück. «Ja, Schnecken. Ich hätte nichts gegen ein paar Schnecken zum Abendessen. Konstabel!»

«Mijnheer», sagte der Konstabel.

«Erinnerst du dich an die alte Windmühle, das Restaurant, zu dem du mich und den Staatsanwalt vor einiger Zeit gebracht hast?»

«Ja, Mijnheer.»

«Wir fahren jetzt hin, das heißt, wenn der Adjudant nichts dagegen hat, Schnecken zu essen.»

Grijpstra machte ein zweifelndes Gesicht. «Ich hab noch nie welche gegessen, Mijnheer.»

«Oh, die werden dir schmecken. Die Franzosen haben sie seit Jahrtausenden gegessen, und die sind angeblich intelligenter als wir. Hast du gesagt, dir sei die Dame stupide vorgekommen?»

«Nicht speziell diese Dame, Mijnheer. Die meisten Menschen benehmen sich stupide, wenn sie mit dem Tod in Berührung kommen.»

«Du meinst, daß du nicht kritisierst, sondern feststellst.»

Grijpstra machte ein beleidigtes Gesicht. «Die Polizei kritisiert nie.»

Der Commissaris streckte den Arm aus und klopfte Grijpstra mit seiner dünnen, fast leblosen Hand auf die kräftige Schulter.

«Stimmt, Adjudant. Du hast deine Lektionen gut behalten. Wir beobachten, verbinden, folgern und nehmen fest. Falls wir können. Der Verdächtige versucht immer davonzukommen, und wenn wir ihn erwischen können, werden uns die Anwälte kritisieren und ihn entschuldigen, und unsere Feststellungen werden zurechtgerückt, damit sie zu dem passen, was die Anwälte sagen, und am Ende weiß keiner wirklich, was geschehen ist oder warum.» Die Hand des Commissaris lag wieder auf seinem Schoß. Plötzlich ballte sie sich zur Faust und schlug auf den Sitz.

«Dies ist ein verrückter Fall, Grijpstra. Ich verstehe nicht, welche Gemeinsamkeiten diese Leute miteinander haben. Nimm zum Beispiel diese Dame, die wir soeben besucht haben. Abe hat mit ihr geschlafen, aber er hat mit einer ganzen Reihe von Frauen geschlafen. Was hat er in ihr gesehen? Besonders attraktiv ist sie auch nicht. Hast du sie für attraktiv gehalten?»

Grijpstras dicke Lippen kräuselten sich verächtlich. Er schüttelte den Kopf. «Nein, Mijnheer. Dünne Beine, keine sehr gute Figur, viele krause Löckchen auf einem runden Kopf. Aber den Geschmack eines Mannes kann man nicht berechnen.»

«Und ihr Verstand?» fragte der Commissaris, aber Grijpstras Gesichtsausdruck änderte sich nicht.

«Ein Bücherwurm, Mijnheer.»

«Stimmt», sagte der Commissaris. «Genau. Sie lebt nach ihren Theorien oder was sie für ihre Theorien hält, nach etwas, was ihr andere Leute und vielleicht einige Bücher eingetrichtert haben. Surrealismus, also wirklich! Und *das* ist angeblich die Verbindung zwischen ihr und unserer Leiche, ein gemeinsames Interesse an französischen surrealistischen Romanen.»

«Sie glauben nicht an Surrealismus, Mijnheer?»

Der Commissaris zuckte die Achseln und schaute zum Fenster hinaus. Der Wagen folgte der schmalen Straße entlang der Amstel; sie hatten einen klaren Ausblick auf eine weite Wasserfläche, kaum gekräuselt durch eine sanfte Brise, die ihre größte Kraft im Schutzgürtel aus Schilf und Büschen am Fluß verloren hatte.

«Ja, ja», sagte er bedächtig, «aber das Wort irritiert mich. Es ist, als ob man ‹Gott› sagt oder das ‹Unendliche› oder ‹der Punkt, an dem sich zwei Parallelen treffen›. Die Leute sagen diese Worte und wischen sich eine Träne ab. Was sollte wohl ein Mädchen wie Corin Kops, ein zerbrechliches, abgearbeitetes Bündel Knochen, gekrönt von einem nicht gerade spektakulären Gehirn, über Surrealismus wissen!»

Grijpstra schaute fort. Er tat so, als reibe er seinen Mund, um das Lächeln zu verbergen. Ihm war eingefallen, daß er de Gier gegenüber den Commissaris mal als einen trockenen Stock, gekrönt von einer Rasierklinge, beschrieben hatte.

«Sie hat überhaupt nichts verstanden», fuhr der Commissaris fort. «Sie weiß es einfach nicht. Sie versuchen, etwas zu definieren, was mit einem Wort nicht eingefangen werden kann, aber sie denken sich dennoch ein Wort aus und verwenden es, als hätte es eine wirkliche Bedeutung. Wie die Prediger der Niederländisch Reformierten, die sich über Gott auslassen. Früher jedenfalls. Jetzt haben sie ein bißchen mehr Bescheidenheit gelernt, und so viele sind von denen auch nicht mehr da, Gott sei Dank. Was wissen wir über die Wirklichkeit? Vielleicht in gewissen Augenblicken mal. Wie heute früh, als meine kleine dumme Schildkröte durch das Gras trottete und eine Drossel sang. Vielleicht habe ich in dem Moment etwas verstanden, aber es war weg, als ich versuchte, meine Hand daraufzulegen. Aber eine Frau wie Corin Kops glaubt, sie erwischt es und prägt dann ein Wort, und ehe man sich versieht, steht es in den Wörterbüchern . . . He!»

Grijpstra, der die Augen geschlossen hatte, schaute auf.

«Konstabel!» rief der Commissaris. «Anhalten!»

Der Konstabel trat heftig aufs Bremspedal, Grijpstra taumelte nach vorn.

«Fahr den Wagen zurück», sagte der Commissaris leise, «aber langsam, ganz langsam. Wir dürfen ihn nicht stören.»

«Da», sagte der Commissaris. «Seht ihr?»

Grijpstra sah den Fischreiher, ein majestätisches Exemplar seiner Art, gut über ein Meter zwanzig hoch. Er stand unter einer Weide an der rechten Straßenseite, seine Federhaube krönte den schlanken, zarten Kopf. In seinem Schnabel hielt er einen großen Goldfisch, dessen Schwanz und Kopf herabhingen.

Der Konstabel lachte. «Er weiß nicht, was er damit anfangen soll, Mijnheer. Der Fisch muß einige Pfund wiegen.»

«Stimmt», sagte Grijpstra. «Reiher fangen kleine Fische und verschlingen sie. Diesen Brocken kriegt er nie durch den Schlund. Aber wie hat er es geschafft, einen Goldfisch zu fangen? Im Fluß gibt es keine Goldfische, außerdem ist er auf der falschen Straßenseite, der Fluß ist hinter uns.»

«Dort hinter dem Herrenhaus muß ein Fischteich sein», sagte der Konstabel. «Der Bursche hat sich eingeschlichen und seine Chance wahrgenommen.»

«Fahren wir», sagte der Commissaris.

Grijpstra nahm den Faden fünf Minuten später wieder auf. Der Commissaris hatte geschwiegen. Er schien halb zu schlafen, die Hände auf den Knien, den Kopf an den Sitz gelehnt.

«Ein Reiher ist ein herrlicher Vogel», sagte Grijpstra, «und dieser war wunderschön.»

«In der Tat», sagte der Commissaris.

«Man sieht nicht oft einen Reiher mit einem Goldfisch im Schnabel.»

«Durchaus nicht», sagte der Commissaris.

Grijpstra versuchte es noch einmal. «Ich bin froh, daß Sie den Wagen angehalten haben, Mijnheer.»

«Warum?»

«Wegen der Schönheit, Mijnheer.»

Der Commissaris machte eine Geste zum Fluß hinüber. «Der Fluß ist auch schön, Grijpstra, und er ist immer da. Auch die Bäume, die alte Windmühle dort drüben ebenfalls. Wir sind von Schönheit umgeben. Sogar die neuen Appartementhäuser, die wir heute morgen gesehen haben, sind schön, und nicht nur bei Sonnenuntergang oder früh am Morgen.»

«Es ist nicht das gleiche», sagte Grijpstra.

«Stimmt. Der Reiher war anders. Er hatte einen Goldfisch im Schnabel. Höchst ungewöhnlich. Vielleicht hat dieses plötzliche, unwahrscheinliche Bild etwas in dir freigerüttelt. Nur wenn wir erschüttert werden, können wir etwas sehen, aber es ist heikel. Es ist wie bei einem Mann, der plötzlich von einem Wagen überfahren wird. Er überquert die Straße und träumt vor sich hin, und wumm, da liegt er flach auf dem Rücken mit einer Wunde irgendwo oder gebrochenen Knochen. Ich habe es dutzendfach gesehen. Sie weinen, halten deine Hand, sind ganz verstört. Also wird man sie eilends ins Krankenhaus bringen und mit Narkotika spritzen, bis sie voll sind. Und was immer sie verstehen konnten, weil ihre Welt aufgebrochen ist, wird wieder betäubt.»

«Der Vogel sah ziemlich dumm aus, Mijnheer», sagte der Konstabel am Steuer fröhlich.

«Wie wir», sagte der Commissaris. «Wir haben einen wunderschönen Fall, den man uns da aufgezwungen hat, aber ich will verdammt sein, wenn wir wissen, was wir damit anfangen sollen.»

Das Abendessen dauerte eine Stunde. Sie hatten jeder ein halbes Dutzend Schnecken mit frischem Toast gegessen und starken Rotwein aus einer Flasche ohne Etikett dazu getrunken. Grijpstra stocherte mißtrauisch herum und zog die kleinen schwarzen, gummiartigen Klumpen aus der Schale, wobei er die Stirn runzelte, während er kaute.

«Na?» fragte der Commissaris.

«Sehr lecker», sagte Grijpstra und säuberte sorgfältig seinen Teller mit einem Stück Toast. «Das da ist eine gute Soße.»

«Noch mehr?»

Grijpstra überlegte. Der Commissaris nickte ermutigend.

«Ja.»

Grijpstra aß noch ein halbes Dutzend. Er aß außerdem ein halbes Hähnchen und einen Teller Erdbeeren und bestellte beim Kellner mehr Schlagsahne.

«Falls ich sie auf Ihren Teller kriegen kann», sagte der Kellner.

«Versuchen Sie's.»

Der Kellner lud noch mehr Schlagsahne auf.

«Sie können den Krug auf dem Tisch stehenlassen», sagte der Commissaris, «und auf die Rechnung setzen.»

«Es ist wohl besser, du küßt heute abend deine Frau nicht», sagte der Commissaris, als sie das Restaurant verließen. «Die Soße, die dir so gut gefiel, war reiner Knoblauch.»

«Ich küsse meine Frau nie», sagte Grijpstra und rülpste. «Verzeihung, Mijnheer.»

«Macht nichts, aber rülpse nicht im Wagen. Du haust sonst den Fahrer um, und wir müssen das andere Mädchen noch aufsuchen.»

Grijpstra nickte ernst, aber er hörte nicht zu. Ein zweiter Rülpser bildete sich unten an seiner Speiseröhre und schien quer festzusitzen, quer und schief. Es brannte und schnitt zugleich, und er klopfte sich besorgt auf die Brust in dem vergeblichen Wunsch, das blasige Hindernis zu vertreiben. Der Commissaris sprach weiter, und am Ende des Weges wartete der Citroën mit dem Fahrer auf sie.

«Komischer Kerl, meinst du nicht auch?» fragte der Commissaris.

«Er lehnt es immer ab, mit mir zu essen; der arme Bursche lebt noch im letzten Jahrhundert. Vermutlich hatte er eine Tasse Kaffee und Spiegeleier mit Toast auf der Terrasse, während wir uns drinnen vollstopften. Ich will mal sehen, ob ich seine Rechnung übernehmen kann. Ich kann ihn doch nicht selbst bezahlen lassen, nicht wahr?»

Grijpstra klopfte sich immer noch auf die Brust.

«Was fehlt dir?»

«Ich bin gleich wieder da», sagte Grijpstra und bog vom Weg ab. Hinter einem Dickicht junger Eschen versteckt, schlug er sich auf die Brust und wand seinen großen Körper, aber der Rülpser rührte sich nicht, sondern steckte hartnäckig unter einem unsichtbaren Hindernis fest. Grijpstra, entschlossen, sich davon zu befreien, sprang auf und ab, schlug mit den Armen, und plötzlich röhrte der inzwischen voll ausgewachsene Rülpser heraus, berührte die Stimmbänder, vibrierte zuerst zu einem Knurren und erreichte auf dem Höhepunkt die Wucht eines Donnerschlags.

Grijpstra ließ die Arme sinken und wankte zurück.

«Gut gemacht», sagte der Kellner. Er hatte Grijpstra beobachtet, seit dieser vom Weg abgebogen war.

«Herrlich», sagte der Kellner jetzt. «So etwas hab ich noch nie gehört. Ich bin überrascht, daß noch Blätter an den Bäumen sind. Versuchen Sie jetzt mal zu furzen. Na, los.»

Grijpstra fühlte sich zu erleichtert, um verletzt zu sein. «Sollten Sie nicht drinnen arbeiten?» fragte er nachsichtig.

«Ich sollte», sagte der Kellner, «tu's aber nicht. Ich bin hier, mach fünf Minuten Pause und rauche eine Zigarette. Es ist mein letzter Tag in diesem Etablissement. Nächste Woche mach ich in der Stadt eine kleine Snackbar auf.»

«Wo? Vielleicht werde ich mal kommen und sie ausprobieren.»

«Sie nicht», sagte der Kellner, warf die Zigarette weg, trat sie aus und ging.

13

«Wir sind zu früh dran», sagte der Commissaris zum Konstabel. «Du kannst noch eine halbe Stunde herumfahren, wenn du willst. In der Nähe ist ein Naturschutzgebiet. Ich bin schon mal dort gewesen und habe sogar einen Sonderausweis. Die Öffentlichkeit hat dort keinen Zutritt.»

Er fischte in seiner Brieftasche und gab dem Fahrer den Ausweis. Der Konstabel drehte ihn um und betrachtete die kleine Karte auf der Rückseite.

«Ich werd's schon finden, Mijnheer. Es soll nur wenige Kilometer von hier entfernt sein.»

Grijpstra war immer noch erschöpft und glücklich, daß die Dinge ihren Lauf nahmen. Die sanfte Federung des Wagens wiegte ihn in den Schlaf, und als er aufwachte, weil der Commissaris ihn am Arm berührte, befanden sie sich im Naturschutzgebiet. Den ehemaligen Friedhof hatte man rund hundert Jahre lang vernachlässigt; dann hatten die städtischen Behörden ihn wiederentdeckt und seine Entwicklung zu einem Naturschutzgebiet gefördert, indem sie die umliegenden Bauernhöfe und ein Gut aufkauften, zusammen mit Burgruine und Burggraben, der zu einem künstlich angelegten See führte. Die Stadt hatte die Anlage mit Hilfe des Naturschutzfonds finanziert. Jetzt durchstreiften Botaniker und Biologen das Gebiet und versuchten festzustellen, auf welche angeblich ausgestorbene Flora und Fauna sie stoßen würden.

«Unberührt von dreckigen Händen», murmelte der Commissaris, als er auf die Landschaft schaute. Der Konstabel fuhr langsam, so daß sie die riesigen Eichen und Buchen bewundern konnten, eine Lichtung, bewachsen mit dem üppigen Gelb des Stechginsters, Unterholz, in dem sich Kaninchen tummelten, und einen einsamen Fasan, der auf einem Felsen stand. «Schau mal», sagte der Commissaris und zeigte auf einen Damhirsch, der sie ruhig aus der Deckung eines zerbrochenen Grabsteins beobachtete.

«Ich könnte ihn leicht von hier aus treffen», sagte der Konstabel und berührte seine automatische Pistole im Halfter unter dem Blazer. «Ein perfekter Schuß, Mijnheer.»

«Witzbold», sagte Grijpstra mürrisch.»

«Ein Polizist ist ein Jäger», sagte der Commissaris gutmütig. «Schimpf nicht mit dem Konstabel, Adjudant. Mir ist der Gedanke auch gekommen.»

Er richtete den Zeigefinger auf den Damhirsch. «Bumm», sagte der Commissaris. «Du bist tot. Morgen gibt es Wild zum Abendessen.»

Der Wagen fuhr weiter. Sie näherten sich dem See und sahen an einer Wegbiegung, wie ein Schwarm Bleßhühner landete. Die dicken, schwarzen kleinen Vögel kamen herein, die flachen Füße mit den

Schwimmhäuten gespreizt, sie trafen ungeschickt auf die ruhige Wasserfläche auf und planschten heftig, ehe sie eintauchten, als seien sie in einem Lustfilm geworfene Puddings.

«Haha», sagte der Konstabel, aber eine Minute später lachte er nicht, als die breiten Reifen des Citroën die ersten Kröten zerquetschten.

«Was jetzt?» fragte der Konstabel und hielt den Wagen an, aufgeschreckt von dem platschenden Geräusch, das ihm plötzlich in den Ohren dröhnte. Er stieg aus und betrachtete die Fahrbahn. Etwa zehn platte junge Kröten waren auf dem warmen Asphalt des Weges zu sehen.

Der Commissaris und Grijpstra waren ebenfalls ausgestiegen.

«Du hättest ihnen ausweichen sollen», sagte Grijpstra. «Kröten werden heutzutage selten.»

«Wie sollte er», sagte der Commissaris. «Er hat sie ja nicht gesehen, oder, Konstabel?»

«Nein, Mijnheer. Ich hab sie gehört, als sie zerquetscht wurden. Bah. Schreckliches Geräusch, nicht wahr? Wie platzende Ballons.»

«Es gibt viele davon», sagte Grijpstra.

Das Gras zu beiden Seiten des Weges wimmelte von Kröten. Sie kamen vom See, der Wagen und die drei Männer befanden sich auf ihrem Weg. Der Weg bedeckte sich mit ihren kleinen schleimigen Körpern, und es gab anscheinend keine Möglichkeit, ihrem hüpfenden Vormarsch auszuweichen. Sie waren überall, krabbelten über die Schuhe der Polizisten, drängten sich an den Wagenreifen. Sie konnten sie jetzt auch hören, ein sickerndes Geräusch, als werde dicker, nasser, klebriger Schlamm durch unzählige Abflußrohre gepumpt.

«Verschwinden wir hier», sagte der Commissaris, schüttelte die Tiere von seinen Schuhen und trat versehentlich auf sie drauf.

Der Konstabel rutschte aus und wäre gefallen, wenn Grijpstras schwere Hand ihn nicht am Ellbogen aufgefangen hätte. Sie stiegen wieder in den Wagen.

«Wenn wir wegfahren, werde ich Tausende von denen umbringen», sagte der Konstabel.

Der Commissaris schaute zum See hinüber. «Sie kommen immer noch, vielleicht kommen sie den ganzen Tag lang. Es muß jetzt ihre Paarungszeit sein. Vielleicht herrscht hier eine Krötenplage. Der verdammte Torwärter hätte uns nicht einlassen sollen. Bring uns hier raus, Konstabel, wir müssen eine Verabredung einhalten.»

Die Kröten krabbelten und saugten und patschten auf mehreren hundert Metern und wurden vom Citroën überfahren. Der Konstabel fluchte und hielt das Steuer, als wolle er es aus der Halterung reißen. Der Schleim der kleinen Tierleichen setzte sich im Profil der Reifen fest und ließ den Wagen wie verrückt rutschen; zweimal glitten sie mit durchdrehenden Rädern von der Fahrbahn. Grijpstra verspürte Übelkeit und hielt sich die Ohren zu, um das ununterbrochene Zermatschen und Platzen nicht hören zu müssen. Er bemühte sich, nicht an die Schnecken zu denken, die, wie er sich einbildete, in seinem Magen in einem Meer von Schlagsahne herumglitten; er atmete tief. Er sah die großen, starrenden Augen des Fahrers im Rückspiegel.

«Das war's», sagte der Commissaris fröhlich. «Wir haben's geschafft. Fahr auf der sandigen Stelle dort drüben einige Male vor und zurück, davon werden die Reifen sauber.»

«Das Mädchen ist fürs erste unsere letzte Verdächtige», sagte der Commissaris, «aber Abe Rogge muß viele enge Beziehungen gehabt haben. Wir haben es mit sehr vielen Menschen zu tun, Grijpstra. Vielleicht haben wir noch nicht einmal angefangen.»

Grijpstra antwortete nicht. Der Commissaris beugte sich vor, um besser zu sehen. Grijpstras Nervenzustand hatte sich nicht gebessert, eher sogar verschlechtert. Die Haut des Adjudant sah grau aus, und er war nicht fähig, seine Hände zu beherrschen, die nervös am Ende seiner Krawatte herumzupften.

«Mijnheer», sagte der Konstabel und zeigte auf ein kleines, frisch gestrichenes Hausboot.

Grijpstra brummte und stieg aus. Der Commissaris wollte ihm folgen, hielt sich aber dann zurück. Grijpstra hüpfte auf der Uferstraße auf einem Bein herum und schrie.

«Was ist denn jetzt?» fragte der Commissaris.

«Vorsicht, Mijnheer», rief Grijpstra. «Die Straße ist voller Scheiße.»

Der Commissaris schaute. Es mußte ein großer Hund gewesen sein, vielleicht ein großer, kranker Hund. Der grünlichgelbe Kot bedeckte mehrere Pflastersteine, und Grijpstra war mitten reingetreten. Der Konstabel schloß die Augen, öffnete sie wieder und zwang sich, seinen Körper in Bewegung zu setzen. Er ging um den Wagen herum, öffnete den Kofferraum und fand einen Schrubber mit langem Stiel. Grijpstra hielt sich an einem Laternenmast fest, während der Konstabel sich an die Arbeit machte.

«Du *bist* ein reizbarer Kerl», sagte der Commissaris. «Bist du noch nie in Hundekot getreten, Adjudant?»

«Oft», sagte Grijpstra gereizt. «An jedem Tag in meinem Leben, glaube ich. Ich ziehe Hundescheiße magnetisch an. Wenn auf der Straße ein Haufen ist, pflüge ich ihn durch. Einige Leute halten das für komisch. Ich amüsiere sie.»

«Ich halt es nicht für komisch», sagte der Commissaris, «und der Konstabel auch nicht.»

«De Gier hält es für komisch. Als wir gestern den Wagen im Hof des Präsidiums abholten, bin ich in einen Haufen getreten, und da ich rannte, bin ich über das ganze Pflaster gerutscht. Er hat gelacht, der Mistkerl hat gelacht! Tränen hatte er in den Augen! Auf die Schenkel hat er sich geschlagen! Aber Hundescheiße ist für mich das gleiche wie eine blutige Leiche für ihn. *Ich* lache nicht, wenn er an einer Wand lehnt und in Ohnmacht fällt und sich anstellt!»

«Hmm», sagte der Commissaris, «aber jetzt bist du wieder sauber. Danke, Konstabel. Gehen wir auf das Boot, ehe noch was passiert.»

Das Mädchen wartete in der Tür auf sie.

«Fehlt Ihnen was?» fragte sie den Adjudant. «Warum sind Sie herumgesprungen?»

«Ich bin in Hundedreck getreten, Juffrouw.»

«Das war der Schäferhund von nebenan. Ihm ging es in letzter Zeit nicht gut. Ich wollte es heute wegmachen, hab es aber dann vergessen. Ziehen Sie bitte die Schuhe aus, mein Boot ist nämlich blitzblank.»

Grijpstra kniete sich gehorsam hin. Der Commissaris schlüpfte an ihm vorbei, fand einen bequem aussehenden Sessel und setzte sich. Das Mädchen blieb bei Grijpstra, bis beide Schuhe mit der Sohle nach oben in einer Ecke bei der Tür standen.

«Sind Sie Polizeibeamte?» fragte das Mädchen. «Ich dachte immer, die tragen Regenmäntel und Filzhüte.»

«Sie haben wohl alte Filme gesehen», sagte der Commissaris.

«Kaffee?» fragte das Mädchen.

«Nein, danke, Juffrouw.»

Dem Commissaris gefiel das Mädchen. Große lebhafte Augen in einem Sommersprossengesicht. Steife Zöpfe mit blauer Schleife, damit sie sich nicht lösten. Ein bis zu den Knöcheln reichendes Kleid aus lustig bedruckter Baumwolle. Unregelmäßige, aber strahlend weiße Zähne, ein starker Mund. Ein Sonnenstrahl, dachte der Commissaris glücklich, genau was wir brauchen, um die Tagesarbeit abzuschließen.

«Sie sind wegen Abe gekommen?» fragte das Mädchen und sah Grijpstra an, der verloren herumstand. «Warum setzen Sie sich nicht?»

«Wo?» fragte Grijpstra.

«Hier.» Sie zeigte auf einen unförmigen Ledersack neben dem Sessel des Commissaris, ging in die Hocke und knuffte den Sack zurecht. «Er ist ganz bequem, gefüllt mit Kieseln. Ich habe ihn in Spanien gekauft. Versuchen Sie.» Grijpstra setzte sich. «Sehen Sie?»

«Ja, Juffrouw», sagte Grijpstra und bohrte seinen breiten Hintern in den Ledersack. Das Rückenteil richtete sich auf und stützte seinen massigen Körper; die Kiesel knirschten.

«Ja», sagte der Commissaris. «Wir sind wegen Abe gekommen. Er wurde gestern ermordet, wie Sie wissen. Man hat uns gesagt, Sie seien mit Mijnheer Rogge befreundet gewesen.»

«Ja», sagte das Mädchen. «Eng befreundet. Wir haben miteinander geschlafen.»

«Ja, ja», sagte der Commissaris.

«Ich bin gern exakt», sagte das Mädchen heiter.

Warum ist sie so verdammt fröhlich? dachte Grijpstra. Der Mann ist tot, oder? Kann sie nicht verstört sein? Er bewegte sich, die Kiesel knirschten wieder.

«Machen Sie kein so besorgtes Gesicht. Der Beutel platzt nicht. Hunderte von Leuten haben darauf gesessen.»

«Abe war also Ihr Liebhaber, wie?» fragte er.

«Er war mein Liebhaber, aber ich war nicht seine Geliebte.»

«Ich verstehe», sagte Grijpstra zweifelnd.

«Ich nicht», sagte der Commissaris. «Wenn Mijnheer Rogge Ihr Liebhaber war, dann waren Sie seine Geliebte. Das ist doch gewiß die richtige Art und Weise, diese Beziehung zu beschreiben, nicht wahr?»

«Nein», sagte das Mädchen und lächelte. «Ganz und gar nicht. Abe hat mit vielen Mädchen geschlafen. Sie sind zu ihm gekommen, wenn er nur mit den Fingern schnippte – und wackelten mit dem Hintern. Er brauchte sie nicht einmal zu verführen, sondern sie erwarteten von ihm nur, daß er die Hose auszog und die Sache erledigte. Bei mir war's anders. Er kam, wenn *ich* es wollte, und er ging, wenn *ich* es wollte, und er mußte mit mir sprechen und mir zuhören. Ich habe nie versucht, mich seinem Stundenplan anzupassen. Ich habe viel zu tun und habe daher meinen eigenen Stundenplan. Ich studiere, der Staat zahlt mir mein Studium; man hat mir ein hübsches Stipendium gewährt. Ich will meine Studien rechtzeitig beenden, noch lieber vorzeitig. Ich vertrödele meine Zeit nicht.»

Es war eine lange Rede gewesen, und sie hatte sie, mitten im Raum stehend, fast leidenschaftlich vorgetragen. Grijpstra war beeindruckt. Der Commissaris hatte anscheinend nicht zugehört. Er hatte sich umgesehen. Das Innere des Boots sah so adrett aus wie das Äußere. Sie hatte den Raum nicht vollgestopft; alles, was er enthielt, schien eine Funktion zu erfüllen. Ein großer niedriger Tisch, Bücherstapel, Papier und eine Schreibmaschine darauf. Einige Pflanzen und eine Vase mit frischen Schnittblumen.

Er stand auf, ging zum Ende des Raums und blieb vor einer Werkbank stehen. «Arbeiten Sie an etwas, Juffrouw?»

«Ich heiße Tilda», sagte das Mädchen, «Tilda van Andringa de Kempenaar. Nennen Sie mich einfach Tilda. Das ist ein Vogelfutterhäuschen, oder vielmehr soll es eines Tages eins werden. Ich habe etwas Schwierigkeiten damit.»

«Van Andringa de Kempenaar», sagte der Commissaris und kniff die Augen zusammen. Die gerunzelte Stirn zeigte, daß er überlegte, sich zu erinnern suchte. «Ein adeliger Name, er steht in unseren Geschichtsbüchern, nicht wahr?»

«Ja», sagte sie munter, «ein adeliger Name, eine adelige Familie.»

«Vielleicht sollte ich Sie mit ‹Freule› anreden.»

«Bestimmt nicht», sagte sie. «Tilda reicht.» Sie hob ihr langes Kleid etwas an, machte einen Knicks und richtete sich wieder auf. «Wir hatten einst Güter und Einfluß bei Hof, und ich glaube nicht, daß wir in jenen Tagen Steuern zahlten. Aber mein Ururgroßvater hat alles in Paris verpulvert, und seitdem waren wir nicht mehr als die anderen und haben für unseren Lebensunterhalt gearbeitet.»

«Ich verstehe», sagte der Commissaris und lächelte automatisch. «Ein Vogelfutterhäuschen, sagten Sie?»

«Ja. Ich bastele gern Sachen, aber dies macht mehr Arbeit als ich dachte. Es muß noch mit Blech und Glas gedeckt werden, aber zuerst muß ich das Innere richtig fertigmachen. Es soll eine sinnreiche Vorrichtung werden, wissen Sie. Der Vogel muß auf dieser kleinen Stange sitzen, dann wird etwas Futter in den kleinen Behälter dort fallen. Eine kleine Falltür ist mit dieser Stange verbunden. Aber es funktioniert nicht richtig. Es sollte gerade genug Futter in den Behälter fallen. Ich will nicht dauernd den großen Vorratsbehälter nachfüllen. Das Ding wird draußen aufgehängt, wenn es fertig ist. Und ich kann nur über das Dach daran gelangen; die Fenster auf der Seite lassen sich nicht öffnen.»

«Aha, aha», sagte der Commissaris und stellte die Konstruktion wieder hin. «Sehr klug. Haben Sie sich das selbst ausgedacht?»

«Ich hatte etwas Hilfe, aber nicht viel. Ich erfinde gern etwas. Als Kind habe ich immer Seifenkisten gebaut. Ich habe ein Rennen damit gewonnen. Wollen Sie sie sehen?»

«Gern», sagten der Commissaris und Grijpstra.

Sie brachte sie an und erging sich in einer langen technischen Erklärung.

«Sehr klug», sagte der Commissaris noch einmal.

«Was studieren Sie, Tilda?» fragte Grijpstra.

«Medizin. Ich bin im dritten Jahr. Ich möchte Chirurgin werden.»

«Aber Sie sind noch sehr jung», sagte Grijpstra mit ehrfurchtsvoller Stimme.

«Einundzwanzig.»

«In vier Jahren werden Sie Ihren Doktor machen», sagte Grijpstra beinahe flüsternd. Er konnte sich das Mädchen nicht als Doktor der Medizin vorstellen. Er sah sich plötzlich in einem weißen Raum auf einem Tisch festgebunden. Das Mädchen beugte sich über ihn. Sie hatte ein Messer; das Messer würde seine Haut verletzen, eine tiefe Wunde schneiden. Ihre Finger würden freigelegte Muskeln, Nerven, lebenswichtige Organe berühren. Ein Frösteln überlief ihn und sträubte seine Nackenhaare.

«Das ist nichts Besonderes», sagte das Mädchen. Es hatte Grijpstras Reaktion gesehen und grinste schalkhaft. «Jeder, der nicht durch und durch dumm und bereit ist, täglich acht bis zehn Stunden zu arbeiten, kann Arzt werden.»

«Aber Sie wollen Chirurgin werden», sagte Grijpstra.

«Ja. Ich muß dann weitere sieben Jahre oder so in einem Krankenhaus arbeiten. Aber es wird sich lohnen.»

«Ja», sagte der Commissaris. «Haben Sie eine Ahnung, wer Ihren Freund ermordet hat, Tilda?»

Das Grinsen erstarrte auf ihrem Gesicht. Sie schien sich plötzlich, zwischen den sie vernehmenden Beamten stehend, ihrer selbst bewußt zu werden. «Nein. Nein, ich habe keine Ahnung. Er war immer so glücklich und lebensvoll. Ich bin sicher, niemand hatte eine Abneigung gegen ihn. Esther hat gesagt, er sei auf mysteriöse Weise ermordet worden? Stimmt das?»

«Das stimmt», sagte der Commissaris. «Hätten Sie vielleicht einige Fotos? Wir haben ihn nur gesehen, als er tot war.»

Ihre Augen waren jetzt feucht. «Ja, Ferienschnappschüsse. Ich hole sie.»

Sie betrachteten das Album. Abe Rogge am Ruder seines Boots, in der Brandung laufend, über die Reling einer Fähre gebeugt und am Steuer eines Oldtimers. Louis Zilver war auf einigen Fotos und auch Tilda selbst, gesund und attraktiv aussehend.

«Angeln», sagte der Commissaris. «Hat er oft geangelt?» Er zeigte auf ein Foto, das zeigte, wie Abe sich, nach hinten gelehnt, mit einer Angelrute abmühte und mit aller Kraft zog.

«Das war in Nordafrika», sagte das Mädchen, «voriges Jahr. Nur wir beide waren gefahren. Er hatte irgendeinen großen Fisch am Haken und den ganzen Nachmittag gebraucht, ihn an Bord zu holen. Es war ein so schöner Fisch, daß ich Abe überzeugte, daß er ihn wieder hineinwerfen müsse. Er hat sicher hundert Kilo gewogen.»

«Wo waren Sie gestern? Nachmittags und abends?» fragte Grijpstra.

«Hier.»

«War jemand bei Ihnen?»

«Nein, einige Leute haben an die Tür geklopft, und das Telefon hat geklingelt, aber ich habe mich nicht gemeldet. Ich arbeite an einem Test. Ich sollte auch jetzt daran arbeiten. Man hat mir nicht viel Zeit gegeben, und es geht um ein wichtiges Zeugnis.»

«Ja», sagte der Commissaris. «Wir müssen gehen.»

«Eine ausgekochte Kleine», sagte Grijpstra im Wagen. «Es wird nicht leicht sein, sie zu erschüttern. Sie ist fast zusammengebrochen, als Sie sie aufforderten, die Fotos zu zeigen, aber das war das einzige Mal, daß sie schwach wurde. Ich wette, sie ist die örtliche Vorsitzende irgendeiner roten Frauenorganisation.»

«Ja, und außerdem eine richtige Adelige, eine Freule», sagte der Commissaris. «Ich glaube, einer ihrer Vorfahren war ein General, der gegen Napoleon gekämpft hat. Ich habe vergessen, was er vollbracht hat, aber die Tat war sehr tapfer und originell. Sie wird eine gute Chirurgin werden. Vielleicht wird sie eine Methode erfinden, Hämorrhoiden schmerzlos wegzuschneiden.»

Grijpstra schaute auf. «Haben Sie Hämorrhoiden, Mijnheer?»

«Jetzt nicht mehr, aber es tat weh, als man sie entfernte. Hast du das Futterhäuschen gesehen?»

«Ja, Mijnheer. Eine gut durchdachte Konstruktion. Glauben Sie, sie könnte eine tödliche Waffe herstellen, Mijnheer? Etwas zum Abschießen einer stachligen Kugel?»

«Ich bin sicher, daß sie es kann», sagte der Commissaris. «Es würde mit einer starken Feder funktionieren. Ich habe sechs Federn in ihrem Vogelhäuschen gezählt.»

«Es ist ein Gedanke», sagte Grijpstra, «aber mehr auch nicht. Was sie auch mit Rogge gehabt haben mag, es muß irgendwie gut gelaufen sein, warum sollte sie sich also große Mühe machen, ihn zu ermorden?»

«Der Verstand der Frau», sagte der Commissaris, «ist ein großes Geheimnis. Meine Frau hat sich enorme Mühe gemacht, weil sie den Mann nicht mochte, der das Heizöl lieferte. Sie rief seinen Chef an und sagte, falls er keinen anderen schicken könne, werde sie das Konto bei ihm schließen. Ich habe nie feststellen können, was sie gegen den Mann hatte; mir schien er ein freundlicher, ziemlich einfältiger Mensch zu sein. Aber jetzt kaufen wir Öl bei einer anderen Firma. Und meine Frau regt sich kaum jemals auf. Diese Tilda wird dagegen bei der geringsten Provokation aus der Haut fahren. Sie hat diesen großen, ungeschlachten Kerl dazu gebracht, einen Fisch zurückzuwerfen, mit dem er stundenlang gekämpft hatte. Sie hat dich dazu gebracht, die Schuhe auszuziehen. Sie weiß genau, was sie will. Sie studiert wie verrückt. Sie baut knifflige Vorrichtungen, nur so zum Spaß. Sie hat sich ihr Sexleben ganz auf *ihre* Art eingerichtet.»

«Ein unangenehmes Bündel an Energie», sagte Grijpstra. «Vielleicht sollten wir morgen wiederkommen, Mijnheer, sie zum Leichenschauhaus bringen und mit dem Toten konfrontieren. Sie für ein paar Stunden verhören. Sie hat kein Alibi; sie hätte sich leicht aus dem Haus der Rogges schleichen können. Sie ist ein kleines Mädchen. Die Bereitschaftspolizei hätte sie passieren lassen. Vielleicht trug sie ein Paket mit der Vorrichtung, mit der die Kugel abgeschossen wurde. Sie kletterte auf das Dach des Boots gegenüber dem Haus, rief Abe . . .»

«Könnte sein», sagte der Commissaris, «aber jetzt bringe ich dich nach Hause. Morgen werden wir weitersehen. Möglicherweise nehmen de Gier und Cardozo auf dem Straßenmarkt eine Spur auf. Du und ich können uns solange hinsetzen und einen Tag nachdenken, oder du kannst ebenfalls zum Straßenmarkt gehen.»

Der Wagen hielt vor Grijpstras Haus. Der Konstabel schaute sich um, als er abfuhr.

«Er geht nicht ins Haus, Mijnheer», sagte der Konstabel. «Er hat an der Tür gezögert und ist weitergegangen.»

«Wirklich?» fragte der Commissaris.

«Nun, ich glaube, er hat recht, Mijnheer», sagte der Konstabel. «Der Adjudant hat vielleicht eine Frau. Haben Sie die Frau gesehen, die heute morgen ihren Kopf zum Fenster rausgesteckt hat, Mijnheer?»

«Hab ich», sagte der Commissaris.

14

Als de Gier den Schlüssel drehte, konnte er hören, wie Olivier drinnen mit den Krallen an der Tür kratzte. Er hörte auch das Telefon.

«Es hört nie auf», sagte er zu Esther und trat zur Seite, um sie als erste hineingehen zu lassen; er bückte sich. Olivier rannte direkt in seine Hände, an den Boden geduckt, erpicht zu fliehen. «Hier», sagte de Gier und fing ihn. «Lauf nicht weg, draußen ist nichts. Nur viele Wagen und eine heiße Straße. Hier! Und kratz nicht.»

Das Telefon klingelte immer noch. «Ja, ja, ja», sagte de Gier und nahm den Hörer ab. Esther hatte ihm den Kater aus den Armen genommen, sie drückte ihn an sich und flüsterte ihm etwas ins Ohr. Olivier schloß die Augen, entspannte sich und schnurrte. Er zog die Krallen ein, seine Pfoten wurden weich und nachgiebig. Er legte eine Pfote an ihre Nase und ließ sie dort.

«Das ist hübsch», sagte de Gier. «Ich habe noch nie gesehen, daß er das bei anderen außer bei mir getan hat. Der verrückte Kater liebt dich.»

«Ist es verrückt, mich zu lieben?» fragte Esther und fügte hinzu, ehe er genügend Zeit zum Überlegen für eine Antwort hatte: «Wer war das am Telefon? Du siehst ganz mürrisch aus.»

«Der Commissaris.»

«Ich dachte, er sei ein sehr angenehmer Mensch.»

«Das ist er nicht», sagte de Gier, «und er sollte mich nicht anrufen. Er regt sich unnötig auf. Ob ich den Tagesablauf für morgen organisiert habe. Ob ich mit Cardozo darüber gesprochen habe. Ob ich dies getan habe. Ob ich das erledigt habe. Selbstverständlich habe ich alles erledigt. Ich tue immer alles, was er mir sagt. Warum macht er nicht soviel

Aufhebens mit Grijpstra. Aber Grijpstra war den ganzen Tag über bei ihm. Sie aßen zusammen zu Abend, während ich zu einem sinnlosen Auftrag losgeschickt wurde.»

«Was für ein Auftrag?»

«Egal», sagte de Gier. «Zieh den Mantel aus, ich werde uns einen Tee machen. Oder ich kann eine Dose Krabbensuppe öffnen; sie steht seit einer Ewigkeit im Kühlschrank und wartet auf die richtige Gelegenheit. Wir können einen Tropfen Madeira hinzufügen und heißen Toast mit Butter und einen Salat essen. Und wir können die Geranien betrachten, während wir essen. Die in der Mitte macht sich sehr gut. Ich habe sie mit teuren Tropfen gedüngt, auf die sie reagiert. Siehst du?»

«Du magst deinen Balkon, nicht wahr?»

«Er ist besser als ein Garten. Ich brauche mich damit nicht so abzuarbeiten. Ich ziehe jetzt Kohl aus Samen in dem Topf in der Ecke. Der kleine Junge aus der Wohnung oben gab mir den Samen, und er ist innerhalb weniger Wochen aufgegangen, genau wie er gesagt hatte. Jetzt blüht der Kohl. Ich habe die Knospen immer durch ein Vergrößerungsglas betrachtet, ich konnte fast sehen, wie sie größer wurden.»

«Ich dachte, du wärst mehr an Fingerabdrücken interessiert.»

«Nein», sagte de Gier. «Fingerabdrücke wachsen nicht, sie sind einfach da, zurückgelassen von einem Narren, dem es einerlei war, was er tat. Wir finden sowieso kaum noch Fingerabdrücke, und falls doch, gehören sie einem reizenden Unschuldsengel.»

Sie half ihm in der Küche und schickte ihn hinaus, als sie wußte, wo sich alles befand. Er setzte sich auf sein Bett und unterhielt sich mit ihr durch die offene Tür. Sie brauchte nicht lange und servierte das Essen auf einem abnehmbaren Brett, das er von der Wand herunterklappte. Es senkte sich bis auf etwa dreißig Zentimeter über dem Bett und war an der einen Seite mit einem Scharnier und an der anderen mit einer Kette befestigt.

«Sehr sinnvoll», sagte sie. «Diese Wohnung ist sehr klein, aber sie sieht irgendwie ganz geräumig aus.»

«Weil ich keine Möbel habe», sagte er. «Nur das Bett und den Sessel im andern Zimmer. Ich habe nicht gern Leute hier, sie würden die Wohnung beengen. Grijpstra ist in Ordnung, er rührt sich nicht von seinem Platz. Und du natürlich auch. Es ist herrlich, dich hier zu haben.»

Sie beugte sich vor und küßte seine Wange. Das Telefon klingelte wieder.

«Es hört nie auf», sagte de Gier. «Es. Alles. Es bewegt sich immer noch, und ich möchte außen vor sein. Es sollte eine Möglichkeit geben, aus der Aktivität auszusteigen. Das Telefon zu zerschmettern, wäre ein guter Anfang.»

«Melde dich», sagte sie, «und komm dann wieder zu mir. Und zu dem Toast, er ist noch warm.»

«Cardozo?» fragte de Gier.

«Ja», sagte Cardozo, «dein treuer Gehilfe erstattet Bericht. Ich bin dabei, den Lastwagen, die Ware, den Erlaubnisschein für den Straßenmarkt und alles zu beschaffen, aber ich dachte, daß ich besser alle Einzelheiten noch einmal mit dir durchgehe, bevor ich anfange.»

De Gier seufzte. «Cardozo?»

«Ja.»

«Cardozo, das ist alles deine Sache. Ich möchte, daß du dich bewährst. Setz den ganzen Kram in Gang, Cardozo. Tu mehr, als von dir verlangt wird. Stell fest, was die Textilien wert sind. Wir müssen sie morgen zum richtigen Preis verkaufen. Wir können kein staatliches Eigentum verschenken, nicht wahr?»

«Nein», sagte Cardozo.

«Gut. Außerdem wollen wir die anderen Straßenhändler nicht mißtrauisch machen. Wir müssen einfach echt sein. Denk über dieses Metier nach. Versuch's und *werde* ein Straßenhändler. Versetz dich hinein. Bring den Gedanken in dein Unterbewußtsein. Versuch's und träume heute nacht davon.»

«Was wirst *du* tun?» fragte Cardozo.

«Ich werde hier sein, hier in meiner Wohnung, in Gedanken bei dir. Fühl dich nicht einsam, ich bin bei dir, direkt hinter dir, Cardozo. Auf jedem Schritt deines Weges.»

«Wenn ich die schweren Ballen aus dem Polizeilager trage?»

«Ja.»

«Wenn ich sie in den Lieferwagen wuchte?»

«Ja.»

«Das ist aber nett von dir.»

«Ja. Und wenn es ein Problem gibt, das du nicht lösen kannst – obwohl ich nicht glaube, daß es eins gibt, denn du bist tüchtig und gut ausgebildet und eine Bereicherung für die Polizei –, dann greif zum nächsten Telefon und wähl meine Nummer. Ich werde dich beraten.»

«Wie man diese schweren Ballen in den Lieferwagen trägt?»

«Ja. Hol tief Atem, bevor du sie anhebst. Dann halt den Atem an, während du die Arme bewegst. Hilf mit Schulter und Bauchmuskeln nach. Hau-ruck! Es wird dir leichtfallen, wenn du es richtig machst.»

«Ich bin froh, daß du mir vertraust», sagte Cardozo. «Vielleicht werde ich gelegentlich dem Commissaris von deinem Vertrauen in mich erzählen, wenn ich ihm zufällig begegne und wir von diesem und jenem reden.»

«O nein, das wirst du nicht», sagte de Gier. «Ich habe den Bericht in deiner Akte gelesen. Den Bericht über deinen Charakter. Du bist für die Mordkommission ausgesucht worden, weil du die richtigen Eigenschaften hast. Initiative beispielsweise. Und ein wißbegieriges und verschwiegenes Wesen. Und du bist ehrgeizig. Und man kann darauf vertrauen, daß du richtig reagierst, wenn du dich in schwieriger Lage befindest. Und du bist zuverlässig. Hast du das alles von dir gewußt?»

«Nein», sagte Cardozo, «und ich glaube dem Bericht nicht. Er muß von dem Psychologen geschrieben worden sein, der mich befragt hat. Ein rattengesichtiges, langhaariges Nervenwrack. Ich dachte, er sei ein Verdächtiger, als ich ihn kennenlernte, und habe ihn sehr sorgsam beobachtet.»

«Die Psychologie ist eine neue Wissenschaft, eine langhaarige, rattengesichtige Wissenschaft. Die sehen alle so aus. Die müssen so aussehen, sonst sind sie nicht gut. Und hör bitte auf zu streiten. Cardozo. Hast du noch nicht gelernt, daß man durch Streiten nichts gewinnt?»

«Doch, Brigadier», sagte Cardozo. «Verzeihung, Brigadier. Ich habe mich für einen Augenblick vergessen, Brigadier. Es wird nicht wieder vorkommen, Brigadier. Willst du, daß ich mich melde, wenn ich alles arrangiert habe, Brigadier?»

«Nein», sagte de Gier. «Das ist nicht nötig. Ich seh dich morgen früh pünktlich um halb neun an der Polizeigarage. Viel Glück.»

Er legte den Hörer auf und ging zum Bett zurück.

«Ein ausgezeichneter junger Mann», sagte er zu Esther, «und klug dazu.»

«Bist du nicht klug?»

«Nein», sagte de Gier.

«Bist du ein guter Kriminalbeamter?»

«Nein.»

«Versuchst du einer zu sein?»

«Ja.»

«Warum?»

Er lachte, beugte sich vor und küßte sie.

«Nein. Ich möchte es wissen. Warum versuchst du, ein guter Kriminalbeamter zu sein?»

«Um dem Commissaris zu gefallen», sagte er und versuchte, die Bemerkung als Scherz abzutun.

«Ja», sagte Esther ernsthaft. «Ich hatte mal einen Professor, dem ich gefallen wollte. Mir schien er ein sehr fortschrittlicher kleiner alter Mann zu sein, und ich liebte ihn, weil er so häßlich war und einen so großen kahlen Kopf hatte. Er war sehr scharfsinnig, aber auch ein gründlicher Geist, und ich war sicher, er wußte Dinge, die ich wissen sollte. Er war ein seltsam glücklicher Mensch, obwohl ich wußte, daß er während des Krieges alles verloren hatte, was er liebte, und er allein in einem alten, unordentlichen und sehr deprimierenden Haus wohnte. Ich machte mich sehr gut in seiner Vorlesung, obwohl mich sein Thema kaum interessierte, als ich anfing. Er lehrte mittelalterliches Französisch und erweckte es wieder zum Leben.»

«Verbrechen interessieren mich», sagte de Gier. «Sie interessierten mich schon, bevor ich unter dem Commissaris zu arbeiten begann.»

«Warum?»

Er legte sich zurück und streckte verliebt einen Arm aus, dem sie sich nicht widersetzte.

«Warum gefallen dir Verbrechen?»

«Ich habe nicht gesagt, daß mir Verbrechen gefallen. Ich habe gesagt, sie interessieren mich. Das Verbrechen ist manchmal ein einziger Fehler, häufiger jedoch eine Serie von Fehlern. Ich versuche zu verstehen, warum Verbrecher Fehler machen.»

«Warum? Um sie besser fangen zu können?»

«Ich bin kein Jäger», sagte de Gier. «Ich jage, weil es ein Teil meiner Arbeit ist, aber ich finde keinen Gefallen daran.»

«Was bist du also?»

Er setzte sich hin und suchte nach seinem Päckchen Zigaretten. Sie gab ihm das Päckchen und schnippte ihr Feuerzeug an. Ihr Kimono öffnete sich, sie brachte ihn wieder in Ordnung.

«Müssen wir reden?» fragte de Gier. «Ich kann mir etwas Besseres denken.»

Sie lachte. «Ja. Laß uns für eine Weile reden. Ich werde gleich meinen Mund halten.»

«Ich weiß nicht, was ich bin», sagte de Gier, «aber ich versuche, es herauszufinden. Verbrecher versuchen auch herauszufinden, was sie sind. Es ist ein Spiel, das wir mit ihnen teilen.»

Seine Stimme war lauter geworden. Olivier erwachte und miaute klagend.

«Olivier!» sagte Esther.

Der Kater drehte den Kopf und sah sie an. Er gab eine Reihe von Lauten von sich, tiefe Laute unten aus der Kehle, und er streckte sich und legte eine Vorderpfote auf ihren Schenkel.

«Geh und fang dir einen Vogel», sagte de Gier, als er ihn aufhob, auf den Balkon setzte und die Tür hinter ihm schloß.

«Sei nicht eifersüchtig», sagte Esther.

«Ich *bin* eifersüchtig», sagte de Gier.

«Hast du keine Ahnung, was du bist?»

«Doch», sagte er, legte sich auf das Bett und zog sie hinunter, «eine vage Ahnung. Eher ein Gefühl. Aber es muß noch viel klarer werden.»

«Und du bist Polizist geworden, um es herauszufinden?»

«Nein. Ich bin zufällig Polizist geworden. Ich hatte keine Pläne, als ich die Schule verließ. Ich habe einen Onkel bei der Polizei, der die Möglichkeit gegenüber meinem Vater erwähnte, und bevor ich wußte, was ich tat, hatte ich ein Formular unterschrieben und beantwortete Fragen, und zwar alle mit ‹ja›. Und dann war ich plötzlich in Uniform mit einem Streifen auf dem Ärmel und hatte täglich acht Stunden Unterricht.»

«Mein Bruder wollte ebenfalls herausfinden, was er war», sagte Esther. «Es ist gefährlich, so zu sein. Du wirst umkommen.»

«Ich glaube, es würde mir nichts ausmachen», sagte de Gier und zog an ihrem Kimono.

Hinterher schliefen sie ein, und de Gier erwachte eine Stunde später, weil Olivier sich gegen die Glastür zum Balkon warf und sie zum Klappern brachte. Er stand auf und fütterte die Katze, wobei er das Fleisch sorgsam in dünne Scheibchen schnitt. Er legte sich wieder hin, ohne Esther zu stören, die auf der Seite lag und leise atmete. Ihr Atmen erregte ihn wieder. Er drehte sich um und betrachtete die Geranien und zwang seine Gedanken zur Konzentration. Er wollte über die Stachelkugel nachdenken, die Kugel, die das Leben von Esthers mächtigem Bruder zerschmettert hatte. Er wußte, dies war die beste Zeit, um nachzudenken, wenn sein Körper fast schlief und das Gehirn allein funktionieren ließ. Es hatte ihn frühmorgens zu dem Schluß geführt, daß die Kugel mit einem Band verbunden gewesen war, vermutlich mit einem elastischen Band. Er hatte sich an ein paar kleine Jungen erinnert, die auf dem Balkon eines Hotels in Frankreich Ball gespielt hatten. Er hatte sie von der Hotelhalle aus beobachtet; das war vor einigen Jahren während eines Urlaubs gewesen, den er mit einer Polizeisekretärin verbracht hatte, die sich als sehr reizbar und besitzergreifend erwiesen und das versprochene Vergnügen der Reise zu einer Reihe von Streitereien und Rückzügen gemacht hatte. Er hatte an jenem Tag versucht, von ihr mal loszukommen, und war auf dem Weg durch die Halle nach draußen gewesen, als er die Kinder sah. Sie hatten einen Ball, der mit einem Gummiband an ein schweres Gewicht gebunden war und nach dem sie mit Miniaturraketts schlugen. Sie konnten den Ball nicht verlieren, denn er konnte nur eine bestimmte Strecke zurücklegen. Er hatte nicht versucht, an spielende Kinder zu denken, sondern sich nur auf das Geheimnis der Stachelkugel konzentriert, als das Bild von den Kindern und ihrem Spielzeug plötzlich aufgetaucht war.

Der Ball war in Abes Zimmer geworfen oder geschossen worden, aber nicht dringeblieben. Er war sicher, daß der Mörder nicht im Zimmer gewesen war. Falls doch, hätte es einen Kampf gegeben. Esther und Louis Zilver hatten sich zu dem Zeitpunkt im Haus aufgehalten. Sie hätten den Kampf gehört. Es hätte Rufe gegeben, Möbel wären gerückt worden, Körper hätten miteinander gekämpft und wären gefallen. Der Mörder hätte das Haus nach Abes Tod verlassen müssen. Er hätte das Risiko eingehen müssen, entweder von Esther oder Louis gesehen zu werden. De Gier war sicher, daß der Mord geplant war. Geplant mit einer Höllenmaschine. Er hatte im Polizeimuseum eine Ausstellung von Höllenmaschinen gesehen. Füllfederhalter, die Gift verspritzen, Ringe mit einem verborgenen Stahldorn, bewegt von einer Feder, sehr komplizierte Apparate, die eine Explosion auslösen, Falltüren, schwere Gewichte, die im richtigen Augenblick fallen. Aber keine Stachelkugel, die verschwindet, nachdem sie ihr Werk vollendet hat. Und dennoch wußte er, daß er die Antwort kannte. Er hatte mal etwas gesehen, etwas, was eine Stachelkugel bewegen konnte. Wo hatte er es gesehen?

Es mußte etwas sein, was alltäglich, harmlos war. Etwas, worüber die Polizisten nicht weiter nachdenken würden. Und es mußte geräuschlos sein. Ein Knall hätte die Polizisten alarmiert, die sich an dem Tag sowieso schon unbehaglich fühlten. Etwas, was der Mörder durch den Recht Boomssloot tragen und dabei die Polizisten anlächeln konnte.

Seine Augen schlossen sich. Er mühte sich ab. Die Antwort war nahe; er brauchte nur danach zu greifen.

Er schlief ein und erwachte zwei Stunden später. Esther war nicht im Bett. Er hörte sie in der Küche. Sie rührte in einem Topf. Der Geruch erreichte ihn, ein guter Geruch, der seinen Magen reizte. Ein Schmorgericht. Sie mußte das Hack und das frische Gemüse gefunden haben. Er stand auf und steckte den Kopf in die kleine Küche. Sie kochte auch Reis.

Sie aßen und hörten Schallplatten. De Gier fühlte sich glücklich, unglaublich und vollkommen glücklich. Er fühlte sich außerdem schuldig und öffnete eine Dose Sardinen für Olivier.

15

Die Albert Cuypstraat ist lang und schmal und durchschneidet einen der häßlicheren Stadtteile von Amsterdam, wo die Häuser schmale, hohe Ziegelscheiben sind, zusammengeschoben in endlosen Reihen, wo keine Bäume wachsen und der Verkehr ewig zum Erliegen kommt. Der Straßenmarkt ist das Herz einer Gegend aus Stein und Teer, und seine Farbtupfer und Geräusche bringen etwas Leben in einen Stadtteil, der sonst nicht viel mehr als eine Hölle der Langeweile wäre, in der die Ameise ‹Mensch› ihre sechzig oder siebzig Jahre Leben mit Aufstehen und Zubettgehen verbringt, mit Fabrik- und Büroarbeit, mit Fernsehprogrammen und einer kleinen Sauferei in der Kneipe an der Ecke. Es war eine Gegend, die de Gier und Cardozo gut kannten, denn sie heckt Verbrechen aus, hauptsächlich traurige, keine spektakulären. Die Wohngegend ist bekannt wegen ihrer Familienstreitereien, wegen Rauschgifthandels in kleinem Umfang, wegen der Einbrüche und Raubüberfälle, verübt von jugendlichen Banden, die umherstolzieren, älteren Passanten den Weg versperren, Autos und Motorräder stehlen und einsame Homosexuelle belästigen. Die Gegend ist zum Untergang verurteilt, denn die Stadtplaner werden sie beseitigen, sie mit Dynamit in die Luft sprengen, um Platz für parkumgrünte Appartementhäuser zu schaffen, aber die Verwaltung arbeitet langsam, und der Straßenmarkt wird noch viele Jahre bestehen, als riesiges Warenhaus fungieren, Lebensmittel und Haushaltswaren billig verkaufen, einen Absatzmarkt für unverkäufliche Industriegüter des Landes sowie für Spekulanten unter den Händlern bieten, die auf eigene Rechnung importieren oder schmuggeln oder, was seltener ist, gestohlene Ware kaufen.

Cardozo war es gelungen, sich mit seinem grauen Lieferwagen auf den Fußweg zu drängen. Er lud Ballen für Ballen fröhlich bedruckter Textilien ab, die de Gier auf den abgewetzten Brettern des Eckstandes stapelte, ihnen für diesen Tag zugeteilt vom Marktmeister, der ihnen wissend zugeblinzelt hatte, als de Gier, mit seinem Erlaubnisschein wedelnd, ihn in seinem kleinen Büro aufgesucht hatte.

«Viel Glück», sagte der Marktmeister. «Ihr seid hinter Rogges Mörder her, möchte ich wetten. Es ist besser, daß ihr ihn kriegt. Abe Rogge war populär hier und wird vermißt werden.»

«Sag's keinem», sagte de Gier.

«Ich verrate die Polizei nicht. Ich brauche die Polizei hier. Ich wollte, ihr würdet regelmäßiger über den Markt patrouillieren. Zwei uniformierte Konstabel können den eineinhalb Kilometer langen Markt nicht im Auge behalten.»

«Hier sind auch welche von der Kripo.»

«Ja», sagte der Marktmeister, «aber nicht genug. Hier gibt es immer einige Schwierigkeiten, vor allem an einem heißen Tag wie heute. Wir brauchen mehr Uniformen. Wenn die einen glänzenden Mützenschirm sehen und hübsch blankgeputzte Knöpfe, werden sie schnell ruhig. Ich habe schon ans Büro vom Hoofdcommissaris geschrieben. Er antwortet zwar, aber immer dasselbe: Personalmangel.»

«Beschweren, beschweren, beschweren!» sagte de Gier.

«Wie meinst du das?»

«Wie ich es sage. Beschwer dich weiter. Es hilft. Du wirst mehr Konstabel bekommen.»

«Aber sie werden aus irgendeinem anderen Stadtteil kommen, und dann wird es *dort* Schwierigkeiten geben.»

«Dann kann ein anderer anfangen, sich zu beschweren.»

«Ja», sagte der Marktmeister und lachte. «Ich denke nur an meine eigenen Schwierigkeiten. Was ist mit dir? Wirst du den Mann schnappen?»

«Sicher», sagte de Gier und ging.

Aber er war nicht so sicher, als er wieder zum Stand kam. Cardozo beschwerte sich ebenfalls. Die Ballen seien zu schwer.

«Ich hol dir einen Kaffee», sagte de Gier.

«Ich kann mir den Kaffee selbst holen. Ich möchte, daß du mir beim Abladen der Ballen hilfst.»

«Zucker und Milch?»

«Ja. Aber hilf mir zuerst.»

«Nein», sagte de Gier und verließ den Stand. Er fand ein Mädchen, das ein Tablett mit leeren Gläsern trug und seine Bestellung entgegennahm. Er bestellte außerdem Fleischbrötchen und Bockwurst.

«Du bist neu hier, nicht wahr?» Das Mädchen war hübsch, de Gier lächelte es an.

«Ja. Heute das erste Mal. Wir sind schon auf anderen Märkten gewesen, hier noch nie.»

«Dies ist der beste Markt im Land. Was verkaufst du?»

«Hübsche Kleider- und Vorhangstoffe.»

«Machst du mir einen Sonderpreis?» Das Mädchen streckte die Hand aus und tätschelte seine Wange.

«Na klar.» Er lächelte wieder, sie antwortete mit einem Schwenken der Hüfte. Er hatte es nicht eilig, zum Stand zurückzugehen, aber Cardozo sah ihn und rief und sprang auf und ab und wedelte mit den Armen.

Zusammen richteten sie den Stand ein und drapierten einige Textilien auf eine Art und Weise, die sie für attraktiv hielten.

«Das haut nicht hin», murmelte Cardozo bei der Arbeit. «Der Kerl auf der anderen Straßenseite weiß, wer wir sind. Er sieht uns immerzu an. Wer ist das überhaupt?»

De Gier schaute und winkte. «Louis Zilver. Ich habe den Marktmeister gebeten, uns einen Stand in seiner Nähe zu geben. Er war Abe Rogges Partner. Er verkauft Glasperlen, Wolle, Seide zum Sticken und solche Sachen.»

«Aber wenn er uns kennt, wird er die Nachricht verbreiten, oder?»

«Nein, das wird er nicht. Warum sollte er?»

«Warum sollte er nicht?»

«Weil er der Freund des Toten war.»

«Er könnte der Mörder des Toten sein.»

De Gier trank seinen Kaffee und starrte Cardozo an, der ihn zwischen zwei Ballen Stoff anfunkelte. «Worüber regst du dich so auf? Wenn er der Mörder ist, verschwenden wir hier unsere Zeit und müssen auf andere Weise an ihn herankommen. Wenn er es aber nicht ist, wird er uns schützen. Er weiß, daß er verdächtigt wird, und wenn wir den Mörder finden, ist er außen vor; außerdem könnte er wirklich wünschen, daß wir den Mörder schnappen. Er war angeblich Rogges Freund, nicht wahr? Es gibt so etwas wie Freundschaft.»

Cardozo brummte.

«Glaubst du nicht an Freundschaft?»

Cardozo antwortete nicht.

«Nein?»

«Ich bin Jude», sagte Cardozo, «und Juden glauben an Freundschaft, weil sie ohne sie nicht überlebt hätten.»

«Das meine ich nicht.»

«Was meinst du denn?»

«Freundschaft», sagte de Gier. «Du weißt, Liebe. Ein Mensch liebt einen anderen. Er ist froh, wenn der andere froh ist, und traurig, wenn der andere traurig ist. Er identifiziert sich mit dem anderen Menschen. Sie sind zusammen, und zusammen sind sie mehr als die Summe von zwei Individuen.»

«Du brauchst mir das nicht zu buchstabieren», sagte Cardozo. «Ich glaube dir sowieso nicht. Es gibt so etwas wie gemeinsame Interessen und den Gedanken, daß zwei Menschen mehr bewirken können als einer. Das kann ich verstehen, aber auf Liebe laß ich mich nicht ein. Ich bin schon seit einer Weile bei der Polizei. Die Freunde, die wir fangen, hauen einander nach einer gewissen Zeit immer in die Pfanne.»

«Liebe deinen Nächsten», sagte de Gier.

«Bist du religiös?»

«Nein.»

«Warum predigst du mir dann?»

De Gier berührte behutsam Cardozos Schulter. «Ich predige dir nicht. Liebe deinen Nächsten; das ist sinnvoll, nicht wahr? Selbst wenn es zufällig ein religiöses Gebot ist.»

«Aber wir lieben unsere Nächsten nicht», sagte Cardozo und trat wütend gegen einen Ballen Futterstoff, der runtergefallen war. «Wir beneiden unsere Nächsten, wir versuchen, ihnen etwas wegzunehmen, wir ärgern sie. Wir machen uns über sie lustig, wenn wir damit durchkommen, und wir bringen sie um, wenn sie sich unseren Forderungen nicht beugen wollen. Du kannst die Geschichte nicht widerlegen. Ich war zu jung für den letzten Krieg, aber ich habe die Dokumente gesehen und die Geschichten gehört und die Zahlen gesehen, die man Menschen auf den Arm gebrannt hat. Wir haben eine Armee, um sicherzustellen, daß sich die Nächsten jenseits der Grenze anständig benehmen, und wir haben eine Polizeitruppe, um sicherzustellen, daß wir uns selbst innerhalb der Grenzen anständig benehmen. Weißt du, wie es hier aussehen würde, wenn die Polizei nicht patrouillierte?»

«Hör auf, den Ballen zu treten», sagte de Gier. «Du verdirbst die Ware.»

«Ohne die Polizei wäre die Gesellschaft ein verrücktes Schlachtfeld, auf dem sich jeder ungestraft schlagen darf. Ich bin sicher, dem Zilver ist es scheißegal, ob wir den Mörder schnappen oder nicht, und falls nicht, hat er ein persönliches Interesse.»

«Rache beispielsweise», sagte de Gier.

«Auch Rache ist selbstsüchtig», sagte Cardozo, «aber ich dachte an Geld. Er wird wollen, daß wir jemand festnehmen, wenn er davon profitieren kann.»

«Du hast mit Grijpstra getrunken», sagte de Gier und half, den Ballen aufzuheben.

«Nein. Du. Gestern abend.»

De Gier machte ein beleidigtes Gesicht. «Gestern abend, lieber Freund, war ich zu Hause. Ich war nur einige Minuten mit Grijpstra in Nellies Bar, und die Hälfte der Zeit ging für ein Telefongespräch drauf. Er wollte mich nicht dabei haben, also ging ich. Auch Nellie wollte mich nicht dort haben.»

«Nellie?» fragte Cardozo.

De Gier erläuterte.

«Junge!» sagte Cardozo. «So große? Junge!»

«So große», sagte de Gier, «und Grijpstra wollte sie ganz allein für sich. Also bin ich gegangen. Ich habe zwei Nutten überprüft, die angeblich Bezuurs Alibi waren, und bin dann heimgegangen.»

«Bezuur?» fragte Cardozo. «Wer ist er? Ich soll dir und dem Adjudant helfen, aber keiner sagt mir was. Wer ist Bezuur?»

«Ein Freund von Abe Rogge.»

Cardozo stellte weitere Fragen, die de Gier erläuterte.

«Aha», sagte Cardozo. «Was ist mit den Callgirls? Sind sie die ganze Nacht bei ihm gewesen?»

«Das sagten sie jedenfalls.»

«Hast du ihnen geglaubt?»

«Laut Grijpstra lagen sechs leere Champagnerflaschen in Bezuurs Bungalow herum, auf den Möbeln waren Brandstellen von Zigaretten und an den Wänden Flecken. Eine Orgie. Wer erinnert sich, was während einer Orgie passiert? Vielleicht haben sie die halbe Nacht bewußtlos auf dem Fußboden gelegen.»

«Sahen sie so aus?»

«Sie sahen ganz gut aus», sagte de Gier. «Die eine sah sogar ziemlich hübsch aus. Aber sie hatten Zeit für ein Schönheitsnickerchen gehabt und wußten, daß ich komme. Ich hatte ihre Adresse nicht und konnte sie deshalb nicht überraschen.»

«Hättest du nicht bei der Telefonauskunft fragen können?»

«Ich hätte, aber vielleicht war ich zu faul, den Versuch zu machen, sie zu überraschen.»

«Was hast du also anschließend gemacht?»

«Ich bin nach Hause und zu Bett gegangen. Und zwischendurch habe ich in den Blumenkästen auf meinem Balkon Unkraut gezupft. Und ich hatte mit meinem Kater ein spätes Abendessen.»

Cardozo lächelte. «Du bist ein glücklicher Mensch, Brigadier.»

«Nenn mich nicht Brigadier. Warum bin ich glücklich?»

Cardozo zuckte die Achseln. «Ich weiß nicht. Du bist älter als ich, aber manchmal bist du wie ein Kind. Du freust dich über Kleinigkeiten, nicht wahr? Du und dein blöder Kater.»

«Mein Kater ist nicht blöd. Und er liebt mich.»

«Geht das schon wieder los», sagte Cardozo und zupfte an einem anderen Ballen. «Liebe. Ich habe vorige Woche in einem Buchladen einen Poster gesehen. Einen Liebesposter. Halbnackte Mädchen mit krausem Haar sitzen unter einem schönen Baum und singen, während Vögel umherfliegen und Engel herabschauen. Es ist eine Manie. Als ich noch Uniform trug, hatten wir einen Häuserblock von unserer Revierwache entfernt eins von diesen Liebesnestern. Jeden Abend gab es Beschwerden. Den Mädchen hatte man die Handtasche gestohlen und den Jungen die Brieftasche geklaut. Und sie kauften Hasch, der sich als gepreßter Dreck erwies, und man zückte Messer gegen sie, und sie kriegten den Tripper, Filzläuse und die Krätze. Ich bin einige dutzendmal dort gewesen, und es war an jedem Abend das gleiche: schmutzig und verraucht und blöde und dunstig. Einige kriegten die Kurve und setzten sich ab, aber es gab immer andere, die noch nicht klug geworden waren und darum bettelten, eingelassen zu werden.»

«Ein schlechter Ort», sagte de Gier. «Puffs auch. Und Nellies Bar ebenfalls, es sei denn, du heißt Grijpstra und Nellie mag dich. Aber es gibt Liebe.» Er klopfte seine Taschen ab.

«Zigarette?» fragte Cardozo und bot ihm seinen Tabaksbeutel und ein Päckchen Zigarettenpapier an.

«Danke», sagte de Gier. «Siehst du, du gibst mir etwas, um das ich nicht gebeten habe. Du sorgst dich also um mein Wohlbefinden.»

«Also liebe ich dich», sagte Cardozo. De Gier war verlegen, Cardozo grinste.

«Ich habe dir nur eine Zigarette gegeben, weil ich weiß, irgendwann werde ich mal keine haben und wollen, daß du mir eine gibst. Es ist eine Investition auf die Zukunft.»

«Und falls ich sterben würde?» fragte de Gier. «Sagen wir mal, ich würde in fünf Minuten erschossen und bäte dich um eine Zigarette. Würdest du mir eine geben? Ich wäre nicht in der Lage, das Geschenk zu erwidern, oder?»

Cardozo überlegte.

«Na?»

«Ja, ich würde dir eine Zigarette geben, aber ich bin sicher, daß ich einen selbstsüchtigen Grund dafür hätte, wenn mir im Augenblick auch keiner einfällt.»

«Wieviel?» fragte eine Stimme. Eine alte Dame war an den Stand gekommen und befühlte ein Stück Stoff.

«Zwölf Gulden der Meter, meine Liebe», sagte Cardozo, «und zehn Prozent Rabatt, wenn Sie fünf Meter kaufen. Ein schöner Vorhangstoff. Er wird Ihr Zimmer aufhellen und garantiert nicht verbleichen.»

«Teuer», sagte die alte Dame.

«Wie meinen Sie das, meine Liebe? Er liegt zwei Meter breit. In den Geschäften ist er dreimal so teuer und nicht so schön wie dieser. Der ist aus Schweden, und die Schweden sind die besten Designer auf der Welt. Schauen Sie sich die Blumen an. Fuchsien. Sie werden in Ihrem Zimmer sitzen und die Vorhänge schließen, und das Licht wird durch den Stoff scheinen, und Sie werden die hübschen roten Blumen sehen können. Sind die nicht schön? Schauen sie, jede Blüte ist wunderschön ausgedruckt.»

«Ja», sagte die alte Dame verträumt.

«Nehmen Sie fünf Meter, meine Liebe, zu je zehn Gulden.»

«Ich habe keine fünfzig Gulden bei mir.»

«Wieviel haben Sie?»

«Dreißig. Und ich brauche nur drei Meter.»

«Für Sie tu ich alles, meine Liebe. Reich mal die Schere rüber, Kumpel.»

Aber er begann erst zu schneiden, als die Frau ihre dreißig Gulden hingezählt hatte.

«Ich dachte, du hättest gesagt, wir sollten acht Gulden für den Stoff nehmen», sagte de Gier.

«Fang hoch an, runtergehen kannst du immer noch. Und sie hat sowieso noch einen guten Kauf gemacht.»

«Ich wollte den Stoff nicht einmal in meiner Wohnung haben, wenn du mich dafür bezahlst.»

«Hör auf zu nörgeln», sagte Cardozo. «Sie hat den Stoff selbst ausgesucht, nicht wahr? Und es ist erstklassige Ware, beschlagnahmt bei einem erstklassigen Schmuggler, der versuchte, es hereinzubringen, ohne Zoll und Umsatzsteuern zu zahlen.»

Andere Kunden kamen und kauften. Cardozo rief und winkte, de Gier hantierte mit der Schere. De Gier verkaufte nach einer Weile auch, wobei er mit einer kuriosen Auswahl von Frauen scherzte und flirtete.

«Vielleicht sollten wir damit unsere Brötchen verdienen», sagte er während einer kurzen Pause. Ein Taschenspieler, der auf einigen Seifenkisten stand, zog die Aufmerksamkeit der Menge auf sich, so daß sie Zeit zum Verschnaufen hatten.

«Wir haben mehr eingenommen, als wir normalerweise in einer Woche mit unserer Arbeit als Polizist verdienen», räumte Cardozo ein, «aber wir haben die richtige Ware. Man braucht Zeit und Geld, um diese Art von Ware zu finden.»

«Ich bin sicher, wir könnten es.»

«Ja, wir werden die richtige Ware finden und möglicherweise reich werden. Viele von diesen Straßenhändlern sind reich. Abe Rogge war reich; jedenfalls hast du das zu mir gesagt. Möchtest du reich werden, de Gier?»

«Vielleicht.»

«Du müßtest bei der Polizei aufhören.»

«Ich hätte nichts dagegen.»

«Gut», sagte Cardozo und versuchte, ein Stück maschinengeklöppelte Spitze zu glätten. «Ich mach mit, wenn du Händler werden willst, aber ich glaube nicht, daß du jemals einer wirst. Ich glaube, du bist zum Polizisten geboren wie ich. Vielleicht ist es eine Berufung.»

Der Taschenspieler kam, um zu sammeln. Er hatte viele Menschen in ihre Ecke des Marktes gelockt. Cardozo gab ihm einige Münzen.

«Danke», sagte de Gier. Der Taschenspieler, ein alter Mann mit sonnengebräuntem kahlem Schädel, lächelte und zeigte eine unregelmäßige Reihe abgebrochener brauner Zähne.

«Nichts zu danken, Freund», sagte der Taschenspieler. «Ich werde jetzt hundert Meter weiter unten eine Vorstellung geben und die Leute von euch wieder weglocken, aber vielleicht versetze ich sie in gute Laune, so daß ihnen das Geld locker sitzt. Es ist jedoch besser, daß ihr euch beeilt; es wird in einer Minute regnen, und die werden verschwinden wie Huren, die einen Streifenwagen gesehen haben.»

«Hast du das gehört?» fragte de Gier. «Er hat die Polizei erwähnt. Glaubst du, daß er über uns Bescheid weiß?»

«Vielleicht.»

«Vielleicht auch nicht», sagte de Gier und schaute zum Himmel. Es war sehr heiß geworden, der Schweiß juckte ihn unter dem Hemd. Die Wolken waren bleifarben und hingen tief. Die Straßenhändler breiteten durchsichtige Plastikplanen aus und holten ihre Waren herein.

Plötzlich ergoß sich der Wolkenbruch, kalter, schwerer Regen überschwemmte den Markt, überfiel Frauen und kleine Kinder mitten auf der Straße und zwang sie, in alle Richtungen zu laufen und sich unterzustellen. Wasservorhänge versperrten de Gier die Sicht, donnerten herab und spritzten von der Straße wieder hoch auf seine Füße und an seine Hosenbeine, Wasser rann vom Zeltdach und ihm in den Nacken. Cardozo rief und zeigte auf den Nachbarstand, aber de Gier konnte ihn nicht verstehen. Er sah verschwommen den alten Straßenhändler und dessen Frau herumzappeln, konnte aber nicht feststellen, was von ihm erwartet wurde, bis Cardozo ihn mitzog, ihm einen Karton mit Gemüse in die Hand drückte und auf einen VW-Bus zeigte, der am Straßenrand geparkt war. Zusammen beluden sie den kleinen Bus mit den Waren ihres Nachbarn, die dieser in seinem Stand hatte und die jetzt Gefahr liefen, von den Gießbächen die Straße hinuntergeschwemmt zu werden. De Gier war durch und durch naß, aber die Kartoffeln, Gurken, Babynahrung, Bananen und Kohlköpfe schienen kein Ende nehmen zu wollen.

«Danke, Freunde», sagten der alte Mann und seine Frau immer wieder. De Gier murmelte eine Antwort. Cardozo grinste wie ein Affe.

«Es ist herrlich, dich zur Abwechslung mal arbeiten zu sehen», schrie Cardozo in de Giers Ohr, so daß er es reiben mußte, um wieder hören zu können.

«Schrei nicht», schrie er, Cardozo grinste wieder, das kantige Gesicht funkelte boshaft.

Der Regen hörte auf, als sie den Bus beladen hatten. Die Sonne kam plötzlich wieder heraus und erhellte die traurige Szene von schwimmenden Kartons und Kisten und durchnäßten Händlern, die in ihren Ständen murmelnd und fluchend herumpatschten und sich schüttelten wie Hunde, die aus einer Gracht geklettert sind.

«Mist», sagte de Gier, der versuchte, Haare und Gesicht mit einem zerknüllten Taschentuch zu trocknen. «Warum mußten wir diesen Idioten helfen? Die konnten doch sehen, daß Regen kommt, oder?»

«Freundschaft», sagte Cardozo, rieb sich die Hände und winkte dem Kaffeemädchen, das mit einem Tablett voller Gläser mit heißem Kaffee und einer Schüssel mit Fleischbrötchen und mit Senf beschmierter Bockwürste herangeschwankt kam. «Ich habe mich an ‹liebe deinen Nächsten› erinnert. Es gibt nichts, mit dem uns die alten Leute das vergelten können, nicht wahr?»

De Gier lächelte trotz seines Unbehagens. Kalte Tropfen liefen ihm den Rücken hinunter bis zu seinem Hintern, der einzigen trockenen Stelle seines Körpers. «Ja», sagte er und nickte. «Danke.»

«Wofür bedankst du dich?» fragte Cardozo, plötzlich mißtrauisch geworden.

«Für die Lektion, ich lerne gern.»

Cardozo musterte de Giers Gesicht. De Giers Lächeln war anscheinend echt. Cardozo nippte an seinem Kaffee und schob seinen Tabak und das Papier dem Brigadier zu, der sofort zwei Zigaretten drehte und Cardozo eine zwischen die Lippen steckte. Er zündete ein Streichholz an.

«Nein», sagte Cardozo. «Ich traue dir nicht, Brigadier.»

«Wovon sprichst du eigentlich?» fragte de Gier vergnügt.

«Ach, hier seid ihr», sagte Grijpstra. «Faulenzt herum, wie ich erwartet habe. Ich dachte, ihr wollt Straßenhändler sein. Solltet ihr nicht versuchen, etwas zu verkaufen? Wenn ihr weiterhin da hinten in eurem Stand herumlungert und Kaffee trinkt und das Neueste vom Tage austauscht, werdet ihr es nie zu etwas bringen.»

«Cardozo», sagte de Gier, «hol dem Adjudant ein Glas guten Kaffee und ein Paar Würstchen.»

«Nenn mich hier nicht Adjudant, de Gier, und ich möchte drei Würstchen, Cardozo.»

«Das macht fünf Gulden», sagte Cardozo.

«Das macht nichts, nimm's aus der Kasse. Ihr müßt heute morgen einiges Geld eingenommen haben, während wir herumgerannt sind, um Türken zu schnappen.»

«Türken?» fragten de Gier und Cardozo mit einer Stimme.

«Türken, zwei, wir haben beide angeschossen und ins Krankenhaus gebracht. Ich hoffe, daß der eine nicht stirbt. Er hat einen Schuß durch den linken Lungenflügel erwischt.»

«Lauf los, Cardozo», sagte de Gier. «Was ist mit den Türken, Grijpstra?»

Grijpstra setzte sich auf einen Stoffballen und steckte einen Zigarillo an. «Ja. Türken. Die blöden Idioten haben eine Bank überfallen mit Spielzeugpistolen, wunderschönes Spielzeug, von echten nicht zu unterscheiden. Der eine hatte eine Luger und der andere ein großes Armeemodell Marke Browning aus Plastik. Die Bank hat eine Alarmanlage, und es gelang, den Knopf zu drücken. Ein sechzehnjähriges Mädchen drückte auf den Knopf, während es die Räuber anlächelte. Der Manager war zu beschäftigt, weil er sich die Hosen vollmachte. Ich war zufällig in einer Revierwache in der Nähe und ging zu Fuß hin, als die Streifenwagen eintrafen. Die Idioten bedrohten uns mit ihrem Spielzeug und wurden angeschossen, der eine ins Bein, der andere in die Brust. Innerhalb von zwei Minuten war alles vorbei.»

«Hast du sie angeschossen?» fragte de Gier.

«Nein. Ich hatte meine Waffe zwar gezogen, aber nicht einmal Zeit, sie durchzuladen. Die Konstabel feuerten sofort bei ihrem Eintreffen.»

«Das hätten sie nicht dürfen.»

«Nein, aber sie haben vor einigen Monaten einen Mann verloren, erinnerst du dich? Er hielt einen gestohlenen Wagen an und wurde erschossen, ehe er auch nur den Mund öffnen konnte. Diese Polizisten waren die Freunde des Toten. Sie erinnerten sich. Und die Spielzeuge sahen echt genug aus.»

«Ich dachte, diese Spielzeuge werden in den Läden nicht mehr verkauft.»

«Die Türken haben sie in England gekauft», sagte Grijpstra und zuckte die Achseln. «Irgendein glücklicher Ladeninhaber in London hat ein paar Shilling verdient, und wir haben jetzt zwei blutende Türken in Amsterdam.»

Cardozo kam zurück und hielt einen Teller mit Würstchen hin. Grijpstras Hand schoß vor und griff nach dem dicksten und steckte es mit einer einzigen Bewegung in den Mund.

«Vrgrmpf», sagte Grijpstra.

«Die sind heiß», sagte Cardozo. «Ich hätte es dir gesagt, wenn du eine Sekunde gewartet hättest.»

«Raschf», sagte Grijpstra.

«Ist er gekommen, um uns zu helfen, de Gier?»

«Frag ihn, wenn er mit dem Mundverbrennen fertig ist.»

Grijpstra nickte.

«Er ist gekommen, um uns zu helfen, Cardozo.»

«Verkaufen Sie dies Zeug oder zeigen Sie es nur?» fragte eine alte Frau mit einem Gesicht scharf wie eine Axt.

«Wir verkaufen es, meine Liebe», sagte de Gier und kam nach vorn.

«Ich bin nicht Ihre Liebe, und die Spitze gefällt mir nicht sehr. Haben Sie keine bessere?»

«Handgeklöppelt in Belgien, meine Dame, handgeklöppelt von Bäuerinnen, die seit ihrem vierten Lebensjahr nichts anderes gemacht haben. Betrachten Sie die Einzelheiten, hier, schauen Sie.»

De Gier rollte den Ballen ab und hielt das Material hoch.

«Unsinn», sagte die alte Frau. «Quatsch, das ist Maschinenarbeit. Wieviel kostet sie überhaupt?»

De Gier wollte ihr den Preis sagen, als der Wind den unteren Teil des Segeltuchdachs erfaßte und hochhob. Mehrere Eimervoll des eiskalten Regenwassers kamen herunter und überschütteten die alte Frau und durchnäßten sie, zuerst den mit Rüschen besetzten grünen Hut, zuletzt die schwarzen, flachen, plumpen Schuhe.

Grijpstra, de Gier und Cardozo erstarrten. Sie wollten ihren Augen nicht trauen. Was soeben noch eine aggressive scharfzüngige Furie gewesen war, hatte sich zu einem durchweichten Klumpen nassen Fleisches verwandelt, und der Klumpen starrte sie an. Das Gesicht der alten Frau hatte ein übertriebenes Make-up, und Wimperntusche lief jetzt über die Wangen und verband sich mit Puder zu rötlichen, schwarzgeränderten Streifen, die sich den dünnen, feingeschnittenen Lippen näherten.

Das Schweigen war unbehaglich.

Ihr Nachbar, der Gemüsemann, starrte die Frau ebenfalls an.

«Lachen Sie, meine Dame», sagte der Gemüsemann. «Lachen Sie um Himmels willen, sonst werden wir alle noch weinen.»

Die alte Frau schaute auf und funkelte den Gemüsemann an. «Sie . . .»

«Sagen Sie es nicht, meine Dame», sagte Grijpstra, sprang auf sie zu, nahm sie bei den Schultern und zog sie mit. «Gehen Sie heim und ziehen Sie sich um. Das mit dem Wasser tut uns leid, aber es war der Wind. Gehen Sie, meine Dame, gehen Sie heim.» Die alte Frau wollte sich von dem Griff befreien und stehenbleiben, aber Grijpstra schob sie weiter, klopfte ihr auf die Schulter und setzte seinen Monolog fort. «Nun, meine Liebe, sollten Sie nach Hause gehen und ein schönes Bad nehmen. Hinterher werden Sie sich ausgezeichnet fühlen. Machen Sie sich eine große Tasse Tee und essen Sie einen Keks. Danach wird es Ihnen ausgezeichnet gehen. Wo wohnen Sie, meine Liebe?»

Die alte Frau zeigte auf eine Nebenstraße.

«Ich werde Sie nach Hause bringen.»

Sie lächelte. Grijpstra zeigte sich sehr um sie besorgt. Sie lehnte sich an den großen, massiven Mann, der sich für sie interessierte, seit Jahren der erste Mann, dem sie nahegekommen war, seit ihr Sohn gestorben und sie allein zurückgeblieben war in der Stadt, in der sich niemand an ihren Vornamen erinnerte und sie von einer Altersrente und ihren Ersparnissen lebte und sich fragte, wann die Sozialarbeiter sie aufgreifen und in ein Heim stecken würden.

«Da sind wir», sagte Grijpstra an der Tür. «Vergessen Sie Ihr heißes Bad nicht, meine Liebe.»

«Ich danke Ihnen», sagte die alte Frau. «Möchten Sie nicht vielleicht mit hinaufkommen? Ich habe noch guten Tee in einer versiegelten Büchse. Ich habe ihn schon seit Jahren, aber er wird sein Aroma nicht verloren haben.»

«An einem an anderen Tag mal, meine Liebe», sagte Grijpstra. «Ich muß meinen Kollegen helfen. Die Sonne ist wieder da, und wir werden heute nachmittag zu tun haben. Jedenfalls vielen Dank.»

«Du hast uns alle gerettet», sagte de Gier, als Grijpstra zurückkam. «Die alte Kuh hätte uns ermordet. Ihr Regenschirm sah böse aus.»

«Sie hat die Spitze nicht gekauft», sagte Cardozo.

Sie hatten den ganzen Nachmittag über zu tun und verkauften den größten Teil der Stoffe, die sie mitgebracht hatten. Grijpstra und de Gier gingen umher, ließen Cardozo die Arbeit tun und kamen erst wieder an den Stand zurück, als die Hilferufe des jungen Kriminalbeamten zu verzweifelt wurden. Grijpstra sprach mit Louis Zilver, de Gier baute den Kontakt zum Gemüsemann aus. Die Straßenhändler sprachen alle über Abe Rogges Tod, und die Kriminalbeamten hörten zu, erhielten jedoch keine neuen Hinweise. Allgemein herrschte anscheinend ein Gefühl der Überraschung. Die Straßenhändler hatten Rogge alle gern gehabt und erzählten unglaubliche Geschichten über ihn, Geschichten, die ihre Bewunderung zeigten. Die Kriminalbeamten versuchten in den Unterhaltungen Spuren von Neid zu finden, aber es gab anscheinend keine. Die Straßenhändler hatten sich über Rogges Erfolg gefreut, über seinen Erfolg als Kaufmann, über seinen Erfolg bei Frauen. Sie erwähnten seine feine Lebensart und sein Wissen. Sie sprachen über die Parties, die er in Bars und in seinem Haus gegeben hatte. Sie hatten einen Freund verloren, einen Freund, der ihnen in schweren Zeiten Geld geliehen, der Kunden in ihre Ecke des Marktes gelockt, der sich ihre Schwierigkeiten und Sorgen angehört und sie durch seine lustigen Geschichten und sein extravagantes Verhalten aufgemuntert hatte.

«Wir sollten heute abend etwas unternehmen», sagte der Gemüsemann. «Ihm zu Ehren ein paar trinken. Das ist das wenigste, was wir tun können.»

«Sollten wir damit nicht bis zur Beerdigung warten?» fragte die Frau des Gemüsemanns.

«Die Leiche ist noch bei der Polizei», sagte Louis Zilver. «Ich habe heute morgen dort angerufen. Sie wollen sie erst nach einigen Tagen freigeben.»

«Feiern wir die Party heute abend», sagte der Gemüsemann. «Ich wohne in der Nähe. Ihr könntet alle um etwa neun Uhr kommen, wenn meine Frau einverstanden ist. Gut, Frau?» Die dicke kleine Frau stimmte zu.

«Wir werden eine Flasche mitbringen», sagte Grijpstra.

«Ja», sagte der Gemüsemann, «dann ist sie auch euch zu Ehren. Ihr habt mir heute geholfen, und ich hoffe, daß ihr auch weiterhin kommt. Ich werde die anderen von hier alle einladen. Es wird eine große Party werden, vielleicht vierzig oder fünfzig Leute.»

Seine Frau seufzte. Er beugte sich vor und küßte ihre Wange. «Ich werde dir beim Aufräumen helfen, Schatz, und morgen werden wir nicht arbeiten. Wir haben unser Lager geräumt und sollten nicht jeden Tag arbeiten.»

«Gut», sagte die Frau des Gemüsemanns und versetzte ihm einen liebevollen Rippenstoß.

16

Nachmittags um vier waren nicht mehr viele Käufer da, und die Straßenhändler begannen, ihre Stände zu räumen, zufrieden mit den Ergebnissen dieses Tages. Der Regen hatte nicht lange genug gedauert, um den Verkauf zu beeinträchtigen; die Pfützen waren abgeflossen und von der heißen Sonne getrocknet worden; Gemüse und Blumen hatten sich gut verkauft; das Datum für die Auszahlung der Gehälter war nahe genug, um Nachfrage nach Gebrauchsgütern zu schaffen. Sogar bei Antiquitäten und teuren Elektrogeräten war der Umsatz nicht schlecht gewesen. Die Händler lächelten, als sie ihre Kleinbusse, Lieferwagen und Anhänger beluden, und mit einiger Befriedigung spürten sie das Gewicht ihrer Brieftaschen, Blechdosen und Geldbeutel aus Leinen.

«Gut», sagte Cardozo und hob den Rest eines Tuchballens mit überschwenglicher Geste an, aber er übertrieb es und warf mit dem Ende des Ballens ein Glas Kaffee um und vergoß die schäumende Flüssigkeit in die Blechkasse, die de Gier gerade schließen wollte, nachdem er den Inhalt gezählt hatte.

«Nein», sagte de Gier.

«Blöd», sagte Grijpstra, als er sich bückte, um den Schaden zu betrachten. «Es sind fast zweitausend Gulden in kleinen Scheinen darin. Ich habe sie ebenfalls gezählt. Geld der Polizei.»

«Nein», sagte de Gier noch einmal. «Wir werden sie nie trocken bekommen, und wenn sie zu sehr zusammenkleben, wird die Bank sie nicht akzeptieren. Du bist ein Idiot, Cardozo.»

«Ja», sagte Cardozo. «Du hast recht. Du hast immer recht. Für andere ist das sehr ärgerlich, weißt du. Du solltest lernen, gelegentlich mal nicht recht zu haben.»

«Du hast es angerichtet, du bringst es in Ordnung», sagte Grijpstra. «Nimm es mit nach Hause und trockne es irgendwie. Du wohnst doch noch bei deinen Eltern, nicht wahr?»

«Was hat das damit zu tun, Adjudant?»

«Deine Mutter weiß vielleicht, wie man es trocknet. Sie könnte es in der Küche mit Wäscheklammern an eine Leine hängen. Oder sie könnte es in einen Wäschetrockner stecken. Habt ihr zu Hause einen Wäschetrockner?»

«Der Wäschetrockner könnte es zerfetzen», sagte Cardozo und wühlte mit den Fingern in dem matschigen Geld. «Es ist ganz durchweicht und nur aus Papier, weißt du.»

«Das ist dein Problem», sagte Grijpstra fröhlich. «Du kümmerst dich darum, Konstabel. Du kannst jetzt nach Hause gehen und die Dose mitnehmen. Wir kümmern uns um den Lieferwagen. Bis heute abend auf der Party. Schieb los.»

«Aber . . .» sagte Cardozo mit der jammernden Stimme, die er sich für verzweifelte Situationen vorbehielt.

«Hau ab», sagte Grijpstra. «Husch! Du hast gehört, was der Brigadier sagte.»

«Er steht nur einen Rang über mir. Ich bin Eerste Konstabel.»

«Ein Adjudant sagt es dir ebenfalls», sagte de Gier, «und ein Adjudant steht zwei Ränge über dir. Verschwinde!»

«Ja, Mijnheer», sagte Cardozo.

«Spiel nicht den Kriecher», sagte de Gier.

«Nein, Mijnheer.»

«Immer übertreibt er alles», sagte Grijpstra, als sie beobachteten, wie Cardozos schlanke Gestalt, die Blechbüchse unter dem Arm, in der Menge davonstolzierte.

De Gier stimmte zu. «Er ist noch nicht lange genug bei der Polizei. Die Polizei untertreibt alles.»

«Solange sie einer demokratischen Regierung untersteht.»

De Gier drehte sich um. «Ich dachte, du ziehst insgeheim den Kommunismus vor, Grijpstra.»

«Pst», sagte Grijpstra und sah sich verstohlen um. «Das stimmt, aber der Kommunismus, den ich mag, ist sehr fortschrittlich. Sobald die Gesellschaft dafür reif ist, brauchen wir keine Polizei mehr.»

«Glaubst du, dieser Tag wird kommen?»

«Nein», sagte Grijpstra entschlossen, «aber ich kann davon träumen, nicht wahr?»

«Was wirst du tun, wenn der Traum sich erfüllt?»

«Ich werde malen», sagte Grijpstra und hob den letzten Tuchballen in den grauen Lieferwagen.

Sie fuhren durch den dichten Amsterdamer Verkehr des späten Nachmittags, als Grijpstra de Giers Unterarm berührte.

«Dort drüben rechts am Laternenmast.»

Ein Mann schwankte umher und versuchte, die Wand zu erreichen. Als de Gier hinschaute, sah er, wie der Mann in die Knie ging und auf den Steinplatten zusammenbrach. Der Mann war gut gekleidet und etwa fünfzig Jahre alt. Sie waren schon ganz nahe, als der Mann mit dem Kopf auf dem Boden aufschlug. Sie sahen das obere Gebiß herausfallen; sie konnten das Klicken beinahe hören, als die Plastikzähne die Steinplatte berührten.

«Betrunken?» fragte de Gier.

«Nein», sagte de Gier. «Betrunken sieht er nicht aus. Krank würde ich sagen.»

De Gier tastete unter dem Armaturenbrett nach dem Mikrofon und schaltete das Funkgerät ein, dessen Lautstärke Grijpstra aufdrehte. Das

Gerät begann zu knattern.

«Präsidium», sagte de Gier.

«Präsidium», sagte die Stimme im Funkgerät. «Kommen. Wer sind Sie? Haben Sie keine Nummer?»

«Nein. Wir sind in einem Spezialwagen und haben einen Sonderauftrag. Van Woustraat Nummer 187. Ein Mann ist auf der Straße zusammengebrochen. Schickt eine Ambulanz und einen Streifenwagen.»

«Ambulanz ist alarmiert. Bist du's, de Gier?»

De Gier hielt das Mikrofon vom Mund weg.

«Dummes Schwein», sagte er leise, «kennt meinen Namen. Ich habe nichts damit zu tun.»

«Ja, hier ist de Gier.»

«Kümmere du dich darum, Brigadier. Wir haben gegenwärtig keinen Streifenwagen verfügbar. In eurer Gegend funktionieren die Verkehrsampeln nicht richtig, und alle verfügbaren Männer regeln den Verkehr.»

«Gut», sagte de Gier traurig, «wir kümmern uns darum.»

Sie hörten die Sirene der Ambulanz, als sie ihren Lieferwagen in der zweiten Reihe parkten und damit Rufe von Radfahrern provozierten, die versuchen mußten, herumzufahren.

«Park den Wagen woanders», sagte Grijpstra und öffnete seine Tür. «Ich werde mich schon drum kümmern, dann kannst du nachkommen.»

Der Mann versuchte, auf die Beine zu kommen, als Grijpstra sich niederkniete und dessen Schultern stützte.

«Was fehlt Ihnen?»

«Nichts», sagte der Mann mit undeutlicher Stimme. «Ich habe mich etwas schwach gefühlt, mehr nicht. Das kommt schon wieder in Ordnung. Wer sind Sie?»

«Polizei.»

«Lassen Sie mich in Ruhe. Ich brauche die Polizei nicht.»

Der Mann nahm seine Zähne und steckte sie wieder in den Mund. Er versuchte, ein deutlicheres Bild zu bekommen und blinzelte, aber Grijpstras massige Gestalt blieb verschwommen.

«Was haben wir denn hier?» fragte der Sanitäter und bückte sich, um den Atem des Mannes zu schnüffeln. «Wir haben doch nicht etwa getrunken, oder?»

«Ich trinke nicht», sagte der Mann. «Ich habe es vor Jahren eingestellt und trinke jetzt nur noch ein Glas Wein zum Essen. Ich habe mich nur ein bißchen schwach gefühlt, mehr nicht. Ich möchte heimgehen.»

Der Sanitäter fühlte dem Mann den Puls, zählte und sah dabei Grijpstra an.

«Polizei», sagte Grijpstra. «Wir sahen zufällig, wie dieser Mann schwankte und dann fiel. Was fehlt ihm nach Ihrer Meinung?»

Der Sanitäter zeigte auf sein Herz und schüttelte den Kopf.

«Ernst?»

Der Sanitäter nickte.

«Es ist besser, Sie steigen in die Ambulanz, Mijnheer», sagte Grijpstra.

«Niemals. Ich will nach Hause.»

«Ich kann ihn nicht mitnehmen, wenn er nicht will, wissen Sie.»

«Zum Teufel», sagte Grijpstra. «Er ist krank, nicht wahr?»

«Sehr krank.»

«Nun, dann wird er mitgenommen.»

«Wenn Sie es sagen», sagte der Sanitäter, «und ich möchte Ihren Ausweis sehen.»

Grijpstra holte seine Brieftasche heraus, suchte und fand seine Karte.

«Adjudant H. Grijpstra, städtische Polizei», las der Sanitäter.

«Was passiert, wenn wir ihn hierlassen?»

«Er könnte sterben oder auch nicht. Höchstwahrscheinlich würde er sterben.»

«So schlimm steht es?»

«Ja.»

Der Mann war wieder auf den Beinen und sah aus, als sei er völlig in Ordnung.

«Sind Sie sicher?»

«Ich bin sicher, daß er in sehr schlechter Verfassung ist.»

«In die Ambulanz mit Ihnen», fuhr Grijpstra den Mann an. «Ich befehle Ihnen, in den Ambulanzwagen zu steigen. Ich bin Polizeibeamter. Beeilen Sie sich.»

Der Mann funkelte. «Nehmen Sie mich fest?»

«Ich befehle Ihnen, in die Ambulanz zu gehen.»

«Sie werden von mir noch hören», knurrte der Mann. «Ich werde Beschwerde einlegen. Ich gehe gegen meinen Willen in diese Ambulanz. Hören Sie?»

Zusammen mit dem Sanitäter schob Grijpstra den Mann in den Wagen.

«Es ist besser, wenn Sie uns folgen, falls wir Komplikationen haben werden», sagte der Sanitäter. «Haben Sie einen Wagen hier?»

«Ja. In welches Krankenhaus bringen Sie ihn?»

«Ins Wilhelmina.»

«Wir werden hinkommen.»

De Gier kam, gemeinsam gingen sie zum Lieferwagen. Eine Viertelstunde darauf trafen sie im Krankenhaus ein. Der Mann saß auf einer Holzbank in der Station für ambulante Fälle. Er sah gesund und zornig aus.

«Da sind Sie ja. Sie werden von mir hören. Mir fehlt nichts. Lassen Sie mich jetzt heimgehen oder nicht?»

«Nachdem der Arzt Sie untersucht hat», sagte Grijpstra und setzte sich neben den Mann.

Der Mann drehte sich zur Seite, um etwas zu sagen, schien es sich aber anders zu überlegen. Er faßte sich mit beiden Händen an den Nacken und wurde bleich.

«Doktor!» rief Grijpstra. «Hilfe! Schwester! Doktor!»

Der Mann war ihm über den Schoß gefallen. Ein Mann in weißem Kittel kam durch ein paar Schwingtüren herbeigeeilt. «Hier», rief Grijpstra. Der Mann wurde auf die Holzbank gelegt, eine Schwester hielt ihn fest. Man riß ihm das Hemd von der Brust, und der Mann im weißen Kittel preßte beide Hände rhythmisch auf das Brustbeinende, und für kurze Zeit schien das Leben zurückzukehren, ehe es ganz verebbte.

«Zu spät», sagte der Mann im weißen Kittel und schaute auf den Körper, der reglos auf der Bank lag.

«Tot?» fragte de Gier aus der anderen Ecke des Raums. Der Mann nickte.

Aber es wurde ein weiterer Wiederbelebungsversuch unternommen. Der Körper wurde grob angehoben und auf ein Bett geworfen. Eine schwerfällige Apparatur auf Rädern wurde hereingeschoben. Das zerfetzte Hemd des Mannes wurde ganz heruntergerissen, die gummigepolsterten Arme des Apparats wurden mit seiner Brust verbunden. Der Weißkittelige drehte an Knöpfen, worauf der Körper zuckte, die Gliedmaßen von sich streckte und sich auf und ab bewegte. Das Gesicht schien für einen kurzen Augenblick zum Leben zu erwachen, aber als wieder am Knopf gedreht wurde, fiel der Körper zurück, flatterten die Augenlider nicht mehr und der Mund erschlaffte.

«Es hat keinen Zweck», sagte der Mann im weißen Kittel und schaute Grijpstra an. Er zeigte auf eine Tür. «Bitte dort hinein. Es müssen noch einige Formulare ausgefüllt werden, wo und wie Sie ihn gefunden haben und so weiter. Ich werde nachsehen, ob ich sie finden kann. Ich nehme an, Sie sind Polizeibeamte.»

«Ja.»

«Es wird kaum eine Minute dauern.»

Aber es dauerte einige Minuten, tatsächlich fast eine halbe Stunde. De Gier ging im Zimmer auf und ab, Grijpstra betrachtete ein Poster, das ein Segelboot mit zwei Männern zeigte. Das Foto war von einem Hubschrauber oder Flugzeug aus aufgenommen worden, denn es zeigte das Boot von oben, ein weißes Boot auf einer großen Wasserfläche. De Gier kam, um den Poster ebenfalls anzuschauen.

«Einige Leute gehen segeln», sagte de Gier, «andere warten in Zimmern.»

«Ja», sagte Grijpstra bedächtig. «Zwei Mann auf einem Boot. Es sieht aus, als seien sie mitten auf dem Ozean. Sie müssen gute Freunde sein, sehr enge. Sie sind aufeinander angewiesen. Das Boot ist zu groß für einen Mann, um es allein zu handhaben. Ich halte es für einen Schoner.»

«Ja?» fragte de Gier. «Interessierst du dich für Boote?»

«Ich bin daran interessiert, unseren Fall zu lösen», sagte Grijpstra. «Erinnerst du dich an das Gemälde in Abe Rogges Zimmer? Wir haben es vorgestern gesehen, als seine Schwester uns die Leiche gezeigt hat. Auf dem Boot waren zwei Mann.»

«Und?»

Der Weißkittel kam mit den Formularen herein, die sie sorgsam ausfüllten und mit einem Schnörkel unterzeichneten.

«Der Mann war Anwalt», sagte der Weißkittel. «Wir haben ihn an Hand der Papiere in seiner Brieftasche identifiziert. Ein ziemlich berühmter Anwalt oder ein berüchtigter, wenn Ihnen das lieber ist, denn er übernahm nur üble Fälle und verlangte dafür viel Geld.»

«Er ist eines natürlichen Todes gestorben, oder?» fragte de Gier.

«Ja, das ist richtig», sagte der Weißkittel. «An Herzschwäche. Es wurde fibrös. Er hat möglicherweise ein schweres Leben geführt, sich überarbeitet, zuviel reichhaltiges Essen und teure Weine.»

«Und Callgirls», sagte de Gier.

«Schon möglich», sagte der Weißkittel.

17

«Bert», sagte der Gemüsemann. «Ich heiße Bert. Vor einigen Jahren haben sie angefangen, mich Onkel Bert zu rufen, aber das ist nicht mein richtiger Name. Ich heiße Bert.»

Die Kriminalbeamten schüttelten die hornige Hand ihres Gastgebers und murmelten ihren Vornamen. «Henk», sagte Grijpstra, «Rinus», sagte de Gier, «Isaac», sagte Cardozo. Sie hatten sich ein wenig verspätet, und das Haus war voll von schwitzenden Straßenhändlern und Alkoholdunst und dem herben, beißenden Qualm des schwarzen Shagtabaks in selbstgedrehten Zigaretten. Das Haus stand nahe am breiten Fluß IJ mitten in Amsterdam. Ein Riesentanker fuhr vorbei und füllte mit seinem rostigen Rumpf die Fenster aus; schwermütig ließ er seine Sirene ertönen wie ein trostloser Wal, der seine Einsamkeit beklagt.

«Ein schönes Haus hast du hier, Bert», sagte Grijpstra. «Nicht viele Leute in der Stadt haben einen so freien Ausblick auf den Fluß wie du.»

«Nicht schlecht, wie? Das Haus gehört meiner Familie, seit mein Urgroßvater es gebaut hat. Ich könnte jetzt einen guten Preis dafür kriegen, aber warum verkaufen, wenn man nicht muß? Das Gemüsegeschäft bringt den täglichen Cent ein, und meine Frau und ich haben etwas auf der Bank und brauchen uns um keine Hypothek zu kümmern, die Kinder sind aus dem Haus und versorgt. Also dann! Möchtest du ein Bier?»

«Ja, gern», sagte Grijpstra.

«Oder einen Schluck aus der großen Pulle? Ich habe einen Genever, bei dem dir die Ohren schlackern, und gut und kalt ist er außerdem. Den ganzen Abend wirst du ihn nicht trinken können, aber vielleicht einen kleinen Kurzen, damit du in Gang kommst?»

«Ich möchte einen Kurzen», sagte Grijpstra, «*und* ein Bier.»

Bert schlug sich auf den Schenkel. «Das hab ich gern. Du bist wie ich. Ich will auch immer alles. Das heißt, wenn ich die Wahl hab.»

«Wenn ich darf», sagte Grijpstra, der sich an die guten Manieren erinnerte, die seine Mutter ihm einzuhämmern versucht hatte.

«Du darfst, du darfst», sagte Bert und steuerte seinen Gast zu einer großen, auf Böcken liegenden Tischplatte, beladen mit Flaschen und Tellern voller grüner Gürkchen, glänzender weißer Zwiebeln, dicker heißer Würstchen und kleinen Schüsseln mit mindestens zehn verschiedenen Arten von Nüssen.

«Nüsse», rief Grijpstra. «Sehr gut.»

«Magst du Nüsse?»

«Mein Lieblingsessen. Ich kaufe immer welche, komme aber nie damit bis nach Hause. Auf dem Wege esse ich sie aus der Tüte.»

«Iß sie alle auf», sagte Bert. «In der Küche hab ich noch mehr. Pfundweise.»

Grijpstra aß und trank und war dankbar, daß er zum Abendessen zu spät gekommen war und Mevrouw Grijpstras mürrisches Anerbieten abgelehnt hatte, das billige, trockene Fleisch und die glasigen Kartoffeln aufzuwärmen, mit denen sie die Familie abgefüttert hatte. Der Genever brannte ihm in der Kehle, und die Nüsse füllten seine runden Backen, als er das Zimmer betrachtete, wo de Gier – makellos in einem frischgewaschenen Jeansanzug und einem hellblauen Hemd, eine lange, dünne Zigarre rauchend, die seine aristokratische Nase und den vollen, hochgebürsteten Schnurrbart betonte – einer Frau in mittleren Jahren zuhörte, die mit ihren falschen Wimpern klimperte. Cardozo schaute auf ein Fernsehgerät, das ein niedliches kleines Mädchen zeigte, das von einem großen, schlanken, schwarzhaarigen Mann durch einen endlosen und wildwachsenden Garten verfolgt wurde.

Das Zimmer war ebenso mit Möbeln wie mit Menschen vollgestopft, und erst nach dem dritten Glas Genever fand Grijpstra die Tapete annehmbar, Goldfolie bedruckt mit Rosen so groß wie Blumenkohl. Onkel Bert war gut situiert, daran war nicht zu zweifeln. Klar war auch, daß er keine Steuern zahlte. Grijpstra drehte sich um, machte die linke Hand flach und nahm mit der rechten aus jedem der zehn Schüsselchen je ein Dutzend Nüsse. Damit war er eine Weile beschäftigt. Inzwischen überlegte Grijpstra, und als er damit fertig war, kam er zu dem Schluß, daß ihn Onkel Berts Steuerzahlungen nicht kümmerten. Seine linke Hand war jetzt voll. Er steckte ihren Inhalt in den Mund und kaute.

«Magst du Musik?»

Grijpstra nickte.

«Ich hab vor kurzem einen Plattenspieler gekauft», sagte Onkel Bert und zeigte in eine Ecke des Zimmers. Die Ecke war voller elektronischer Kästen, jeder mit einer Serie von Knöpfen und Skalen und verbunden mit Lautsprechern, von denen Bert jeden einzelnen zeigte.

«Ich leg eine Platte auf», sagte Onkel Bert. «Der Klang ist herrlich. Du kannst direkt hören, wie der Dirigent seinen Arsch kratzt.»

«Mehr tut er nicht?» fragte Grijpstra.

«Das tut er, bevor die Musik beginnt. Kratzen, kratzen und dann ‹tick› (das ist sein Taktstock, weißt du) und dann das WRRAMMM, das ist die Tuba. Die Musik ist schön. Russisch. Viele Blechinstrumente und dann Stimmen. Sie singen Kampflieder. Ich liebe die Russen. Eines Tages werden sie kommen und die Kapitalisten hier beseitigen. Ich bin mein ganzes Leben lang Parteimitglied gewesen. Ich bin auch schon in Moskau gewesen, sechsmal.»

«Wie ist Moskau?» fragte Grijpstra.

«Wunderschön, wunderschön», sagte Onkel Bert und breitete seine Arme mit den großen Händen aus. «Die Metrostationen sind wie Paläste, und alles ist für die Menschen, für Menschen wie du und ich, und sie spielen dort einen guten Fußball, und der Markt ist besser.»

«Aber du kannst keine Profite machen.»

Onkel Berts Blick verdunkelte sich, als er sich weigerte, diesen Gedanken in sich aufzunehmen. «Doch, doch.»

«Nein», sagte Grijpstra. «Die gestatten dir keine Profite. Die bekommen alle den gleichen Lohn. Es gibt keine Privatinitiative.»

«Der Straßenmarkt ist gut und das Gemüse besser. Hier. Ich spiel dir die Schallplatte vor.»

Die Platte lief an. Um sie herum herrschte zuviel Lärm, um zu hören, wie sich der Dirigent kratzte, aber als die Tuba ertönte, ging in dem Getöse alles im Zimmer unter, und die Gäste sahen einander an, wobei sie die Lippen noch bewegten, betäubt von dem Klamauk, und sich fragten, was da über sie hereinbrach.

«KARUMPF, KARUMPF», brummte die Tuba, und der lange, schlanke Mann jagte noch immer das niedliche Mädchen durch den endlosen, wildwachsenden Garten in strahlenden Farben auf einem Bildschirm von der Größe einer kleinen Tischdecke. Grijpstra setzte sein Glas ab und schüttelte den Kopf. Sein Rückgrat schien plötzlich jegliche Statik verloren zu haben. Jeder Rückenwirbel klapperte frei herum unter dem kombinierten Angriff des puren Alkohols und der Blechexplosionen. Ein Chor tiefer Stimmen war jetzt dazugekommen und intonierte ein durch Mark und Bein gehendes Lied, dessen Worte anscheinend aus Vokalen bestanden, die durch weiche *sylies* und *sylaas* miteinander verbunden waren. Onkel Bert tanzte allein mitten im Zimmer, die Augen zu und auf dem Mund ein breites Lächeln ekstatischer Seligkeit.

«Was . . .» begann Grijpstra, aber er ließ die Frage fallen. Er würde sich ein Bier nehmen, überlegte er, und es langsam trinken.

Cardozo knuffte de Gier in den Rücken. Der Knuff war zu hart, so daß de Gier seinen Whisky über das Kleid der Dame in mittleren Jahren schüttete, die immer noch versuchte, mit ihm zu sprechen. Im Whisky waren Eiswürfel gewesen; die Frau kreischte vergnügt und versuchte, die Eiswürfel zwischen ihren großen Brüsten zu entfernen, wobei sie einladende Worte murmelte, die niemand verstehen konnte.

De Gier wirbelte herum und hielt die Faust in Brusthöhe, aber Cardozo lächelte und zeigte auf das Fenster und winkte, daß er mitkommen solle. Sie gingen am Fernsehgerät vorbei. Der lange, schlanke Mann hatte das Mädchen gefangen und ihr die Hände um den schlanken schönen Hals gelegt. Der Mann und das Mädchen befanden sich immer noch in dem wildwachsenden, endlosen Garten in der Nähe eines steinernen Schuppens, der grünlich weiß war und den der Mond beleuchtete. Das Mädchen wehrte sich, der Mann machte ein lüsternes Gesicht. Der Gesang der Krieger schwoll an zu einem gigantischen Crescendo, abwechselnd stießen Tubas, Trompeten, Fagotts und Klarinetten ein dumpfes Tuten und schrilles Wimmern aus und umrahmten die Stimmen, die immer näher kamen, als dem Mädchen langsam der Spitzenkragen vom Hals gerissen wurde.

Sie standen jetzt am Fenster, wo de Gier zwei große Papageien sah, einen grauen und einen roten, jeder in einem Käfig für sich.

«Hör mal», rief Cardozo.

De Gier ging näher an die Käfige heran. Beide Papageien sprangen auf ihre schmalen Holzschaukeln. Der graue Papagei schien zu singen, aber der andere übergab sich.

«Er kotzt», rief de Gier.

«Nein. Er macht nur so ein Geräusch. Onkel Bert hat es mir erzählt. Onkel Bert war vor einigen Tagen krank, seitdem imitiert ihn der rote Papagei. Er macht das sehr gut, finde ich. Hör mal.»

Aber de Gier war geflohen. Er wollte nicht hören, wie ein Papagei sich übergibt. Er war im Korridor, abseits des Lärms, und wischte sich mit dem Taschentuch über das Gesicht.

«Ich werde betrunken», dachte de Gier. «Ich will nicht betrunken werden. Von jetzt an muß ich Wasser trinken. Limonade. Cola. Irgendwas.»

Im Korridor war ein Telefon. Er wählte seine eigene Nummer und stützte sich mit der anderen Hand an die Wand.

«Hier bei Mijnheer de Gier», kam es aus dem Telefon.

«Esther?»

«Rinus.»

«Ich bin froh, daß du gekommen bist. Ich bin auf einer verrückten

Party, werde aber versuchen, so schnell wie möglich nach Hause zu kommen. Wie fühlst du dich?»

«Ausgezeichnet», sagte Esthers tiefe Stimme. «Ich warte auf dich. Olivier hat die ganze Wohnung vollgespuckt. Er muß Geranienblätter gefressen haben, aber ich habe schon alles saubergemacht. Er schlief auf meinem Schoß, als du angerufen hast.»

«Er frißt immer Geranienblätter. Tut mir leid, daß er diese Schweinerei angerichtet hat.»

«Macht nichts, Rinus. Dauert's bei dir noch lange? Bist du betrunken?»

«Wenn ich noch weitertrinke, bestimmt. Aber das will ich nicht. Ich komme so schnell ich kann. Ich würde nicht hier sein, wenn es nicht dienstlich wäre.»

«Liebst du mich?»

«Ja. Ich liebe dich. Ich liebe dich mehr, als ich bis jetzt etwas oder jemand geliebt habe. Ich liebe dich mehr als Olivier. Ich werde dich heiraten, wenn du willst.»

Er wischte sich immer noch mit dem Taschentuch über das Gesicht.

«Das sagst du zu allen Mädchen.»

«Ich habe es im Leben noch nicht gesagt.»

«Auch das sagst du zu allen Mädchen.»

«Nein, nein. Ich habe es noch nie gesagt. Ich habe immer gesagt, daß ich nicht heiraten will, schon bevor ich mich mit jemand eingelassen habe. Und ich wollte auch nicht heiraten. Jetzt will ich.»

«Du bist verrückt.»

«Ja.»

«Komm schnell heim.»

«Ja, Schatz», sagte de Gier und legte auf.

«Ein dienstliches Gespräch?» fragte Louis Zilver. Er war soeben in den Korridor gekommen. Zilver schüttelte den Kopf in dem vergeblichen Bemühen, den Lärm im Zimmer loszuwerden.

«Das ist vielleicht eine Party», sagte de Gier. «Die treiben mich da drin zum Wahnsinn. Sind deren Parties immer so?»

«Das ist seit langem die erste Party außerhalb von Abe Rogges Haus, die ich besuche. Abes Parties waren immer gut organisiert und mit richtiger Musik. Mit einigen Jazzmusikern, die sich der Stimmung des Abends anpaßten, nicht diese Musikkonserven, mit denen die uns berieseln. Und es wurde langsamer getrunken. Hier füllen sie einem das Glas schon, wenn man den letzten Tropfen noch auf den Lippen hat. Ich bin noch nicht länger als eine Stunde hier und schon angeschlagen.»

«Die da drin machen mir Angst», sagte de Gier. «Ich mußte für eine Minute mal raus und mit einem vernünftigen Menschen sprechen.»

«Ich bin vernünftig», sagte Zilver. «Sprechen Sie mit mir. Sie sagten, die machen Ihnen Angst. Ängstigen Sie sich wirklich manchmal?»

«Oft.»

«Haben Sie vor etwas Bestimmtem Angst?»

«Blut», sagte de Gier. «Und Ratten. Aber Ratten kann ich jetzt schon eher ertragen. Vor einigen Tagen habe ich abends mal eine gesehen, als wir am Fluß jemand verfolgten, es hat mir nicht viel ausgemacht. Ein großes braunes Scheusal, das ins Wasser gesprungen ist, als ich fast daraufgetreten bin. Ich hatte keine richtige Angst, aber Blut schafft mich immer. Ich weiß nicht warum.»

«Sie werden darüber hinwegkommen», sagte Zilver und lächelte ein Mädchen an, das an ihnen vorbei zur Toilette ging. «Ich fürchte mich vor Dingen, die ich nicht erklären kann. Ich träume davon, kann mich aber nicht daran erinnern, wenn ich aufwache. Ich glaube, ich gehe wieder hinein und mache ein paar Mädchen an.»

«Schalten Sie das Fernsehgerät aus», sagte de Gier. «Da läuft irgendein Horrorfilm. Ich würde es selbst ausmachen, aber ich möchte nicht unhöflich sein. Sie kennen Onkel Bert besser als ich.»

«Mach ich. Ich werde auch die Schallplatte wechseln. Wir brauchen Rockmusik, wenn wir an die Mädchen rankommen wollen. Es sind eben ein paar hübsche Mädchen eingetroffen. Soll ich Sie mit ihnen bekannt machen?»

«Nein, danke. Ich bin dienstlich hier.»

«Viel Glück. Haben Sie schon eine Idee?»

«Viele Ideen», sagte de Gier, «aber ich brauche mehr als Ideen.»

Zilver lächelte und machte die Tür hinter sich zu.

Das Mädchen war aus der Toilette gekommen, die de Gier danach betrat. Er schloß die Tür mit übertriebener Vorsicht ab. Er wusch sich sorgsam die Hände und kämmte das Haar. Er richtete den Seidenschal, der in der Farbe genau zum Hemd paßte. Er setzte sich auf die Toilettenbrille und nahm die Pistole aus dem Schulterhalfter. Er zog das Magazin heraus und prüfte die Patronen. Sechs. Er steckte das Magazin wieder hinein, lud durch und prüfte den Verschluß. Er sah die glänzende Patrone im stählernen Lauf. Er zog den Verschluß zurück und ließ die Patrone rausspringen. Warum tue ich das? überlegte er. Sonst tue ich das nie. Er steckte die Patrone in das Magazin, das Magazin in die Pistole und diese zurück ins Halfter; er wusch sich das Gesicht, setzte sich wieder und steckte eine Zigarette an. Zwei Leichen in zwei Tagen. Drei, wenn er den Anwalt mitzählte. Aber der Anwalt war einfach so gestorben. Die anderen waren ihres Lebens beraubt worden. Raub ist ein Verbrechen. Diebstahl des höchsten Gutes. Das höchste Gut ist das Leben. Und er war hier, in einem Haus voller Leute, die mit ihren großen, ungeschickten Füßen zum Beat aufgeputschter, langhaariger junger Leute den Boden stampften und mit ihren elektronischen Klangboxen und verstärkten Trommeln an der Atmosphäre zerrten. Der Mörder könnte in dem Zimmer sein, ebenfalls den Boden stampfen, starken Genever trinken, an einer dicken Zigarre ziehen, die rote Hand auf dem eifrig zitternden Hintern einer Frau. Oder befand er sich irgendwo in der Stadt und grinste vor sich hin? Oder war es eine sie? Er hatte die beiden Frauen nicht gesehen, die Grijpstra und der Commissaris vernommen hatten. Er hatte Grijpstra nach ihnen gefragt, aber nur den Kern der Gespräche erfahren und eine Beschreibung der Frauen bekommen. Er hatte das Gefühl, daß Grijpstra einem anderen Gedankengang folgte und nichts erreichte, denn er sagte noch weniger als sonst. De Gier überließ sich wieder seinem eigenen Gedankengang. Eine Kugel an einem Band. Und woran war das Band befestigt? Wie konnte die Kugel ihr Ziel mit so tödlicher Präzision gefunden haben?

Und der Commissaris? Wußte er mehr? Der Fall war erst einige Tage alt. Keine Notwendigkeit zur Eile. Arbeite nach den Vorschriften. Verfolge jede Möglichkeit so weit sie reicht. Geh zurück, wenn es keine Ergebnisse gibt.

Jemand klopfte an die Tür.

«Einen Augenblick», rief de Gier und öffnete die Tür.

Es war die Dame in mittleren Jahren, die zuvor mit ihm gesprochen hatte.

«Geht's Ihnen nicht gut?» fragte die Frau und berührte seine Schulter. Ihre Wimpern klappten auf und senkten sich langsam. «Ich habe Sie drinnen vermißt.»

«Mir geht's ausgezeichnet», sagte de Gier schnell. «Gehen Sie nur, meine Liebe. Die Toilette gehört ganz Ihnen.» Er ging zurück ins Zimmer.

Zilver unterhielt sich mit Grijpstra. Grijpstras Gesicht war gerötet, er hatte ein volles Glas Bier in der Hand.

«Rinus», brüllte Grijpstra, «wie geht's dir, mein Junge? Eine lustige Party ist das. Iß ein paar Nüsse. Leckere Nüsse.»

Zilver ging fort.

«Ich geh bald», sagte de Gier. «Bleibst du noch lange?»

«Ja. Ich habe heute abend sonst nichts zu tun, und dies hier ist nicht schlecht, um seine Zeit zu verbringen.»

«Du wirst betrunken.»

«Ja.» Grijpstra nickte feierlich. «Stinkbesoffen. Vielleicht ist es besser, wenn ich auch gehe. Was macht Cardozo?»

«Er trinkt Limonade und beobachtet die Papageien.»

«Widerliche Vögel», sagte Grijpstra ernst. «Der rote kotzt immerzu.»

«Ich weiß. Was ist aus dem Mädchen geworden, das von dem bösen Kerl gewürgt wurde?»

«Die Polizei kam. Gerade rechtzeitig. Sie kommt immer rechtzeitig. Um den bösen Kerl zu schnappen.»

«Ja. Wir nicht. Arme Elisabeth.»

«Elisabeth?»

«Der Polizist, der eine alte Dame war.»

«Ach, der. Ein Transsexueller.» Grijpstra hatte einige Mühe mit dem Wort. «Trans-sexueller.» Er versuchte es noch einmal.

«Ich habe sie kennengelernt», sagte de Gier und nahm ein Glas Genever vom Tisch, ohne sich dessen bewußt zu sein. «Nette Person. Eng mit dem Commissaris befreundet. Sie hatte gerade einen Klingelzug in halbem Kreuzstich fertiggestickt.»

«Wirklich?» Grijpstras Augen waren rund und gütig. «Halber Kreuzstich?»

«Du bist betrunken», sagte de Gier. «Laß uns hier verschwinden. Ich sag Cardozo Bescheid, wenn wir gehen.»

«Gut», sagte Grijpstra und setzte sein Glas mit solcher Wucht ab, daß es zerbrach. «Nach Hause. Oder vielleicht gehe ich zu Nellie.»

«Ruf zuerst an. Sie könnte einen Kunden haben.»

Grijpstra telefonierte zweimal. Nellie war frei und ein Taxi unterwegs. Er kam mit einem so glücklichen Gesicht wieder, daß de Gier das kurze, ergrauende Haar seines Vorgesetzten zerzauste.

«Hübsch», sagte Grijpstra. «Sehr hübsch. Richtig hübsch, meine ich.»

Cardozo nickte, als de Gier zu Ende geflüstert hatte.

«Was machst du jetzt?» fragte Cardozo.

«Ich geh nach Hause. Ins Bett.»

«Und der Adjudant?»

«Geht zu Bett.»

«Immer ich», sagte Cardozo. «Immer das gleiche. Ich habe eine Stunde gebraucht, um das ganze Geld auf eine Wäscheleine zu hängen. Meine Mutter ist wütend auf mich, weil sie in der Küche sitzen und zusehen muß, wie es trocknet. Sie glaubt, jemand kommt sonst und stiehlt es.»

De Gier grinste.

«Das ist nicht komisch, Brigadier. Wie lange soll ich hier bleiben?»

«Bis alles vorbei ist.»

«Darf ich trinken?»

«Wenn du vorsichtig bist. Quatsch nichts aus. Hör nur zu.»

Der rote Papagei hatte wieder angefangen zu würgen. Cardozo schloß die Augen.

«Eines Tages wirst du Brigadier sein, Cardozo, und kannst einen anderen Konstabel herumschubsen.»

«Das werde ich auch», sagte Cardozo. «Oh, und ob ich das werde!»

18

«Erzähl», sagte der Commissaris.

Der Commissaris sah frisch aus, beinahe vergnügt und ausgesprochen elegant, denn er hatte dem ständigen Drängen seiner Frau schließlich nachgegeben und seinen neuen Leinenanzug angezogen, der zum warmen Wetter paßte. Speziell für ihn zugeschnitten von einem sehr alten Schneider, der in seinen jungen Jahren Anzüge für die großen Kaufleute entworfen hatte, die ihren Reichtum im ehemaligen Niederländisch-Ostindien erworben hatten. Der Anzug paßte ihm perfekt und sah irgendwie locker und weich aus, und die schwere goldene Uhrkette über der Weste trug zum allgemeinen Flair des Luxus noch bei. Der Commissaris hatte einen Abend, zwei Nächte und einen Tag im Bett verbracht und es nur verlassen, um sich in einem kochendheißen Bad durchweichen zu lassen; seine Frau hatte sich ständig um ihn bemüht, ihn mit Kaffee und Orangensaft versorgt und mindestens fünf verschiedenen Suppen, serviert in Schüsseln mit einer Scheibe heißem Toast dazu, ihm seine Zigarren angesteckt (sogar die Enden abgebissen und mit einem Blick sanften Widerwillens ausgespuckt); endlich hatten ihn die Schmerzen verlassen, so daß er sich in sein riesiges Büro setzen und ohne Sorge vor plötzlich auftretendem Bohren und Stichen und Krämpfen seine Beine ausstrecken und sich um alles kümmern konnte, was ihm über den Weg lief. De Gier war ihm an diesem Morgen über den Weg gelaufen, pünktlich um neun, dem frühesten Zeitpunkt, zu dem irgend jemand den Commissaris in seinem einsamen Büro belästigen durfte. De Gier war verstört, bleich im Gesicht und ungewöhnlich nervös.

«Was ist passiert, de Gier?» fragte der Commissaris noch einmal.

«Eine Ratte», sagte de Gier. «Eine große, tote weiße Ratte. Ihr Bauch war aufgeschlitzt, ihre Innereien hingen heraus; sie war blutbedeckt und lag auf meiner Türmatte, als ich heute morgen gehen wollte. Ich wäre draufgetreten, wenn Olivier mich nicht gewarnt hätte. Olivier drehte durch, als er die Ratte sah. Sein Fell sträubte sich. Er war doppelt so groß wie sonst. So.»

De Gier zeigte Oliviers Größe. Seine Hand war etwa ein Meter zwanzig über dem Fußboden.

«Wirklich?» fragte der Commissaris. «Das ist sehr groß für einen Kater. Ist er vielleicht auf und ab gesprungen?»

«Nein. Die Ratte auch nicht. Sie lag einfach da. Man hat sie dort hingelegt, um mich zu ärgern. Wir haben keine Ratten im Haus, und falls doch, wären sie braun. Dies war eine weiße Ratte von der Art, wie man sie in Labors verwendet. Ich habe sie bei mir in einem Schuhkarton. Soll ich sie Ihnen zeigen?»

«Später», sagte der Commissaris.

Der Commissaris nahm den Telefonhörer ab, wählte zwei Ziffern und bestellte Kaffee. Er bot de Gier auch eine Zigarette an und gab ihm Feuer. De Gier dankte dem Commissaris nicht; er starrte auf den Fußboden.

«Gut», sagte der Commissaris munter. «Warum sollte dir jemand eine tote Ratte auf deine Türmatte legen, nachdem er sie umgebracht und die Innereien herausgerissen hat? Hast du irgendwelche ausgeflippten Freunde, die dir einen Streich spielen würden? Nur deine Freunde wissen, daß du dich beim Anblick von Blut und Leichen aufregst. Gibt es bei der Polizei jemand, der dir das antun würde? Denk nach.»

«Ja, Mijnheer.»

«Vielleicht hast du jemand geärgert.»

«Ja, Cardozo», sagte de Gier. «Ich hab ihn gestern geärgert. Zweimal. Ich hab ihm befohlen, das Geld vom Markt mit nach Hause zu nehmen, weil er es mit Kaffee begossen hatte. Es mußte getrocknet werden. Und gestern abend auf der Party hab ich gesagt, er müsse bleiben, wenn Grijpstra und ich gegangen sind.»

Der Commissaris nahm den Telefonhörer wieder ab. «Cardozo? Guten Morgen. Cardozo, könntest du mal für eine Minute zu mir kommen?»

«Nein», sagte Cardozo und setzte sich auf den Rand des Stuhls. «Niemals. Das würde ich nicht tun. Ich habe noch nie getötet. Ich habe vor drei Jahren mal einen Mann in die Beine geschossen und träume immer noch davon. Alpträume. Ich würde kein Tier töten. Und ich mag den Brigadier.»

De Gier schaute auf. «So?» fragte er mit müder Stimme. Cardozo sah ihn nicht an.

«Ich hab Angst vor Ratten», sagte de Gier. «Blut beunruhigt mich ebenso wie Ratten. Eine blutige Ratte ist so ungefähr das Schlimmste, was ich mir vorstellen kann. Und da lag sie, mitten auf meiner Türmatte. Ich hab sie erst vor einigen Tagen gekauft. Die alte wurde allmählich faserig. Jetzt kann ich diese auch wegwerfen.»

«Ja, bitte», rief der Commissaris, nachdem es an der Tür geklopft hatte.

«Guten Morgen, Mijnheer», Grijpstra machte die Tür vorsichtig hinter sich zu, kam ins Zimmer geschlendert und wartete darauf, daß der Commissaris ihm einen Platz anbot. Der Commissaris zeigte auf einen Sessel. Grijpstra ließ sich in den Sessel fallen. Der Sessel knarrte.

«Scheiße», sagte Grijpstra.

Irritiert hob der Commissaris den Kopf.

«Wie bitte?» fragte er mit scharfer Stimme.

«Scheiße, Mijnheer», sagte Grijpstra, «heute morgen auf der Treppe vor meiner Tür. Hundescheiße. Jemand muß sich große Mühe gemacht haben, Hundescheiße zu sammeln, mit einem kleinen Spaten und einem Eimer, nehme ich an. Sehr früh heute morgen, als niemand auf der Straße war. Sie war vor meiner Haustür aufgehäuft. Ich steckte bis zu den Knöcheln drin, bevor ich überhaupt wußte, was los war. Man hatte sie sogar unter der Tür durchgeschoben, aber mein Korridor ist sehr dunkel, und ich hab nichts gemerkt, als ich das Haus verließ. Wer das getan hat, muß mich durch und durch hassen.»

«De Gier hatte eine blutige Ratte vor seiner Tür», sagte der Commissaris. Grijpstra schaute de Gier an, der schwach lächelte.

«Scheiße?» fragte de Gier.

«Du hältst das wohl für komisch, wie?» fragte Grijpstra und erhob sich halb von seinem Sessel. «Du bist ein Idiot, de Gier. Du lachst immer und krümmst dich vor Vergnügen, wenn ich reintrete. Erinnerst du dich, wie die Möwen mich vor einigen Monaten ganz vollgeschissen haben? Du hast so gelacht, daß du fast umgefallen bist. Ich hab nie gelacht, wenn du einen deiner Anfälle gekriegt hast, weil irgendwo ein Tropfen Blut war. Niemals!»

Der Commissaris stand auf und stellte sich zwischen die beiden. «Na, na, Herrschaften, wir wollen doch nicht noch nervöser werden als wir schon sind. Der Tag hat noch nicht einmal angefangen. Wer könnte dir dies nach deiner Meinung angetan haben, Grijpstra? Wer weiß, daß Hundekot dich aus der Fassung bringt? Und, wohlgemerkt, wer es auch sein mag, er hat auch einen Grund, de Gier ebenfalls zu erschüttern, denn bei ihm hat es heute morgen einen ähnlichen Vorfall gegeben. Es muß jemand sein, der euch beide sehr gut kennt und einen Grund hat, euch eins auszuwischen.»

Grijpstra hatte sich umgedreht und sah Cardozo an. Grijpstras Augenbrauen hatten sich gesenkt, und in seinen sonst ruhigen und harmlosen blauen Augen lag ein zorniges Funkeln.

«Nein», sagte Cardozo. «Ich war's nicht, Adjudant. Ich würde keine Straßen abkratzen, um Hundescheiße zu sammeln. So was würde ich nie im Leben tun. Das versichere ich dir.» Cardozo war aufgesprungen und fuchtelte wild herum.

«Gut, du warst es nicht, Cardozo», sagte der Commissaris freundlich. «Bestelle doch bitte Kaffee für den Adjudant und dich. Nimm das Telefon. Meine Kaffeemaschine ist kaputt.»

Der Commissaris mußte zwanzig Minuten lang geduldig fragen, ehe sie Blut, Ratte und Hundekot mit Louis Zilver und der Party am Vorabend in Verbindung brachten. De Gier, der ziemlich angeheitert gewesen war, mußte sein Gedächtnis anstrengen, ehe ihm Zilvers Fragen im Korridor von Onkel Berts Haus wieder einfielen. Und Grijpstra wollte eine ähnliche Unterhaltung mit Louis Zilver erst zugeben, nachdem de Gier seinen Vorfall erwähnt hatte.

«Ja», sagte Grijpstra widerwillig. «Ich war ein bißchen betrunken. Ich hätte es nicht sein dürfen, aber ich war es. Der Genever hat mich gleich umgehauen. Er muß ihn aus irgendeiner Schwarzbrennerei gekriegt haben, reiner Alkohol mit etwas Geschmack, hat mir fast die Eingeweide verbrannt. Und der junge Bursche schien harmlos zu sein. Wir unterhielten uns über den Horrorfilm im Fernsehen und darüber, was die Leute ängstigt, und ich sagte, daß ich Scheiße nicht ertrage. Er lachte, der blöde Hund lachte und sagte, es sei unwahrscheinlich, daß sie jemals einen Scheißfilm im Fernsehen zeigen werden.»

«Und dann hast du gesagt, etwas anderes zeigen sie überhaupt nicht im Fernsehen», sagte de Gier. Er sah jetzt viel besser aus.

«Woher willst du das wissen? Du warst nicht dabei, als Louis Zilver mit mir sprach.»

«Es liegt auf der Hand, das zu sagen.»

«Oh, ich sage also nur, was auf der Hand liegt, wie? Hast du Exklusivrechte auf ein intellektuelles Gespräch?»

«Das reicht jetzt», sagte der Commissaris und suchte sich aus der kleinen Blechdose auf dem Schreibtisch eine Zigarre aus. Er bückte sich, so daß Grijpstra in seinen Taschen nach einem Feuerzeug suchen mußte.

«Danke, Grijpstra. Unsere Idee, auf dem Straßenmarkt herumzuschnüffeln, hat sich also ausgezahlt. Ich bin froh, daß man euch zu dieser Party eingeladen hat. Zilver muß deine Trunkenheit gestern abend überschätzt haben. Offenbar glaubte er, du würdest alles vergessen, was du zu ihm gesagt hast. Dies ist eine direkte Verbindung. Wir sollten wohl versuchen, ihr nachzugehen.»

«Als Beschuldigung gegen den Mann gibt das nicht viel her», sagte Grijpstra, «falls wir je beweisen können, daß er es gewesen ist. Eine öffentliche Straße zu verunreinigen, ist ein kleines Vergehen. Wir können ihn nicht einmal festnehmen, falls wir die Beschuldigung beweisen. Er muß es frühmorgens getan haben, als er auf dem Weg von der Party nach Hause war.»

«Er wollte dich aus der Fassung bringen», sagte der Commissaris. «Er weiß, daß du mit de Gier den Fall Rogge und auch den Tod der armen Elisabeth bearbeitest. Die beiden Fälle hängen selbstverständlich zusammen. Wenn der Fuchs die Hunde verwirren kann, wird er entkommen.»

«Er muß selbst der Fuchs sein», sagte de Gier.

«Möglicherweise», sagte der Commissaris, «aber nicht unbedingt. Louis Zilver mag die Polizei nicht. Er hat mir erzählt, daß seine Großeltern während des Krieges von der niederländischen Polizei aus dem Haus geholt worden sind. Die Polizei muß sie den Deutschen ausgeliefert haben, und die haben sie in einen Transport nach Deutschland gesteckt und am Ende ermordet. Aber er gibt uns die Schuld, der Amsterdamer städtischen Polizei, und zwar mit Recht. Wenn er dir und dem Adjudant eins auswischen kann, zahlt er einiges von dem zurück, was er seinen Großeltern zu schulden glaubt.»

«Ich war zu der Zeit ein Junge, Mijnheer.»

«Ja, aber deine persönliche Schuld hat nichts damit zu tun. Haß ist nie rational, vor allem kein so tiefer Haß wie der, an dem Zilver leiden muß. Ich bin während des Krieges von den Deutschen eingesperrt und gefoltert worden und muß mich heute noch zwingen, jungen deutschen Studenten den Weg zu zeigen, wenn sie sich verlaufen haben. Ich verbinde die Art wie sie sprechen und sich benehmen mit den jungen SS-Männern, die mir damals sechs Zähne ausgeschlagen haben. Das war vor mehr als dreißig Jahren; die Studenten waren damals noch gar nicht geboren.»

«Aber wir bemühen uns, den Mord an seinem Freund aufzuklären», sagte Grijpstra. «Wenn er uns ärgert, dann nur, weil er Abe selbst umgebracht hat.»

Der Commissaris schüttelte den Kopf und hob einen Finger. «Er war im Haus, als Abe starb, nicht wahr? Esther Rogge sagt es. Und Zilver sagt, Esther sei im Haus gewesen. Falls Zilver Abe Rogge ermordet hat, muß Esther, die Schwester des Opfers, seine Komplizin gewesen sein. Ich glaube, wir stimmen alle darin überein, daß der Mörder draußen war, höchstwahrscheinlich auf dem Dach des Wracks von einem Hausboot gegenüber dem Haus der Rogges.»

«Zilver könnte sich hinausgeschlichen haben, Mijnheer», sagte de Gier, «und hinterher wieder hinein. Ich bitte um Ihre Erlaubnis, ihn festzunehmen und für eine Vernehmung dazubehalten. Wir haben jetzt einen ernsthaften Grund, ihn zu verdächtigen. Wir können ihn für sechs Stunden festhalten, wenn Sie uns den Auftrag geben.»

«Ja», sagte Grijpstra. «Der Meinung bin ich auch, Mijnheer.»

«Nur wegen des Hundekots und der blutigen Ratte?»

«Ich habe noch einen Grund, Mijnheer», sagte Grijpstra. Alle sahen den Adjudant an, der aufgestanden war und zum Fenster hinausstarrte, die Hände tief in den Hosentaschen.

«Du darfst ihn uns sagen, Grijpstra», sagte der Commissaris.

«Das Gemälde in Abe Rogges Zimmer, Mijnheer. Vielleicht erinnern Sie sich daran. Es zeigt zwei Männer in einem Boot, einem kleinen

Boot, umgeben von schäumendem Wasser. Es muß spät abends gewesen sein, denn der Himmel ist fast so blau wie das Meer, von einem schwärzlichen Blau. Vielleicht schien der Mond – Himmel und Meer gehen fast ineinander über, und das Boot ist der Mittelpunkt des Gemäldes.»

«Ja, ja», sagte der Commissaris. «Erzähl weiter, aber schau uns an, wenn du sprichst.»

«Verzeihung, Mijnheer.» Grijpstra drehte sich um. «Aber die Hauptsache an dem Gemälde ist nicht das Boot oder das Meer oder das Licht, sondern das Gefühl der Freundschaft. Diese beiden Männer stehen einander sehr nahe, so nahe, wie sich Menschen nur kommen können. Sie sind gemalt als zwei Striche, die sich vereinigen.»

«Und?»

«Ich meine keine homosexuelle Beziehung.»

«Nein», sagte der Commissaris, «ich weiß, was du meinst, und ich glaube, du hast recht. Ich habe das Gemälde auch gesehen.»

«Bezuur hat zu uns gesagt, die beiden Männer seien er selbst und Rogge. Er wurde ganz weinerlich dabei. Erinnern Sie sich, Mijnheer?»

«Ja. Ja, er hat offensichtlich gelitten. Ich habe es für durchaus echt gehalten.»

«Ja, Mijnheer. Rogge hatte ihn fallenlassen oder sich mit ihm gestritten oder die Beziehung sonstwie abgebrochen. Ich glaube, Esther hat zu de Gier gesagt, daß ihr Bruder einfach aufgehört hat, sich mit ihm zu treffen. Aber Bezuur ist daran nicht zerbrochen, denn er hatte andere Interessen, den von seinem Vater geerbten Betrieb und großen Reichtum. Aber Zilver hätte nichts gehabt, wenn Rogge ihn hätte fallenlassen.»

«Ja», sagte der Commissaris. «Das stimmt. Ein seelisch gestörter junger Mann, der ganz von seinem stärkeren Partner abhing. Aber haben wir irgendeinen Hinweis, daß Rogge die Beziehung zu Zilver abgebrochen hat oder abbrechen würde?»

«Nein, Mijnheer», sagte de Gier plötzlich. «Oder zumindest weiß ich nichts davon. Aber wenn er sie abgebrochen *hätte*, wäre Louis Zilver gewiß sehr beunruhigt gewesen, und er ist zu außerordentlichen Aktivitäten fähig, wenn er beunruhigt ist. Er hat das heute morgen bewiesen, nicht wahr?»

«So», sagte der Commissaris bedächtig. «Ihr beide unterstellt also, daß Rogge zu Zilver sagte, er solle verschwinden, das Haus verlassen, aus der Partnerschaft auf dem Straßenmarkt aussteigen und so weiter.

Esther hat gesagt, daß Rogge die Leute in dem Augenblick fallenließ, da sie ihn langweilten. Er brauchte offenbar niemand und konnte immer neue Gesellschaft finden. Einen Haufen ihn anbetender Frauen zum Beispiel. Er schnippte nur mit den Fingern, dann wackelten sie schon mit dem Hintern, wie Tilda sagte. Die andere Dame hat diese Tatsache bestätigt. Die Kops, die Surrealistin, huh!» Er schüttelte sich. «Ein blödes Weib. Aber egal. Er hat also zu Zilver gesagt, daß er sich verkrümeln soll, und Zilver hat darauf drastisch reagiert!»

«Richtig», sagte Grijpstra. «Esther hat uns auch erzählt, daß Rogge die Leute gern in Verlegenheit brachte, daß er sie zeigte, wie sie wirklich sind, daß er ihre Eitelkeit verletzte. Das muß er auch bei Zilver getan haben. Vielleicht einmal zuviel. Unerwartet, als niemand dabei war, um es zu sehen. Vielleicht nur eine einzige Bemerkung. Esther verdächtigt Zilver offenbar nicht, weil sie nicht weiß, daß Abe ihn hat abblitzen lassen. Fast unmittelbar nach diesem Vorfall muß Zilver Abe ermordet haben.»

«Na, na», sagte der Commissaris. «Und was ist mit der Vorrichtung? Er muß eine Höllenmaschine benutzt haben, worauf de Gier zuvor schon hingewiesen hat. Eine gut ausgeklügelte, ungewöhnliche Waffe. Hatte er sie in seinem Schrank? Und ist er in sein Zimmer gelaufen, nachdem Abe ihn ausgeschimpft hat? Hat er sich die Waffe gegriffen, ist er hinausgelaufen, hat er sie benutzt und ist dann wieder in sein Zimmer gerannt?»

«Mijnheer», sagte de Gier.

«Ja, de Gier?»

«Es muß ein gewöhnlicher Gegenstand gewesen sein, Mijnheer. Eine Höllenmaschine, die wie ein gewöhnliches Gerät aussieht.»

Der Commissaris überlegte. Dann brummte er: «Ja. Weil er damit draußen auf der Straße war und die Bereitschaftspolizisten nichts Ungewöhnliches bemerkt haben», sagte der Commissaris bedächtig.

«Zilver ist nicht normal, Mijnheer», sagte Grijpstra. «Er ist vermutlich wahnsinnig. Dieser Anschlag mit der Hundescheiße und der blutigen Ratte beweist es. Kein normaler Mensch würde sich solche Mühe machen wie er heute früh. Ich nehme an, dem armen Kerl kann man keinen Vorwurf machen. Der Krieg und was mit seinen Großeltern geschehen ist und so. Falls er der Täter ist, werden wir ihn den Psychiatern übergeben müssen. Aber ich glaube, der Augenblick ist gekommen, um ihn festzunehmen. Vermutlich weiß er, daß wir hinter ihm her sind; deshalb wird er abwehrend und ängstlich und bereit sein zu sprechen.»

«Stimmt», sagte der Commissaris.

«Können wir also einen Haftbefehl bekommen, Mijnheer?»

«Nein», sagte der Commissaris. «Ich bin nicht überzeugt, daß er einen Mord oder zwei Morde begangen hat. Wer Rogge ermordet hat, der hat auch Elisabeth umgebracht. Und wer Elisabeth umgebracht hat, der ist bereit, noch einmal zu morden. Vielleicht habt ihr recht, aber ich bezweifle es.»

«Sollen wir also den Vorfall vergessen, Mijnheer?» Grijpstras Stimme war ohne jede Emotion. Er fuhr sich über die Stoppeln am Kinn.

«Gewiß nicht. Du und ich werden ihn aufsuchen.»

«Entschuldigen Sie, Mijnheer», sagte Cardozo.

«Ja?»

«Nur ein Vorschlag, Mijnheer. Warum lassen Sie nicht mich gehen und ihn suchen. Ich werde nichts ausplaudern, sondern nur sagen, daß ich ihn ins Präsidium bringen soll. Vielleicht wird er mir auf dem Weg hierher etwas sagen. Bis jetzt hat er noch nichts gegen mich, und wir sind ungefähr gleich alt. Wir kommen sogar aus dem gleichen Milieu.»

«Also gut», sagte der Commissaris. «Bring ihn mit öffentlichen Verkehrsmitteln her. Aber vergewissere dich, ob dir jemand folgt. Und paß auf ihn auf. Wir wissen nicht, unter welchem Stress er steht. Und vielleicht sollten wir beide ihn vernehmen. Grijpstra könnte ihn zu einer neuen Tirade gegen die Polizei provozieren. Geh, Cardozo. Bring ihn gleich in mein Zimmer, wenn du wiederkommst.»

«Mijnheer», sagte Cardozo und ging.

«Das ist besser», sagte Grijpstra. «Sie haben recht, Mijnheer. Ich bin bereit, ihm den Hals umzudrehen. Und du auch», fügte er hinzu und schaute de Gier an.

«Ja», sagte de Gier. «Ich hab die tote Ratte in einem Karton auf meinem Schreibtisch. Ich zeig sie dir.»

«Niemals», sagte Grijpstra. «Wirf die Schachtel in einen Mülleimer. Ich zeige dir doch auch nicht die Hundescheiße, oder?»

«Herrschaften, Herrschaften», sagte der Commissaris. «Ich bin sicher, es gibt etwas Nützliches zu tun. Stellt fest, was nützlich ist, und tut es dann. Ich werde euch benachrichtigen, sobald ich etwas weiß.»

19

«Bin ich verhaftet?» fragte Louis Zilver. Er saß in einem niedrigen Ledersessel am Fenster im Büro des Commissaris und sog wie wild an einer Zigarette aus seinem eigenen Päckchen, nachdem er den Zigarillo abgelehnt hatte, den der Commissaris ihm angeboten hatte. Cardozo saß in dem Sessel daneben, der Commissaris saß auf seinem Schreibtisch den beiden Männern gegenüber. Er hatte springen müssen, um hinauf zu gelangen, seine Füße baumelten über dem Fußboden.

«Nein», sagte der Commissaris.

«Also kann ich gehen, wenn ich möchte?»

«Gewiß.»

Louis sprang auf und ging zur Tür. Cardozo folgte ihm mit den Augen, der Commissaris betrachtete seine Zigarre.

Louis wartete an der Tür.

«Warum gehen Sie nicht?» fragte der Commissaris nach einer Weile.

Louis antwortete nicht.

«Wenn Sie bleiben, können Sie sich ebensogut wieder setzen.»

«Ja», sagte Louis und ging zu seinem Sessel zurück.

«Nun denn. Sie haben heute morgen zwei von meinen Leuten aus der Fassung gebracht, und ich möchte wissen, warum Sie sich diese Mühe gemacht haben. Mit der Ratte beispielsweise.»

«Mit der Ratte?» fragte Louis mit hoher Stimme.

«Mit der Ratte», wiederholte der Commissaris. «Es gibt auf unseren Straßen viel Hundedreck, zuviel, und zwar trotz all unserer Bemühungen zur Belehrung der Hundebesitzer, damit sie ihre Tiere erziehen, die Rinnsteine zu benutzen. Mir ist klar, woher Sie den Hundedreck haben, aber die Ratte gibt mir Rätsel auf.»

«Ich habe die Ratte nicht getötet. Ich habe sie auf dem Hof gefunden. Esthers Katze hat sie gebracht. Ich glaube, sie hat dem kleinen Jungen im Nachbarhaus gehört. Ich habe sie gefunden, als ich von der Party kam, und dann fiel mir die Bemerkung des Brigadiers über Ratten ein. Ich habe Abes Wagen genommen und bin zur Wohnung des Brigadiers gefahren. Die Adresse steht im Telefonbuch. Ich wußte, daß ich bei der richtigen Adresse war, denn Esthers Fahrrad stand dort.»

«Esther Rogge?»

«Ja, bei den beiden ist etwas im Gange. Ich glaube, der Brigadier nutzt Esther aus, holt Informationen aus ihr heraus, läßt seinen ganzen Charme spielen. Er ist ein sehr hübscher Mann, Ihr Brigadier.»

Cardozo grinste, der Commissaris schaute ihn an. Cardozo hörte auf zu grinsen.

«Ja», sagte der Commissaris, «de Gier weiß mit Frauen umzugehen. Aber anscheinend hat er noch nie etwas damit erreicht. Ich glaube, wirklichen Kontakt hat er nur zu seinem Kater. Aber warum haben Sie auch den Adjudant belästigt? Ich kann verstehen, wenn Sie denken, daß Sie den Brigadier nicht mögen, aber der Adjudant hat Ihnen keinen Grund gegeben . . .»

Zilver lachte. «Es ergab sich auf der Party. Beide erzählten mir von ihren Ängsten. Da dachte ich, daß ich die Aufgabe gleich richtig erledigen sollte.»

«Sie waren wirklich erfolgreich.»

Zilver drückte seine Zigarette aus. «Wollen Sie deswegen etwas unternehmen? Falls ja, werde ich die Geldstrafe gern zahlen.»

«Nein», sagte der Commissaris und rückte seine Uhrkette zurecht. «Nein, ich glaube nicht. Wir untersuchen zwei Morde. Ich glaube immer noch, daß Sie uns helfen können.»

«Sie sind die Polizei», sagte Zilver und betrachtete den persischen Teppich, der die Mitte des großen Zimmers beherrschte. «Ich sehe keinen Grund, der Polizei zu helfen.»

«Ich verstehe Ihren Standpunkt. Nun, es steht Ihnen frei zu gehen, wie ich schon sagte.»

«Wo waren Sie während des Krieges?» fragte Zilver plötzlich und setzte sich wieder, nachdem er sich halb vom Sessel erhoben hatte.

«Ich war drei Jahre im Gefängnis.»

«Wo?»

«Im Gefängnis von Scheveningen.»

«Da haben sie die Leute vom Widerstand hingebracht, nicht wahr?»

«Stimmt, aber ich war nicht wirklich beim Widerstand. Ich war angeklagt, einen ihrer Transporte nach Deutschland verhindert und geholfen zu haben, Deportierte zu verstecken.»

«Juden?»

«Das ist richtig.»

«Und hatten Sie den Transport verhindert?»

«Ja. Sie konnten es zwar nicht beweisen, aber in jenen Tagen hat niemand nach Beweisen gefragt.»

«Und Sie waren drei Jahre eingesperrt?»

«Ja.»

«Allein?»

«Für etwa sieben Monate.»

«Sieben Monate sind eine lange Zeit.»

«Ziemlich lange. Und die Zelle war nicht bequem. Es war Wasser darin. Ich glaube, das hat meinen Rheumatismus verursacht. Aber das ist jetzt alles aus und vorbei.»

«Nein», sagte Zilver. «Das ist es nicht und wird es nie sein. Sie haben Ihr Rheuma immer noch, nicht wahr? Ich habe gesehen, wie Sie sich die Beine rieben, als Sie mich neulich vernommen haben. Sie müssen noch Schmerzen haben.»

«Heute nicht, und wenn ich sterbe, werden die Schmerzen für immer verschwunden sein.»

«Möglicherweise», sagte Zilver.

«Ich habe Sie nicht hierher gebracht, damit Sie über das Rheuma des Commissaris plaudern», sagte Cardozo verärgert. «Ihr Freund und eine harmlose alte Dame sind umgebracht worden, und beide vom selben Mörder.»

«Ach, ja?» fragte Zilver.

«Ja», sagte der Commissaris. «Wir haben nicht viele Morde in dieser Stadt, und diese beiden sind miteinander verbunden. Sie kannten Abe gut. Sie kennen die Leute, die Abe kannte. Und Sie kennen den Mörder.»

«Sie nehmen das nur an, stimmt's?»

«Wir wissen es nicht sicher», räumte der Commissaris ein. «Möchten Sie Kaffee? Der menschliche Verstand ist unfähig, absolute Schlußfolgerungen zu ziehen. Sie haben Jura studiert und wissen das. Aber manchmal können wir mit einem bestimmten Grad von Sicherheit etwas annehmen. Wie in diesem Fall.»

«Ich möchte Kaffee.»

Der Commissaris schaute Cardozo an, der aufsprang und zum Telefon griff.

«Drei Kaffee bitte», sagte Cardozo, «ins Zimmer des Commissaris.»

«Also gut», sagte Zilver. «Ich kenne den Mörder. Sie kennen ihn auch. Und ich weiß, wie Abe ermordet wurde, aber ich habe es erst gestern herausgefunden, zufällig.»

«So?»

«Er wurde mit Hilfe einer Angelrute ermordet, einer Rute mit Rolle. Am Ende der Leine war ein Gewicht befestigt.»

Cardozo klatschte in die Hände, Zilver schaute ihn an.

«Das haben Sie sich nicht denken können, nicht wahr?»

«Nein», sagte der Commissaris. «Bis zu einer Gummikugel sind wir gekommen, höchstwahrscheinlich gespickt mit Nägeln und an einem Band befestigt. Brigadier de Gier ist darauf gekommen. Ihm war eingefallen, daß er mal kleine Jungen gesehen hatte, die am Strand mit Holzschlägern nach einem Ball schlugen, der mit einem elastischen Band an einem Gewicht befestigt war, so daß er nicht davonfliegen konnte, selbst wenn die Jungen vorbeischlugen. Wie sind Sie auf eine Angelrute gekommen?»

Der Kaffee wurde gebracht, Zilver rührte heftig in seiner Tasse.

«Es ist ein neuer Sport. Ich habe einen Freund, der angelt, und er hat mir gesagt, daß er einem Verein beigetreten ist, wo sie die Angelruten als Spielgerät benutzen. Sie befestigen einen Pfeil an der Leine und werfen nach einer Zielscheibe, die in beträchtlicher Entfernung aufgestellt wird. Anscheinend ist es ein offiziell anerkannter Sport, bei dem es sogar Turniere gibt. Er sagte, er werfe allmählich sehr gut.»

«Noch nie davon gehört», sagte der Commissaris.

«Das hatte ich auch nicht. Aber das Verbrechen hat sich dadurch für mich gelöst. Der Mörder muß auf dem Hausboot gegenüber von unserem Haus gestanden haben. Er gab vor zu angeln, und die auf der Straße patrouillierenden Bereitschaftspolizisten beachteten ihn nicht. Im Recht Boomssloot angeln immer Leute, auch während der Unruhen haben dort Leute geangelt. Als er seine klare Chance sah, drehte er sich um, schwang die Rute und traf Abe. Möglicherweise hat Abe ihn nicht gesehen, und falls doch, hat er ihn vielleicht nicht erkannt. Der Mörder könnte einen dieser unförmigen Plastikmäntel und einen dazu passenden Hut getragen haben. So gekleidet und von hinten gesehen, war er nicht zu erkennen, sondern nur einer unter vielen Anglern gewesen.»

«Abe kannte also den Mörder, nicht wahr?»

«Selbstverständlich.»

«Wer war's?»

«Klaas Bezuur.»

«Sie sind sich dessen sicher, nicht wahr?»

«Der menschliche Verstand ist unfähig, absolute Schlußfolgerungen zu ziehen», sagte Zilver, «aber manchmal können wir mit einem bestimmten Grad von Sicherheit etwas annehmen. Wie in diesem Fall.»

Der Commissaris lächelte. «Ja. Aber Sie müssen gewisse Informationen haben, über die wir nicht verfügen. Esther, Sie und Bezuur haben uns gesagt, daß er und Abe enge Freunde seien.»

«Freunde *waren*», korrigierte Zilver.

«Was ist geschehen?»

«Nichts Besonderes. Abe hat Bezuur fallenlassen, weil der seine Freiheit aufgegeben hat. Bezuur hat Abe verlassen, um Millionär im Tiefbaumaschinengeschäft zu werden. Er bekam sein großes Haus, seinen Mercedes, seine Frau, seine Freundinnen, seinen teuren Urlaub in Vier-Sterne-Hotels, und machte auf Highlife. Er hörte auf zu denken und zu fragen.»

«Haben sie sich geschlagen? Oder miteinander gestritten?»

«Abe hat sich nie geschlagen. Er hat ihn einfach fallenlassen. Er hat sich noch Geld von Bezuur geliehen, um seine größeren Transaktionen zu finanzieren, und es zurückgezahlt und erneut geborgt, aber das war rein geschäftlich. Bezuur hat hohe Zinsen gefordert. Aber darüber hinaus gab es keinen wirklichen Kontakt zwischen den beiden. Bezuur hat es immer wieder versucht, aber Abe hat ihn ausgelacht und gesagt, er könne nicht alles haben. Rogge machte sich nichts aus Bezuurs Reichtum und kostspieligen Gewohnheiten, aber er hatte etwas gegen dessen Schwäche. Zusammen waren sie von der Universität abgegangen, weil sie eingesehen hatten, daß man sie nur ausbilde, ein Establishment zu akzeptieren, das unglaublich stumpfsinnig ist und nur Unrecht erzeugt. Sie wollten eine neue Lebensweise finden, ein Abenteuer, ein gemeinsames Abenteuer. Zusammen wollten sie verrückte Dinge unternehmen, etwa mit einem lecken Boot in einem ausgewachsenen Sturm segeln, auf Kamelen durch nordafrikanische Wüsten reiten, seltsame Bücher lesen und erörtern und mit einem alten Lastwagen durch osteuropäische Länder fahren. Abe hat mir mal erzählt, daß sie ihren ersten Lastwagen auf der ersten Fahrt verloren haben. Sie hatten einen Tip bekommen, daß eine tschechoslowakische Fabrik billig Glasperlen verkaufe, und sie fuhren im Winter hin. Sie kauften alle Perlen, die der Lastwagen fassen konnte, aber die Verpackung war nicht sehr gut. In der Fabrik hatte man ihnen schwache Kartons gegeben, zusammengehalten durch Papierbindfaden. Auf dem Rückweg waren die Straßen vereist, so daß der Lastwagen ins Schleudern geriet und umkippte. Abe sagte, die Glasperlen hätten sich bis zum Horizont ausgebreitet und das Licht der untergehenden Sonne eingefangen. Er und Bezuur seien auf und ab gesprungen und hätten gelacht und geweint, so schön sei der Anblick gewesen.»

«Und?» fragte der Commissaris.

«Nun, sie verloren die Ware und den Lastwagen und mußten zurücktrampen. Bezuur sagte, für ihn sei der Augenblick sehr wichtig gewesen. Es sei eine Art von Erwachen für den Unsinn menschlichen Strebens und die Schönheit der Schöpfung gewesen. Aber er sagte, mit Worten könne man diesen Sinneseindruck nicht beschreiben.»

«Hmm», sagte der Commissaris zweifelnd. «Ich habe Bezuur kennengelernt, wissen Sie, aber diese Fähigkeit schien er nicht zu besitzen. Ich kann ihn mir nicht vorstellen, wie er auf und ab springt in einer weißen Landschaft, bedeckt mit glitzernden Glasperlen.»

«Nein», sagte Zilver. «Genau. Er hat diese Fähigkeit verloren. Abe sagte, er sei zwar ein wenig wach geworden, habe es aber geschafft, wieder einzuschlafen. Er nannte ihn einen hoffnungslosen Fall.»

«Und er ließ ihn fallen?»

«Ja. Bezuur kam weiterhin zum Haus, aber Abe jagte ihn immer weg. Er wollte ihn nicht einmal einlassen, sondern er sprach mit ihm an der Haustür. Abe konnte sehr unangenehm werden, wenn er wollte. Und es könnte andere Gründe gehabt haben. Bezuur hat Esther mal geliebt und versucht, sie zu kriegen. Ich glaube, sie haben ein paarmal miteinander geschlafen, aber Esther wollte ihn eigentlich gar nicht, vor allem nicht, als er versuchte, sie mit seinem Wagen und dem Bungalow und allem anderen zu beeindrucken. Er heiratete eine Freundin von ihr, aber die konnte ihn auch nicht ertragen. Ich glaube, sie ist jetzt irgendwo in Frankreich und lebt in einer Hippiekommune.»

«Warum hat er denn Esther nicht umgebracht?»

«Er konnte sie mehr verletzen, wenn er ihren Bruder ermordete. Abe war die Sonne in Esthers Leben.»

«Sie hat jetzt eine andere Sonne in ihrem Leben», sagte Cardozo.

«Der Brigadier?»

«Es sieht so aus», sagte der Commissaris.

«Ein Polizist?» fragte Zilver.

Der Commissaris und Cardozo musterten Zilvers Gesicht.

«Schon gut», sagte der Commissaris. «Wann haben Sie herausgefunden, daß es Bezuur gewesen sein muß?»

«Gestern abend auf der Party. Der Freund, der mir von dem sportlichen Zielwurf mit der Angel erzählte, ist Straßenhändler. Er kam zu der Party und sagte mir, Bezuur sei in ihrem Verein Meister. Bezuur ist außerdem ein guter Schütze. Abe hatte ein altes Gewehr in seinem Boot und schoß damit auf treibende Flaschen auf dem See. Ich tu das auch gern. Abe sagte immer, Bezuur sei der beste Schütze, dem er je begegnet sei.»

«Der Besitz einer Feuerwaffe ist heutzutage ein Verbrechen», sagte Cardozo.

«So?» fragte Zilver. «Also das hätte ich nie gedacht.»

«Hätten Sie uns etwas über Bezuur gesagt?» fragte der Commissaris.

«Nein. Aber nun habe ich es jedenfalls getan. Ich habe Ihnen gesagt, ich würde der Polizei nie helfen, und schon gar nicht absichtlich.»

«Bezuur hat jetzt zweimal gemordet», sagte der Commissaris. «Sein anderes Opfer war eine alte Dame, die gesehen haben muß, wie er wenige Stunden nachdem er Abe umgebracht hatte, im Recht Boomssloot herumlungerte. Er ist vermutlich zurückgekommen, um zu sehen, was die Polizei unternahm. Er hatte sich sogar die Mühe gemacht, sich ein Alibi zu verschaffen. Er hatte in seinem Haus zwei Callgirls, die voll vom Champagner waren und fest schliefen, aber bereit waren zu schwören, daß er bei ihnen gewesen sei. Vielleicht ist er zurückgekommen, um Esther oder Sie zu ermorden. Sie haben seinen Platz eingenommen. Einen Mann wie ihn frei umherlaufen zu lassen, heißt, Schwierigkeiten herauszufordern, ernste Schwierigkeiten. Er ist ein sehr gefährlicher Mann, äußerst intelligent und ungewöhnlich geschickt, und er bewegt sich am Rande des Wahnsinns.»

«Die Deutschen laufen auch noch frei umher», sagte Cardozo freundlich. «Millionen und aber Millionen von denen. Sie sind äußerst geschickt und höchst intelligent. Sie haben zwei große Kriege angefangen und so viele unschuldige Menschen umgebracht, daß ich mir ihre Zahl nicht vorstellen und sie schon gar nicht aussprechen kann. Es sind nicht nur die Deutschen. Die Niederländer haben viele unschuldige Indonesier umgebracht. Das Töten gehört anscheinend zum menschlichen Wesen. Vielleicht hatte Abe recht, als er sagte, daß nicht wir uns kontrollieren, sondern von äußeren Kräften bewegt werden, möglicherweise von kosmischen Strahlen. Möglicherweise tragen die Planeten die Schuld und sollten festgenommen und vernichtet werden.»

Der Commissaris bewegte seine Füße, die etwa dreißig Zentimeter über dem Fußboden hingen. Cardozo lächelte. Der Commissaris erinnerte ihn an einen kleinen Jungen, der es sich auf einer Gartenmauer bequem gemacht hatte und in sein Spiel vertieft war, das in diesem Augenblick zufällig das Baumeln seiner Füße war.

«Interessant», sagte der Commissaris, «und nicht so weit hergeholt, wie es vielleicht scheint. Aber dennoch, wir sind hier und haben unsere fachlichen Disziplinen, und selbst wenn sie am Ende zu nichts führen, können wir vorgeben, daß wir etwas tun, etwas, was sich lohnt zu tun; vor allem, wenn wir dabei unser Bestes geben.»

Es war still im Zimmer. Der Commissaris hielt die Füße zusammen.

«Ja», sagte er. «Wir müssen gehen und Mijnheer Bezuur festnehmen. Wo könnte er jetzt sein? Was meinen Sie, Mijnheer Zilver?»

«Irgendwo an einem Dutzend Orten», sagte Zilver. «Ich kann Ihnen eine Aufstellung geben. Er könnte in seinem Büro sein oder zu Hause oder auf einem der vier Plätze, wo er seine Maschinen hat, oder er könnte wieder in der Gegend vom Recht Boomssloot umherlaufen.»

«Möchten Sie mitkommen?» fragte Cardozo und schaute dabei den Commissaris an, ob er es genehmigte. Der Commissaris nickte.

«Ja. Ich hätte Ihnen nichts sagen sollen, aber da ich es nun einmal getan habe, hätte ich nichts dagegen, das Ende zu sehen.»

Der Commissaris telefonierte. Er sprach mit Grijpstra und der Polizeigarage.

«Wir fahren mit zwei Wagen», sagte er. «Sie und Cardozo können im Citroën mit mir fahren. Grijpstra und de Gier werden mit ihrem VW folgen. Bist du bewaffnet, Cardozo?»

Cardozo öffnete seine Jacke. Der Griff seiner Pistole glänzte.

«Rühr sie nicht an, wenn du es nicht unbedingt mußt», sagte der Commissaris. «Ich hoffe, er hat seine Angelrute nicht bei sich. Ihre Treffsicherheit und Reichweite kommt etwa an die unserer Pistolen heran.»

«Mijnheer Zilver?»

Louis schaute auf.

«Sie können unter einer Bedingung mitkommen. Bleiben Sie im Hintergrund.»

«In Ordnung», sagte Zilver.

20

Die beiden Wagen fuhren an diesem Morgen gegen elf Uhr vom Polizeipräsidium ab und brachten es fertig, gleich darauf den Kontakt miteinander zu verlieren, da der Konstabel am Steuer des Citroën die Ampel gerade noch schaffte, während de Gier fluchend im zerbeulten VW zurückblieb, aufgehalten von einem Dreirad, das ein Invalide fuhr.

Grijpstra knurrte.

«*Du* solltest diesen Wagen zur Abwechslung mal fahren», sagte de Gier und drehte die Lautstärke des Funkgeräts auf.

«Ja?» fragte die Stimme im Gerät, nachdem de Gier seine Nummer gegeben hatte.

«Schaltet mich auf Relais», sagte de Gier, «und gebt uns eine andere Frequenz. Euer Kanal drei ist frei, nicht wahr?»

«Kanal vier ist frei», sagte die Stimme. «Ich sag dem Wagen des Commissaris, er soll umschalten.»

«Ja?» fragte der Konstabel im Citroën.

«Fahr nicht so angeberisch, Konstabel», sagte de Gier. «Wir sind noch in der Marnixstraat und haben euch schon verloren. Wohin fahrt ihr?»

«Nach Osten durch die Weteringschans. Wir wollen zu einem Lagerplatz im Industrieviertel auf der anderen Seite der Amstel.»

«Wartet auf uns. Ich versuche, euch einzuholen. Und ras nicht wieder los, wenn du uns siehst.»

Sie fanden den Citroën und folgten ihm. Bezuur war nicht auf dem Lagerplatz. Er war auch nicht auf dem nächsten Platz. Sie versuchten es in seinem Büro. Sie fuhren in südlicher Richtung, aber er war auch nicht zu Hause. De Giers anfängliche Ungeduld legte sich. Grijpstra saß neben ihm, rauchte seine schwarzen Zigarillos und sagte nichts, nicht einmal, als von links ein Mercedes kam und die Vorfahrt mißachtete und sie nach vorn geschleudert wurden, als de Gier auf die Bremse trat.

Das Funkgerät erwachte wieder zum Leben. Cardozos Stimme, seltsam dumpf, erwähnte, daß die Essenszeit vorbei sei.

«Na und?» fragte de Gier.

«Der Commissaris möchte zum Lunch.»

Grijpstra brach sein Schweigen und nahm de Gier das Mikrophon aus der Hand.

«Ein ausgezeichneter Gedanke, Cardozo. Sag eurem Fahrer, er soll an der nächsten Ampel rechts abbiegen und dann die zweite rechts.»

«Was ist dort, Adjudant?»

«Eine türkische Snackbar. Die servieren da eine heiße Rolle, gefüllt mit einer Art von Schmorfleisch, dazu Tomaten und Zwiebeln.»

Im Funkgerät knackte es eine Weile, dann kam die Stimme des Commissaris durch.

«Diese türkischen Rollen, die du da erwähnst, Grijpstra, wie sind die?»

«Lecker, Mijnheer, aber etwas ausländisch.»

«Pikant gewürzt?»

«Nicht zu sehr, Mijnheer.»

«Wie heißt das Restaurant?»

«Es hat einen türkischen Namen, Mijnheer. Ich könnte ihn nicht aussprechen, auch wenn er mir einfallen würde, aber Sie können es nicht verpassen. Die haben auf dem Fußweg einen ausgestopften Esel und darauf eine Türkin mit Schleier und Pluderhose und vielen Halsketten.»

«So?» fragte der Commissaris. «Muß sie den ganzen Tag lang auf dem Kadaver sitzen?»

«Es ist eine Puppe, Mijnheer. Eine Schaufensterpuppe. Nicht lebendig.»

«Aha», sagte der Commissaris.

Sie saßen auf der Restaurantterrasse und aßen. Der Commissaris gratulierte Grijpstra zu seinem guten Geschmack und bestellte noch eine Portion. Zilver begann sich mit de Gier und Grijpstra zu unterhalten, und es gelang ihm sogar – nachdem er tief Luft geholt hatte –, ein freundliches Gesicht zu machen. Cardozo betrachtete die Frau auf dem Esel. Sie schien herunterzurutschen, und er wollte aufstehen und sie richtig hinsetzen, aber da bat der Commissaris um die Rechnung.

«Wohin sollen wir also jetzt fahren, Mijnheer Zilver?»

«Zu einem anderen Lagerplatz in Amstelveen, wo einige seiner größeren Bagger und ein paar Bulldozer und Traktoren stehen. Ich bin schon mal dort gewesen, hatte aber den Eindruck, daß er nicht oft hingeht, deshalb habe ich das als letzte Möglichkeit gelassen.»

«Was haben Sie dort gemacht?» fragte der Commissaris. «Sie waren mit Klaas Bezuur nicht besonders befreundet, nicht wahr?»

«Nein», sagte Louis, «aber ich hatte auch nichts gegen den Mann. Schließlich hat er uns viel Geld geliehen. Ich bin einmal mit Abe auf dem Platz gewesen. Bezuur hatte angerufen und gesagt, er habe einen neuen Bulldozer gekauft, den er uns zeigen wolle. Ich dachte, Abe sei nicht interessiert, aber er ging sofort hin und ich mit ihm. Corin Kops, eine von Abes Freundinnen, kam ebenfalls mit. Wir haben den ganzen Nachmittag herumgespielt. Er ließ uns mit einigen Maschinen fahren. Wir haben uns sogar gegenseitig gejagt.»

«Das muß schön sein», sagte de Gier, «als wenn man mit Spielzeugautos auf dem Jahrmarkt fährt.»

«Diese Maschinen sind nicht gerade Spielzeugautos», sagte Zilver.

«Einige von denen müssen einige Tonnen wiegen. Ich habe an dem Nachmittag einen Schaufelbagger mit einem Maul so groß wie das eines Mörderwals gefahren.»

«Sie sagten, der Platz liegt in Amstelveen», sagte der Commissaris. «Amstelveen ist kein Vorort von Amsterdam, sondern eine selbständige Stadt und außerhalb unseres Zuständigkeitsbereichs. Nun, wir können uns immer noch damit entschuldigen, daß wir uns auf einer Verfolgungsjagd befanden.»

Grijpstra machte ein zweifelndes Gesicht.

«Ja, vielleicht sollten wir es nicht tun. Wenn Mijnheer Zilver uns die Adresse gibt, können wir die Amstelveener Polizei alarmieren. Die kann dann auch einen Wagen rausschicken. Wir geben denen das Gefühl, daß sie mit dabei sind.»

Bezuur sah sie kommen, was bedauerlich war. Der Platz war groß, fünfzig mal hundert Meter, umgeben von einer hohen Ziegelmauer, die zum Teil überreich mit Pflanzen überwuchert war. Bezuur stand mitten auf dem Platz, als Grijpstra und de Gier durch die breiten Schwingtore hereinkamen.

«Guten Tag», rief de Gier, und Bezuur wollte den Gruß schon erwidern, als er Louis Zilver erblickte, der aus der hinteren Tür des schwarzen Citroën kam. Er sah auch das Vorderteil des weißen Polizeitransporters, den die Amstelveener Konstabel auf der anderen Straßenseite parkten.

Bezuur blieb stehen, dann drehte er sich um und rannte davon.

«Halt», dröhnte Grijpstra, aber Bezuur kletterte bereits auf einen Bulldozer. Als der Diesel des Bulldozers startete, zog Grijpstra seine Pistole.

«Halt! Polizei! Wir schießen!»

Der Commissaris war jetzt bei ihnen. Der Konstabel war mit ihm gekommen, aber als er den Bulldozer näherkommen sah, drehte er sich um und lief zum Citroën. Er öffnete den Kofferraum und griff nach dem Karabiner. Er lud und kniete sich bei den Schwingtoren hin. Grijpstra richtete seine Waffe in die Luft und feuerte. Der Konstabel feuerte ebenfalls, aber das breite Planierblatt des Bulldozers war bereits oben; die Kugel prallte ab, bohrte sich in die Ziegelmauer und bewegte die Blätter einer Schlingpflanze, die ihre roten Blüten in einem schwachen Protest schüttelte. Auch de Gier feuerte, aber seine Kugeln gingen vorbei, als sich der Bulldozer auf seiner linken Raupe herumschwang.

Die uniformierten Amstelveener Konstabel standen unschlüssig am Tor und hielten es für wenig sinnvoll, ihre Feuerwaffen zu benutzen, da sich vor ihnen so viel bewegte. Der Bulldozer brüllte und drehte sich immer wieder herum, wobei sich sein glänzendes schweres Stahlblatt auf und ab bewegte. Dann verharrte das Blatt in horizontaler Position, nackt und drohend, die Maschine sprang vor. De Gier brach der Schweiß aus. Das Planierblatt war auf den Commissaris gerichtet, eine kleine, verlorene Gestalt auf dem riesigen Platz. De Gier steckte sein Reservemagazin in die Pistole und feuerte wieder. Er sah, wie Bezuurs dicker Leib zitterte, als ihn die Kugel traf, aber die Maschine blieb nicht stehen, sondern schob sich unaufhaltsam auf den Commissaris zu, der zur nächsten Ecke des Platzes lief, wo er keuchend Zuflucht zu finden hoffte, indem er sich an die Ziegelmauer schmiegte.

De Gier spürte eine Hand auf der Schulter und schaute sich um. Cardozo hockte neben ihm und zeigte zur anderen Seite des Platzes hinüber. Ein anderer Motor war zum Leben erweckt worden, ein großer Schaufelbagger kam heran und zermalmte die Kiesel mit seinen großen Ketten.

«Zilver», rief Cardozo.

«Was?»

«Zilver. Er sitzt in der Kabine des Baggers. Ich habe ihn gebeten, etwas zu unternehmen. Er hat gesagt, er könne mit einem Schaufelbagger umgehen, stimmt's?»

De Gier nickte, aber er war nicht interessiert. Er schaute wieder zum Commissaris hinüber, der die Ecke jetzt erreichte und an den Schlingpflanzen riß in einem vergeblichen Versuch, die Entfernung zwischen seinem kleinen Körper und dem herankommenden Blatt zu vergrößern. Die Ecke schien sicher zu sein, denn das Blatt zerkratzte die Mauer zu beiden Seiten, ohne ihn berühren zu können. Schlingpflanzen und Ranken wurden von der Mauer gerissen, fielen auf das Planierblatt und auf Bezuurs Sitz und schmückten den Bulldozer mit roten und orangefarbenen Blüten und dunkelgrünen Blättern. Der Bulldozer fuhr zurück und sprang wieder nach vorn, wobei er diesmal die Mauer streifte und den Commissaris zwang, seine Zuflucht aufzugeben. Als der Bulldozer wendete, um den laufenden alten Mann zu verfolgen, schloß de Gier fast die Augen, um die Szene auszulöschen. Der Commissaris hatte auf dem freien Platz keine Chance, er würde dem Bulldozer niemals davonlaufen können. De Gier leerte sein Magazin, aber die Kugeln trafen die Maschine und nicht den Mann, der ihren Angriff lenkte. Als de Giers Pistole knackte, knurrte er Cardozo an: «Schieß, du Idiot, schieß.»

Cardozo schüttelte den Kopf. «Grijpstra ist irgendwo hinter ihm. Schau!»

Der Schaufelbagger hatte den Bulldozer gefunden und richtete sein geschlossenes Maul mit den Stahlzähnen gegen Bezuurs Körper. Der Motor des Schaufelbaggers heulte auf, und sie sahen, wie Zilver in seiner geschlossenen Glaskabine hinten auf der Maschine wie wild die Hebel drückte. Bezuur spürte die Gefahr und änderte die Richtung des Bulldozers. De Gier sprang auf und rannte zum Commissaris, der gegen ihn fiel und zusammenbrach. De Gier hob den alten Mann auf und lief zum Tor. Ein Konstabel öffnete die hintere Tür des Citroën, und de Gier legte den Commissaris auf den Rücksitz.

«Mit mir ist alles in Ordnung», sagte der Commissaris. «Geh zurück, Brigadier. Bezuur ist bereits verletzt, wir wollen ihn nicht umbringen. Sieh mal zu, ob du den Schaufelbagger dazu bringst, Bezuurs Maschine umzukippen.»

«Mijnheer», sagte de Gier und lief zurück. Als er auf den Platz kam, sah er, wie die Zähne des Schaufelbaggers Bezuurs Hinterkopf trafen. Zilver hatte plötzlich seinen Hebel vorgeschoben und den Bagger geschwenkt. Die spitzen, speerartigen Zähne trafen Bezuur mit der vollen Kraft des Dieselmotors, der unter Zilvers Kabine aufbrüllte. Der Kopf riß ab, schoß über den Platz, schlug gegen die Steinmauer und zerplatzte. De Gier wurden die Beine schwach, und er fand sich auf dem Platz liegend wieder, als Cardozo an seinen Schultern zog, denn der Bulldozer fuhr langsam weiter, und sie waren ihm im Wege.

«Los, steh auf!» schrie Cardozo. De Gier gehorchte benommen und schleppte sich fort. Grijpstra rannte hinter dem Bulldozer her, schwang sich auf den Sitz und drehte den Schlüssel auf dem kleinen Armaturenbrett um. Zilver hatte den Motor des Schaufelbaggers abgestellt. Es war sehr still auf dem Platz. De Gier hörte zwischen den Schlingpflanzen die Spatzen schilpen.

«Spatzen», sagte de Gier. «Sie haben ihre Nester da drin verloren.»

«Spatzen?» fragte Grijpstra. «Welche Spatzen?»

De Gier zeigte auf die Mauer. Auf der einen Seite waren die Schlingpflanzen alle unten, von den Raupen des Baggers in den Erdboden gequetscht.

«Wer kümmert sich schon um Spatzen? Der Narr hat seinen Kopf verloren.»

Er zeigte auf Bezuurs dicken Körper, der auf dem Rücken lag an der Stelle, wo er hingefallen war, nachdem ihn das Maul des Schaufelbaggers getroffen hatte. Blut sickerte noch aus dem Rumpf, und sie konnten die schweren Halsmuskeln sehen, zerrissen zu einem zerfetzten, kreisförmigen Rand.

De Gier schwankte wieder auf den Beinen, Grijpstras Arm fing ihn an den Schultern auf.

Ein uniformierter Konstabel kam auf sie zu gerannt.

«Tragen Sie die Verantwortung für diese Festnahme?» fragte er.

«Der Commissaris ist im Wagen, Konstabel», sagte Grijpstra, «im Citroën. Er trägt die Verantwortung, aber ich glaube, ihr müßt die Meldung schreiben; für diese Gegend seid ihr zuständig. Ihr habt das Verfahren mit angesehen, nicht wahr?»

«Verfahren», murmelte der Konstabel. «Verfahren! In meinem ganzen Leben hab ich so was noch nicht gesehen. Was sollen wir mit dem Kopf des Kerls machen?»

«Kratzt ihn vom Platz und von der Mauer ab und steckt ihn in eine Schachtel», sagte Grijpstra. «Und der Mann, der den Schaufelbagger bedient hat, ist keiner von uns, sondern ein Zivilist. Wir haben seinen Namen und andere Einzelheiten. Aber geht nicht gegen ihn vor, wir haben Grund, ihm dankbar zu sein; er hat dem Commissaris das Leben gerettet. Ich habe auch den Namen des Toten für euch.»

Grijpstra nahm sein Notizbuch heraus, öffnete es und kritzelte etwas. Er riß das Blatt heraus und gab es dem Konstabel. «Wenn ihr mich braucht, könnt ihr mich im Amsterdamer Präsidium erreichen. Grijpstra heiße ich. Adjudant Grijpstra.»

«Ich werde Sie brauchen», sagte der Konstabel. «Für den Rest der Woche werde ich Ihnen im Nacken sitzen. Was für eine Schau! Wenn wir eine solche Festnahme in Amsterdam inszenierten, würden wir bis in alle Ewigkeit davon hören.»

«Wir sind aus der Großstadt, Konstabel», sagte Grijpstra. «Seid dankbar, daß ihr in der Provinz lebt.»

Ein anderer Konstabel war gekommen.

«Du», sagte der erste Konstabel, «besorg dir ein Messer oder einen kleinen Spaten oder irgendwas und eine Schachtel. Ich möchte, daß du alles einsammelst, was du von dem Kopf finden kannst.»

«Bah», sagte der andere Konstabel.

Cardozo grinste. Der erste Konstabel hatte drei Streifen, der andere nur zwei. Grijpstra grinste ebenfalls.

«Armer Kerl», sagte Cardozo.

Die Spatzen schilpten immer noch, als sie den Platz verließen.

21

«Mein Schatz», sagte sie, als der Commissaris in sein Haus hinkte. «Ist es wieder schlimmer geworden? Ich dachte, es sei verschwunden, als du heute morgen gingst; du hast richtig munter ausgesehen, als du in den Wagen gestiegen bist.»

Der Commissaris murmelte etwas, von dem sich nur das Wort «Tee» abhob. «Mir geht's gut», sagte er, «ich habe mich nur gestoßen, mehr nicht.»

«Ich mach den Tee sofort. Oh, dein *Anzug*!»

Der Anzug war fleckig und zerrissen. Eine Schlingpflanze hatte an dem einen Ärmel festgesessen, als er sich zu befreien versuchte, als der Bulldozer auf ihn zugekommen war. Er versuchte, den Riß mit der Hand zu verdecken, als sie ihn zum Fenster ins Licht zog.

«Und was ist das? Blut?»

Er erinnerte sich, daß er neben der Leiche gestanden hatte.

«Ja», sagte er, «Blut, mein Schatz, aber das geht wieder raus, und ich bin sicher, daß der alte Schneider den Anzug reparieren kann. Ich hätte gern Tee und ein Bad. Bringst du mir ein Tablett nach oben?»

«Ja. Brauchst du lange? Denk bitte daran, daß meine Schwester und ihr Mann heute abend kommen. Sie haben heute morgen angerufen, und ich hab gesagt, daß es dir viel besser geht.»

Der Commissaris war auf der Treppe schon auf dem halben Weg nach oben. Er blieb stehen, drehte sich um und setzte sich.

«Es ist dir doch recht, nicht wahr? Sie sind immer so nett, und er möchte uns von der Firma erzählen, die er übernommen hat, eine Fabrik irgendwo im Süden. Er ist deswegen ganz aufgeregt.»

«Es ist mir nicht recht», sagte der Commissaris. «Ruf sie an und sag, daß ich krank bin. Ich möchte heute abend Zigarren rauchen und mit dir im Garten sitzen. Wir können der Schildkröte zuhören. Sie ist ebenfalls sehr nett und übernimmt nie etwas.»

«Mein Schatz, du weißt, daß ich es hasse zu lügen.»

Der Commissaris war wieder aufgestanden und stieg den Rest der Treppe hinauf. Seine Frau seufzte und griff nach dem Telefon in der Diele. Sie hörte, wie im Bad das heiße Wasser aufgedreht wurde.

«Es tut mir so leid, Annie», sagte sie. «Aber mit Jans Beinen ist es wieder viel schlimmer geworden. Er fühlt sich schrecklich, und ich dachte, es wäre besser, wenn wir . . .»

Mevrouw Grijpstras Blick funkelte, als der Adjudant das Ende seiner kleinen schwarzen Zigarre abbiß und es in die Richtung spuckte, wo im Korridor auf einem Beistelltisch der große kupferne Aschenbecher stand. Er verpaßte ihn um etwa dreißig Zentimeter.

«Der Qualm ist schon schlimm genug», sagte sie, wobei sich ihre Stimme bedrohlich hob. «Du brauchst nicht auch das Haus noch zu versauen. Ich hab dir schon tausendmal gesagt . . .»

«Das reicht», sagte Grijpstra ruhig.

«Du hast dich schon wieder verspätet», sagte sie. «Willst du denn nie pünktlich sein? Ich hab die Kartoffeln gebraten, die von gestern übriggeblieben waren. Es sind noch einige in der Pfanne. Möchtest du sie?»

«Ja», sagte Grijpstra, «und etwas Brot. Und mach eine Kanne Kaffee.» Seine Stimme war leise, sie schaltete das Licht im Korridor an, um sein Gesicht sehen zu können.

«Du bist sehr blaß. Du bist doch nicht etwa krank?»

«Ich bin nicht krank.»

«Du siehst krank aus.»

«Ich bin krank von meiner Arbeit», sagte Grijpstra und blieb stehen. Seine Arme baumelten kraftlos herab, die Wangen waren schlaff. Das aufgedunsene Gesicht seiner Frau verzog sich zu einem Lächeln, das man vor zwanzig Jahren hätte mitleidig nennen können.

«Geh und rasier dich, Henk», sagte sie. «Du fühlst dich immer besser, wenn du dich rasiert hast. Ich hab gestern ein neues Stück Seife geholt, und es ist auch ein Päckchen Rasierklingen da, das ich hinter dem Nachttisch gefunden hab. Sie sind extrascharf. Es ist die Marke, die wir vor ein paar Tagen nicht bekommen haben, als wir im Supermarkt waren.»

«Ah», sagte Grijpstra. «Gut. Ich bin in zehn Minuten fertig.» Er beobachtete, wie sie in die Küche watschelte.

«Schrecklicher Fettklumpen», sagte er, als er die Badezimmertür öffnete. Er lächelte.

«Ah, da bist du ja», sagte Mevrouw Cardozo, als ihr Sohn in die Küche kam. «Hast du das Geld auf der Wache abgeliefert?»

«Ja, Mama.»

«Haben sie es gezählt?»

«Ja, Mama.»

«War alles da?»

«Ja, Mama.»

«Zum Abendessen gibt es Fisch und rote Beete.»

«Bah!» sagte Cardozo.

«Dein Vater mag das, und wenn es gut genug für ihn ist, sollte es auch gut genug für dich sein.»

«Ich hasse rote Beete. Hast du nichts anderes? Einen guten Salat?»

«Nein. Hattest du einen guten Tag?»

«Wir haben versucht, einen Mann festzunehmen, der einen Bulldozer fuhr, aber er wurde von einem Schaufelbagger geköpft.»

«Erzähl keine Märchen. Du weißt, daß ich es nicht mag, wenn du Märchen erzählst.»

«Es ist wahr. Morgen wird es im *Telegraaf* auf der Titelseite stehen.»

«Ich lese den *Telegraaf* nicht», sagte seine Mutter. «Geh und wasch dir die Hände. Dein Vater wird jeden Augenblick kommen.»

Cardozo wusch sich die Hänge im Ausgußbecken in der Küche. Seine Mutter betrachtete seinen Rücken.

«Ein Mann, der einen Bulldozer fährt, also wirklich . . .» sagte sie.

Cardozos Rücken erstarrte, aber er drehte sich nicht um.

«Du kommst spät», sagte Esther. «Ich muß nach Hause und meine Katze füttern. Ich bin sicher, daß Louis es vergißt.»

De Gier umarmte sie und drückte Olivier, der mit den Beinen nach oben in ihren Armen lag und verschlafen schnurrte.

«Du kommst nachher wieder, nicht wahr?»

«Ja, aber es dauert mindestens zwei Stunden. Es ist weit und ich habe nur mein Fahrrad.»

«Ich kaufe einen Wagen», sagte de Gier, «aber es wäre einfacher, wenn du zu mir ziehst. Dann brauchst du nicht immerzu hin und her zu rasen.»

Sie erwiderte seinen Kuß.

«Ich könnte, aber diese Wohnung ist schrecklich klein für zwei Menschen und zwei Katzen, und die Katzen werden einander nicht mögen. Es wäre besser, wenn du zu mir ziehst.»

«In Ordnung», sagte de Gier, «ich tu alles, was du willst.»

Esther trat einen Schritt zurück. «Willst du dein Leben hier wirklich für mich aufgeben, Rinus? Du hast es so gemütlich in dieser Wohnung. Wäre es nicht besser, wenn ich weiterhin hierher komme?»

«Heirate mich», sagte de Gier.

Sie kicherte und schob ihre Brille zurecht, die ihr bis vorn auf die Nase gerutscht war.

«Du bist so altmodisch, Liebling. Niemand will heutzutage noch heiraten. Die Menschen leben so zusammen. Hast du das noch nicht gemerkt?»

«Wir werden ein Kind haben», sagte de Gier. «Einen Sohn oder eine Tochter, wenn du möchtest. Ein Zwillingspärchen.»

«Ich werde es mir überlegen, Liebling. Du darfst mich nicht drängen. Und jetzt muß ich gehen. Hattest du einen angenehmen Tag?»

«Nein.»

«Was ist passiert?»

«Alles. Ich werde mit dir gehen. Ich kann dir alles im Bus erzählen. Laß dein Fahrrad hier. Dann bin ich sicher, daß du wiederkommst.»

Sie setzte Olivier ab, und de Gier hob ihn hoch, legte den Kater um seinen Hals und zog mit beiden Händen an den Pfoten. Olivier schrie und versuchte, ihn zu beißen, aber er bekam den Mund voller Haare und fauchte wütend.

«Es war ein schlechter Tag», sagte er, «und ich werde dir alles erzählen. Aber es wird das letzte Mal sein, daß ich dir von meiner Arbeit berichte. Über die Arbeit der Polizei sollte man nie diskutieren.»

«Nein, Liebling», sagte sie, als sie ihr Haar bürstete.

«Nein, Liebling», wiederholte er und ließ Olivier fallen, der vergaß, sich umzudrehen, und mit einem dumpfen Geräusch auf die Seite fiel.

«Dummer Kater», sagte de Gier.

Janwillem van de Wetering

«Seine Helden sind eigensinnig wie Maigret, verrückt wie die Marx-Brothers und grenzenlos melancholisch: Der holländische Krimiautor **Janwillem van de Wetering**, der mitten in den einsamen Wäldern des US-Bundesstaats Maine lebt, schreibt mörderische Romane als philosophische Traktate.»
Die Zeit

Der blonde Affe
(thriller 2495)

Der Commissaris fährt zur Kur
(thriller 2653)

Eine Tote gibt Auskunft
(thriller 2442)

Der Feind aus alten Tagen
(thriller 2797)
«Unter den sehr persönlichen und skurrilen Kriminalromanen des Janwillem van de Wetering ist dies gewiß das persönlichste und skurrilste.»
FAZ

Inspektor Saitos kleine Erleuchtung
(thriller 2766)

Die Katze von Brigadier de Gier
Kriminalstories
(thriller 2693)

Ketchup, Karate und die Folgen
(thriller 2601)
«... ein hochkarätiger Cocktail aus Spannung und Witz, aus einfühlsamen Charakterstudien und dreisten Persiflagen.»
Norddeutscher Rundfunk

Massaker in Maine
(thriller 2503)

rororo thriller

Kuh fängt Hase *Stories*
(thriller 3017)

Outsider in Amsterdam
(thriller 2414)

Rattenfang
(thriller 2744)

Der Schmetterlingsjäger
(thriller 2646)

So etwas passiert doch nicht!
Stories
(thriller 2915)
»Das reinste Buffet an schmackhaften Kriminalgeschichten.» Norddeutscher Rundfunk

Ticket nach Tokio
(thriller 2483)
«Dieses Taschenbuch macht süchtig: einmal nach weiteren Krimis von Janwillem van de Wetering und nach Japan.»
Südwestfunk

Tod eines Straßenhändlers
(thriller 2464)

Der Tote am Deich
(thriller 2451)